本书为
国家社会科学基金重大招标项目
“秦统一及其历史意义再研究”(14ZDB028)
国家社会科学基金重大招标项目
“秦汉三辅地区建筑研究与复原”(18ZDA181)
的阶段性成果

考古学专刊　乙种第四十九号
西安市文物保护考古研究丛书

栎阳瓦当

中国社会科学院考古研究所
西安市文物保护考古研究院　编

科学出版社
北京

内 容 简 介

栎阳瓦当，是秦人瓦当艺术中的重要一环，在从秦都雍城瓦当到咸阳瓦当的演变研究中，具有承上启下的关键地位。该书所公布的瓦当资料，既包括绝大多数的出土地点、地层明确的各类瓦当，还收集了之前调查、采集的瓦当资料，该书是迄今为止第一部单一遗址出土瓦当资料的专题图书，对秦汉考古、古代瓦当制度、秦汉生产管理制度的研究具有重要价值。其特别对深入开展秦汉建筑制度的传承变化的研究具有重要价值。同时，将对中国古代艺术史的研究具有一定意义。

本书可供考古学、文献学、秦汉史、书法篆刻及相关领域研究者及高校相关专业的师生阅读参考。

图书在版编目（CIP）数据

栎阳瓦当 / 中国社会科学院考古研究所，西安市文物保护考古研究院编. —北京：科学出版社，2020.10

ISBN 978-7-03-066489-1

Ⅰ. ①栎… Ⅱ. ①中… ②西… Ⅲ. ①瓦当（考古）－西安－秦汉时代－图录 Ⅳ. ①K876.32

中国版本图书馆CIP数据核字（2020）第204083号

责任编辑：王琳玮 / 责任校对：邹慧卿
责任印制：肖 兴 / 书籍设计：北京美光设计制版有限公司

科学出版社 出版
北京东黄城根北街16号
邮政编码：100717
http：//www.sciencep.com

北京汇瑞嘉合文化发展有限公司 印刷

科学出版社发行 各地新华书店经销

*

2020年10月第 一 版 开本：889 × 1194 1/16
2020年10月第一次印刷 印张：39 1/4 插页：8
字数：1 100 000

定价：398.00 元

（如有印装质量问题，我社负责调换）

《栎阳瓦当》编委会

前　言

一、瓦　当

瓦的发明和逐步使用，是建筑史上当然的划时代大事。文献中，瓦的出现被追述到夏代，如《太平御览》卷188“居处部”，有“《博物志》曰‘桀作瓦’，《古史》曰‘昆吾氏作瓦’”[1]。近年来，随着陕西延安卢山峁遗址“目前发现年代最早的一批板瓦、筒瓦”的出土（公元前2300～前2200年）[2]、随着陕西神木石峁遗址大量瓦件的面世（公元前2300年～前1800年）[3]，瓦出现并被大量使用的时间早到文献记载夏代的之前已再无疑义。

瓦当，是建筑檐头位置筒瓦前端的遮挡[4]。从目前考古发现看，瓦当出现的时间要比瓦出现的时间晚了很多。在陕西扶风召陈遗址[5]、扶风云塘、齐镇建筑遗址[6]，出土了时代在西周中晚期的半圆形瓦当，当面有重环纹和素面两种。从历年考古发现的情况看，不管是在陕西宝鸡的周原遗址，还是在陕西西安的西周丰镐遗址，虽不断有瓦被发现，但瓦当发现的数量要明显偏少，显示出西周时期瓦当的使用还应很有限。虽然目前我们对春秋时期瓦当的了解还很有限，但不断增加的考古发现表明，至少到战国时期，瓦当使用已空前繁盛，并逐渐形成了秦、燕、齐、赵等等各异的列国瓦当风格。

瓦当的称谓，大体来源于其自名。在汉代文字瓦当中，既有“瓦”，如“都司空瓦”；又有“当”，如“长陵东当”“竹泉宫当”，因此“瓦当”一词大体就是二者的结合。“瓦当既有保护椽头的作用，又有美化建筑之功能，是实用与美观相结合的产物，成为我国古代建筑不可缺少的组成部分”[7]，它并一直影响到日本、朝鲜等东亚国家。

据北宋王辟之《渑水燕谈录》载，元祐六年（1091年）宝鸡“权氏得古筒瓦五，皆破，独一瓦完，面

[1]（宋）李昉：《太平御览》，中华书局，2016年，第913页。

[2] 陕西省考古研究院、西北大学文化遗产学院、延安市文物研究所：《陕西延安市芦山峁新石器时代遗址》，《考古》2019年第7期，第38～40页。

[3] 孙周勇、邵晶、邸楠：《石峁遗址的考古发现与研究综述》，《中原文物》2020年第1期，第44页。《石峁文化的命名、范围及年代》，《考古》2020年第8期，第101～108页。

[4] 吴荣曾：《瓦当》，《中国大百科全书·考古学》，中国大百科全书出版社，1986年，第538页。

[5] 陕西周原考古队：《扶风召陈西周建筑群基址发掘简报》，《文物》1981年第3期，第10～22页。

[6] 周原考古队：《陕西扶风县云塘、齐镇西周建筑基址1999～2000年度发掘简报》，《考古》2002年第9期，第3～26页。

[7] 赵力光：《中国古代瓦当概述》，《中国古代瓦当图典》，文物出版社，1998年，第2页。

径四寸四分，瓦面隐起四字，曰‘羽阳千岁’，篆字，随形为之，不取方正。始知即羽阳宫旧址也。”[8]在黄伯思《东观余论·古瓦辨》中也记载：“近有长安民献秦武公羽阳宫瓦十余枚，若今人筒瓦然，首有‘羽阳千岁’‘万岁’字，其瓦犹今日旧瓦，殊不腐朽。”其还根据“益延寿”瓦当订正唐代颜师古注《汉书》之误，开“瓦当文字考据之端”[9]。此外南宋无名氏《续考古图》中摹录汉瓦4件，从图像看分别为“益延寿”“官立石苑”“长乐未央”“羽阳千岁”[10]。

之后，到元代，李好文在其《长安志图》中“图志杂说”下设“汉瓦”条，收录了“长乐未央”“长生无极”“汉并天下”“储胥未央”“万寿无疆”“永奉无疆”“上林”等7种汉瓦，并在叙述之前发现的秦瓦“羽阳千秋”后，新记载“又有得瓦作‘楚’字者，亦秦瓦也”[11]。

清康熙六十年（1721），闽人林佶在陕西淳化甘泉宫遗址得“长生未央”瓦当，于是详细著录了该瓦当的规格是“瓦径五寸强，厚一寸弱，围一尺六寸弱”，并加以考证成《汉甘泉宫瓦记》，收录吴江徐釚、常熟王誉昌、祥符周在浚、山阳张鸿烈、秀水朱彝尊、山阳邱向隋、新城王士祯、长汀黎士宏、东武李澄中等各地学者对该瓦当的题词跋语，成一时之盛[12]。稍后瓦当的著录渐多，如乾隆时期毕沅撰《秦汉瓦当图》[13]、朱枫撰《秦汉瓦图记》[14]，其收录的瓦或摹本或拓片，并多加简证，是瓦当著录的阶段性成果。而后瓦当收集、收藏和著录更不断出现，流传下的著述，至少有程敦客《秦汉瓦当文字》、陈广宁《汉宫瓦当》、钱坫《汉瓦图录》、吴大澂《愙斋砖瓦录》、冯云鹏、冯云鹓《金石索》、王昶之《金石萃编》、翁方纲《两汉金石记》、毕沅《关中金石记》、武树善编纂《陕西金石志》中，都或多或少收录秦汉瓦当，显示出当时收藏、著录瓦当的基本情况[15]。到清末民初时罗振玉出版《唐风楼秦汉瓦当文字》，收录瓦当319品，更为一时之雄[16]。

中华人民共和国成立后，考古事业的蓬勃发展，各地考古工作中不断出土的瓦当陆续发表。当1953年中国科学院向全国学术界征集学术著作时，西北大学陈直先生将自己多年收集瓦当陶文一起整理为《关中秦汉陶录》（五册）、《关中秦汉陶录补编》（一册）及《云纹瓦当图录》，寄送于中国科学院考古研究所[17]。1963年，陈直先生利用其中主要内容，发表《秦汉瓦当概述》，系统整理、考释分析了之前著录、自己收藏和考古发现的秦汉瓦当，成为该时期秦汉瓦当研究的最重要著述[18]。

多年来，各地博物馆中收藏的瓦当，考古出土的瓦当陆续刊布。专门的瓦当著录和研究成果不断涌现，主要者，如陕西省博物馆编《秦汉瓦当》[19]、华非《中国古代瓦当》[20]、西安文物管理委员会编《秦

---

[8]（宋）王辟之：《渑水燕谈录》卷九，《四库全书》小说一，上海古籍出版社，1987年，第1036册，第520页。
[9] 刘士莪：《秦汉瓦当概论》，《西北大学藏瓦选集》，西北大学出版社，第10页。
[10]（宋）吕大临、赵九成：《考古图、续考古图、考古图释文》，中华书局，1987年，第203页。
[11]（元）李好文：《长安志图》，辛德勇、郎洁点校：《长安志 长安志图》，三秦出版社，2013年，第54、55页。
[12]（清）林佶：《汉甘泉宫瓦记》，《长安学研究文献汇刊·考古编·金石卷》第八辑，科学出版社，2018年，第1～9页。
[13]（清）毕沅：《秦汉瓦当图》，《长安学研究文献汇刊·考古编·金石卷》第十三辑，科学出版社，2020年，第159～176页。
[14]（清）朱枫：《秦汉瓦图记》，《长安学研究文献汇刊·考古编·金石卷》第十三辑，科学出版社，2020年，第177～206页。
[15] 刘士莪：《秦汉瓦当概论》，《西北大学藏瓦选集》，西北大学出版社，第11页。
[16] 罗振玉：《唐风楼秦汉瓦当文字》，《长安学研究文献汇刊·考古编·金石卷》第十三辑，科学出版社，2020年，第207～287页。
[17] 周天游：《关中秦汉陶录·前言》，陈直：《关中秦汉陶录》，中华书局，2006年，前言4页。
[18] 陈直：《秦汉瓦当概述》，《文物》1963年第11期，第19～43页。
[19] 陕西省博物馆：《秦汉瓦当》，文物出版社，1964年。
[20] 华非：《中国古代瓦当》，人民美术出版社，1983年。

汉瓦当》[21]、陕西省考古研究所秦汉研究室编《新编秦汉瓦当图录》[22]、杨力民《中国古代瓦当艺术》[23]、河南省博物馆《秦汉瓦当》[24]、徐锡台、楼宇栋、魏效祖编《周秦汉瓦当》[25]、刘士莪《西北大学藏瓦选集》[26]、钱君匋、张星逸、许明农《瓦当汇编》[27]、村上和夫《中国古代瓦当纹样研究》[28]、韩天衡、张炜羽、郑涛《古瓦当文编》[29]、赵丛苍《古代瓦当》[30]、赵力光《中国古代瓦当图典》[31]、姚生民《新中国出土瓦当集录·甘泉宫卷》[32]、山东省文物考古研究所《新中国出土瓦当集录·齐临淄卷》[33]、傅嘉仪《秦汉瓦当》[34]、张鉴宇《华阴瓦当欣赏》[35]、傅嘉仪《中国瓦当艺术》[36]、王世昌《陕西古代瓦当图典》[37]、刘德彪、吴磬军《燕下都瓦当研究》[38]、申云艳《中国古代瓦当研究》[39]、程永建《洛阳出土瓦当》[40]、吴磬军《燕下都瓦当文化考论》[41]、金建辉《中国古代瓦当纹饰图典》[42]、张童心、黄永久《禹王城瓦当》[43]、黄缨《陕西瓦当艺术研究》[44]、任虎成、张国柱《秦砖汉瓦》（壹、贰）[45]、田亚岐、孙周勇《椽头乾坤 陕西古代瓦当》[46]、郁彩玲、曹建宁《雍城秦汉瓦当鉴赏》[47]、李文岗《燕下都瓦当图形研究》[48]、叶木佳《中国古代瓦当纹饰审美艺术》[49]、冯永哲、上官存德、李昌峰《宝鸡出土瓦当》[50]、张东芳《羽人瓦当研究》[51]、国家博物馆《中国国家博物馆馆藏文物研究丛书·瓦当卷》[52]、任虎成、王保平《中国历代瓦当考

[21] 西安文物管理委员会：《秦汉瓦当》，陕西人民美术出版社，1985年。
[22] 陕西省考古研究所秦汉研究室：《新编秦汉瓦当图录》，三秦出版社，1986年。
[23] 杨力民：《中国古代瓦当艺术》，上海人民美术出版社，1986年。
[24] 河南省博物馆：《秦汉瓦当》，《中原文物》特刊1987年总八期。
[25] 徐锡台、楼宇栋、魏效祖编：《周秦汉瓦当》，文物出版社，1988年。
[26] 刘士莪：《西北大学藏瓦选集》，西北大学出版社，1988年。
[27] 钱君匋、张星逸、许明农：《瓦当汇编》，上海人民美术出版社，1988年。
[28] 〔日〕村上和夫著，丛苍、晓陆译：《中国古代瓦当纹样研究》，三秦出版社，1996年。
[29] 韩天衡、张炜羽、郑涛：《古瓦当文编》，世界图书出版公司，1996年。
[30] 戈父：《古代瓦当》，中国书店，1997年。
[31] 赵力光：《中国古代瓦当图典》，文物出版社，1998年。
[32] 姚生民：《新中国出土瓦当集录·甘泉宫卷》，西北大学出版社，1998年。
[33] 山东省文物考古研究所：《新中国出土瓦当集录·齐临淄卷》，西北大学出版社，1999年。
[34] 傅嘉仪：《秦汉瓦当》，陕西旅游出版社，1999年。
[35] 张鉴宇：《华阴瓦当欣赏》，陕西旅游出版社，2002年。
[36] 傅嘉仪：《中国瓦当艺术》，上海书店，2002年。
[37] 王世昌：《陕西古代瓦当图典》，三秦出版社，2004年。
[38] 刘德彪、吴磬军：《燕下都瓦当研究》，河北大学出版社，2004年。
[39] 申云艳：《中国古代瓦当研究》，文物出版社，2006年。
[40] 洛阳市文物工作队程永建：《洛阳出土瓦当》，科学出版社，2007年。
[41] 吴磬军：《燕下都瓦当文化考论》，河北大学出版社，2008年。
[42] 金建辉：《中国古代瓦当纹饰图典》，浙江古籍出版社，2009年。
[43] 张童心、黄永久：《禹王城瓦当——东周秦汉时期晋西南瓦当研究》，上海古籍出版社，2010年。
[44] 黄缨：《陕西瓦当艺术研究》，陕西科学技术出版社，2013年。
[45] 任虎成、张国柱：《秦砖汉瓦》（壹、贰），西安秦砖汉瓦博物馆，2010、2011年。
[46] 田亚岐、孙周勇：《椽头乾坤·陕西古代瓦当》，陕西人民出版社，2016年。
[47] 郁彩玲、曹建宁：《雍城秦汉瓦当鉴赏》，凤翔县博物馆、凤翔秦文化研究会，2016年。
[48] 李文岗：《燕下都瓦当图形研究》，河北大学出版社，2017年。
[49] 叶木佳：《中国古代瓦当纹饰审美艺术》，西南交通大学出版社，2017年。
[50] 冯永哲、上官存德、李昌峰：《宝鸡出土瓦当》，陕西人民美术出版社，2018年。
[51] 张东芳：《羽人瓦当研究》，知识产权出版社，2018年。
[52] 国家博物馆：《中国国家博物馆馆藏文物研究丛书·瓦当卷》，上海古籍出版社，2019年。

释》[53]等。

当然，历年来在诸如《汉长安城未央宫》《汉长安城武库》《西汉京师仓》《汉长安城桂宫》《西汉礼制建筑》《秦雍城豆腐村战国制陶作坊遗址》《陕西兴平侯村遗址》《秦都咸阳考古报告》《汉锺官铸钱遗址》《汉杜陵陵园遗址》《秦始皇帝陵园考古报告》《秦汉上林苑2004-2012年考古报告》等等各地发表的大量考古报告和每年发表的大量简报中，都不断刊布了大量的古代瓦当，成为不断推进瓦当研究的最大动力。而随着出版事业的发展，名家收藏的瓦当拓片，如《阿英旧藏金石拓片·瓦当集》[54]、《鲁迅博物馆藏拓本全集·瓦当卷》[55]也逐渐出版，与考古资料一起，共同丰富并不断推进着瓦当的研究。

二、栎　阳

根据文献记载，栎阳是秦献公、秦孝公时期的都城。秦献公二年（公元前383年），“城栎阳”（《史记·秦本纪》），将秦都从雍都迁都栎阳。到秦孝公十二年（前350年），“作为咸阳，筑冀阙，秦徙都之”，栎阳为秦都34年。著名的商鞅变法，就是秦孝公时期在栎阳实施的一项重要措施。《汉书·食货志》谓，“秦孝公用商君，坏井田，开仟伯，急耕战之赏，虽非古道，犹以务本之故，倾邻国而雄诸侯”。栎阳成为秦人发展史上的一个关键转折之都。

秦末楚汉相争之际，由于“项梁尝有栎阳逮，乃请蕲狱掾曹咎书抵栎阳狱掾司马欣，以故事得已”，而“长史欣者，故为栎阳狱掾，尝有德于项梁”（《史记·项羽本纪》），因此当项羽三分关中时，就封司马欣为塞王，“王咸阳以东至河，都栎阳”（《史记·项羽本纪》），后世所言的“三秦”，此为其一。

而被项羽封为汉王的刘邦，不久即明修栈道暗度陈仓，“还定关中”，公元前206年8月司马欣投降，“汉王还归，都栎阳”（《汉书·高帝纪》），栎阳成为汉王都城。同时刘邦以栎阳为基础，向东与项羽争斗。“令太子守栎阳，诸侯子在关中者皆集栎阳为卫”（《史记·高祖本纪》），逐渐完成统一全国大业。

因此从文献记载看，栎阳为塞王司马欣都前后6月（公元前206年2月至8月），之后到汉五年（公元前202年）刘邦定陶称帝时止，栎阳为汉王都5年。

据文献，刘邦在汉王二年“九月，属汉为渭南、河上郡”（《史记·秦楚之际月表》），“雍地定，八十余县，置河上、渭南、中地、陇西、上郡”（《汉书·高帝纪》）。栎阳因此不仅是汉王首都，也应是汉王首郡的郡治。

刘邦在汉五年“正月，杀项籍，天下平”，“二月，王更号，即皇帝位于定陶”（《史记·秦楚之际月表》），欲以洛阳为都，经娄敬、张良谏言，乃“入关”，初都栎阳，并以栎阳为基地开始营建长安，到汉王七年（公元前200年）“二月，长乐宫成，丞相已下徙治长安（《史记·高祖本纪》），“长乐宫成，自栎阳徒长安”（《汉书·高帝纪》《史记·汉兴以来将相名臣年表》），栎阳是汉帝国的第一个都城，为汉帝国都城2年。

---

[53] 任虎成、王保平：《中国历代瓦当考释》，世界图书出版公司，2019年。
[54] 凡一、凡晓旺：《阿英旧藏金石拓片·瓦当卷》，文汇出版社，2011年。
[55] 北京鲁迅博物馆：《鲁迅藏拓本全集·瓦当卷》，西泠印社出版社，2015年。

在刘邦从栎阳徙都长安后，汉太上皇继续居于栎阳。刘邦“上归栎阳，五日一朝太公”（《汉书·高帝纪》）。到高帝十年“七月，太上皇崩栎阳宫”（《史记·高祖本纪》），“太上皇崩，葬万年”（《汉书·高帝纪》）。太上皇葬于栎阳，设万年邑以奉陵寝。栎阳就不仅是汉王朝第一个都城，也是汉王朝的第一个帝陵、陵邑的所在。

据《汉书·地理志》，栎阳西汉属左冯翊，司马迁载其“北却戎翟，东通三晋，亦多大贾”（《史记·货殖列传》），是一个当然重要的城市。东汉“建武二年，定封丹栎阳侯。帝谓丹曰：今关东故王国，虽数县，不过栎阳万户邑。夫‘富贵不归故乡，如衣绣夜行’，故以封卿耳”（《后汉书·朱景王杜马刘傅坚马列传》），表明直至东汉初时，栎阳仍是“万户邑”，远较关东地区的“故王国”为大。而据《续汉书·郡国志》，栎阳后省并于万年，属左冯翊，逐渐衰败。

对文献记载的秦汉栎阳城开展调查始于20世纪30年代。1932年1月28日日军侵略上海，1月30日国民政府主席林森、行政院长汪兆铭通电“决定移驻洛阳办公”[56]。到3月，国民党中常会决定以洛阳为行都，“陪都之设定，在历史地理及国家将来需要上，终以长安为宜，请定名为‘西京’，并由中央特派专员担任筹备”[57]。在西京筹备中，有刘姓委员提出“保存陕西古物”[58]，在《西京筹备委员会工作大纲》的二十一项工作中，第二十项为“调查名胜古迹”[59]。因此在西京筹备委员会的组织机构中，秘书处下设文物组，“主管保护发扬文物古迹文物等文化事业”，科员“分别担任撰拟、调查该管工作之推进”，“每周应将工作情形报告于业务会议”[60]。

从现有资料看，西京筹备委员会开展的古迹调查有一贯明确的调查目的，“名胜古迹之保存于表扬，民族谒陵之规定，大之所以振发民族精神，小之所以号召后之来者，而亦所以增益西京历史文化的价值”[61]，“文化为民族精神之表现，其兴衰动关国家之兴亡，故特别重于此项工作”[62]，“文化关系国本”[63]。因此西京筹备委员会明确提出，“凡遇于文物有关之事，不论何物，皆宜注意”[64]。

在这个过程中，西京筹备委员会负责古迹调查的陈子怡先生，整理出版了《西京访古丛稿》。该书第三

---

[56] 《国民政府移洛办公宣言》（民国21年1月30日），西安市档案局、西安市档案馆，《筹建西京陪都档案史料选辑》，西北大学出版社，1994年，第2页。

[57] 《国民党中常会提议以洛阳为行都、以长安为陪都案》（民国21年3月），西安市档案局、西安市档案馆，《筹建西京陪都档案史料选辑》，西北大学出版社，1994年，第3页。

[58] 《西京筹备委员会第一次谈话会记录》（民国21年3月），西安市档案局、西安市档案馆，《筹建西京陪都档案史料选辑》，西北大学出版社，1994年，第151～153页。

[59] 《西京筹备委员会第一次谈话会记录》（民国21年3月），西安市档案局、西安市档案馆，《筹建西京陪都档案史料选辑》，西北大学出版社，1994年，第151～153页。

[60] 《修正西京筹备委员会秘书处办事规则》（民国32年8月），西安市档案局、西安市档案馆，《筹建西京陪都档案史料选辑》，西北大学出版社，1994年，第19～24页。

[61] 《西京筹备委员会成立周年报告》（节录），西安市档案局、西安市档案馆，《筹建西京陪都档案史料选辑》，西北大学出版社，1994年，第154～163页。

[62] 《西京筹备委员会工作概况（民国29年6月）》，西安市档案局、西安市档案馆，《筹建西京陪都档案史料选辑》，西北大学出版社，1994年，第196～209页。

[63] 《西京筹备委员会工作报告（民国24年11月至27年3月）》，西安市档案局、西安市档案馆，《筹建西京陪都档案史料选辑》，西北大学出版社，1994年，第183～188页。

[64] 《西京筹备委员会各工作事项（民国30年）》，西安市档案局、西安市档案馆，《筹建西京陪都档案史料选辑》，西北大学出版社，1994年，第223～226页。

篇文章为《汉栎阳考》。从该文叙述看，陈子怡叙述有鉴于“栎阳为秦汉名都，其形势伟大，固非一般城池所得而比。降及后世，虽夷为县，而其地势之雄壮，犹如故也。以如许大之胜迹，至于今日，在志承上竟云不知其处，斯则未免可异”，因此对栎阳进行文献梳理和调查，判断“秦汉栎阳，在今栎阳东北二十五里，今武家屯（即广阳镇）。……今武家屯北约四五里，又有古城屯，即所云又有古城在县北也。今城已无迹，人已不知为古城屯，而呼曰古尔屯，惟公文上尚曰古城屯也。秦汉旧都，当即此城。古城屯是其北边，广阳镇是其南边耳。”[65]。

但由于“七・七事变”暴发，我对倭寇全面抗战，因此中央减缩经费。本会经费自是年九月起一度紧缩为七成，自二十七年三月起，再度紧缩为五成，而犹大部分未能领到”，因此西京筹备委员会此后的“工作多为维持已往之建设，使不至于因时局影响而有废坠；一方面在人员疏散及物价高涨之情况下，仍努力于有关国防之建设”[66]，从民国26年7月至28年12月的两年半时间里，再未开展古迹调查。民国29年在“经请拨昔所结余经费，或由其他机关补助，以从事新的工作”后，才重新开始古迹调查，但规模已大不如前[67]，再未对栎阳进行专题调查。

真正意义上的栎阳城考古，始于20世纪60年代。1963年1月15日，陕西省临潼县武屯公社关庄生产队村民李海峰、韩忠敏在管庄东村东南100米左右掘土时于地下1米发现铜釜1口，其口部用瓦片封堵，内置金饼8枚，并在附近发现秦代云纹瓦当。之后陕西省文物管理委员会派人进行了现场调查，根据周围瓦片的堆积及附近地区的其他现象，判断此地可能即是秦国都城之一的栎阳遗址。据介绍，在当地农民家中尚可见到陶坛、水道、铁铲等战国晚期秦国器物（《文物》1964年7期）。

1964年7月，陕西省文物管理委员会根据前述金饼发现后调查获得的线索，派田醒农、雒忠如等先生，对1963年铜釜、金饼发现地点进行为期15天的考古调查。确认栎阳城“在今咸铜阎良车站东南约十公里处，西南距今栎阳镇约十二.五公里，南距渭水约七.五公里，东北距今富平县约十公里，东南距今相城镇约五公里，北与康桥镇仅隔一石川河，相距约二.五公里之遥。遗址西边距今武屯镇350米，地处石川河东流折向南的转弯处，今之泾惠四支渠，横贯其中，地势平坦，古今渠道纵横，其范围包括今关庄、新义、东西党家、南丁、华刘、汤家等七个自然村落，东西宽1801米，南北长2232米。在此地区内，到处分布着秦至汉初的瓦片，有的地方堆积层厚达2米”。不过“这次调查，因时间短促，对发现的各类现象，仅作了一般性的初步介绍，许多问题，需要作进一步的了解后，方可得出确切的结论。因为我们计划重新组织调查组，对此遗址进行一次全面的调查，以期获得更多的标本进行研究”（《文物》1966年1期）。

1980年4月至1981年12月，由刘庆柱、李毓芳先生组成的中国社会科学院考古研究所栎阳发掘队，对栎阳城遗址开展了四个季度的考古勘探与试掘。通过勘探和试掘，确定了栎阳城城址的分布范围，发现南墙、西墙和三处门址，发现秦汉道路13条、秦汉建筑遗址、一般居址和手工作坊遗址等15处，并发掘了南门遗址，还对城墙、道路和部分遗址进行重点试掘，基本弄清了栎阳城遗址的西北、东南和东北墓区的分布范围

[65] 陈子怡：《汉栎阳考》，《西京访古丛稿》，西京筹备委员会，1935年。

[66] 《西京筹备委员会工作概况（民国29年6月）》，西安市档案局、西安市档案馆，《筹建西京陪都档案史料选辑》，西北大学出版社，1994年，第196～209页。

[67] 以上内容选录自：刘瑞：《西京筹备委会的古迹调查——附谈〈西京附近各县名胜古迹略图〉》，《长安学研究》第一辑，中华书局，2016年，第338～351页。

和时代。同时还勘探了位于栎阳城西北的汉太上皇陵和昭灵皇后墓，并在栎阳城东南发掘了战国晚期至东汉的部分秦汉墓葬。不过由于“地表之上已无遗迹可寻，遗物也不多，文化遗迹、遗物一般在地表以下1.5～2米。近年来，城址所在地区地下水位上升，一般地表以下1～1.5米即为泥状，因此给勘探和发掘工作造成很大困难”，因此未能发现北墙、东墙。经考古工作确认，“栎阳故城应是一东西长约2500、南北宽约1600米的长方形城址，这与《长安志》卷十七栎阳县条记载栎阳故城‘东西五里，南北三里’的约数基本相符”（《考古学报》1985年3期）。

2000年，秦汉栎阳城遗址被国务院公布为第六批全国重点文物保护单位。2012年春，为进一步确定栎阳城遗址保护范围，为阎良区区域规划提供可靠资料、栎阳城保护规划的制订提供科学根据，西安市文物局与阎良区政府协商重启栎阳城遗址考古，安排由中国社会科学院考古研究所刘瑞、李毓芳，与西安市文物保护考古研究院（王自力2013～2014年、柴怡2013年、宁琰2014年、张翔宇、高博2015至今）等联合组成的阿房宫与上林苑考古队，负责开展栎阳城遗址的考古工作。在经过一系列准备之后，2013年4月2日，在国家文物局、陕西省文物局、西安市文物局的大力支持下，在西安市阎良区文体局的大力协助下，考古队重启栎阳考古。

2013～2014年复探了1980～1981年考古勘探的南墙、西墙，并在局部地段发现了城址北墙，将该城址编号“一号古城”。勘探初步确定，城址南北约2430米，东墙未发现。并在寻找一号古城东墙过程中，在遗址东北御宝屯一带，勘探发现一条东西向墙基，向东延伸至石川河边北折后被石川河冲断，其向西延伸，勘探得知该墙基东西长约3100米。后在其东西墙的西端发现南北向墙基，向北延伸到石川河南岸后被冲毁无存，勘探得知该墙基南北长约3800米。其所围城址编号为“二号古城”。在城墙的解剖发掘中，于城墙之下的墙基中出土五铢钱，借此确定二号古城的上限不早于武帝元狩五年（公元前118年）。在城墙南侧发掘中，发现城南环城道路被新莽时期墓葬破坏，表明城址废弃大体在汉末新莽时期。

在勘探二号古城西墙的过程中，在二号古城西墙向西约1500米发现夯土遗存（F1），判断其应为另一古城的建筑遗址，该古城编为“三号古城”。为确定该遗址的时代与性质，对F1进行了试掘。在发掘的地层及遗迹中出土花纹砖、葵纹瓦当、动物纹瓦当、云纹瓦当、素面瓦当等建筑材料，并在H51中出土槽型板瓦残块。后经确定，在F1之下仍叠压有早期夯土遗存，而在该遗存下尚有东西向人工沟渠存在，其内出土动物纹半瓦当等遗物。根据地层堆积及出土遗物判断，F1的修建上限不早于战国中期，至迟到西汉早期该建筑已被破坏成为废墟。而在进一步的勘探中，于F1东北发现一座东西105、南北约100米的近方形院落。该院落东、北、西侧为宽10米左右廊房遗迹，北侧廊房中间有宽约5.6米门道，南侧中间门道宽约7.3米，两侧为边长14米左右的近方形夯土台基，向外通过宽约2米围墙分别与东西廊房连接。院内尚未发现建筑遗存。在院落北门向北260米内发现四座夯土建筑基址。

鉴于在一定区域内密集分布有三座古城的情况，为准确确定栎阳城遗址的遗存分布，考古队以三座古城为中心，在周围开展了大范围勘探。经勘探确定，遗址东侧跨过石川河，位于今石川河以东，距二号古城东南角约1700米。遗址南侧边缘大体位于武屯街道的任家村、王北村、任赵村、三合村、耿东村、耿西村一带，南距一号古城南墙约1500米。西侧边缘大体位于武屯街道耿西村、新兴街道槐树村、仁和村、屈家村、张大夫村、官路村一带，向北至石川河，西距一号古城西墙约2600米。北侧边缘大体位于康桥镇的槐园、菩萨坡一带，北距二号古城北墙约1000米。受石川河分割，栎阳城遗址可分为石川河西、石川河东、石川河北三区，面积合计约36.51平方千米。

通过2013～2014年度的考古勘探与试掘，基本确定了栎阳城遗址的四至范围。对三号古城内遗存的发掘显示，其建筑的上限不早于战国中期，到西汉早期已破坏无存，其时间范围与文献所载的秦建都栎阳时间基本相合。而该地点出土的动物纹瓦当、槽型板瓦特征明显，不仅与凤翔秦雍城遗址的同类遗物形制大体相近，且前后时代基本衔接。据相关发现，三号古城大体应为战国秦栎阳城的所在。从城址延续到西汉早期看，其也应是汉初栎阳城所在。

在前述大范围的考古勘探中，发现了丰富的古代河道、淤土等水相沉积，推测在栎阳城遗址范围内之所以分布多座古城的原因，应与不同时期石川河的泛滥改道不断冲毁而重建新城有直接关系（《中国文物报》2015年9月11日）。

在确定三号古城的时代后，考古队的工作遂集中于三号古城，在2017年勘探发现前后两期的三号古城的北墙和西墙，其中前期北墙已探出东西长440、西墙南北长180米，后期北墙已探出东西长105、西墙南北长200米。但受三号古城区域蔬菜大棚等的严重影响，目前南墙和东墙尚未发现。

在三号古城北墙以南、西墙以东勘探的区域内，已发现由南向北编号为一号至四号建筑的四个大型夯土建筑台基。其中一号建筑位于南侧，规模最大，勘探东西长约67.5米；一号建筑向北约18米为二号建筑，其勘探东西长41米，东部有通过廊道等建筑与一号建筑连接；经发掘确定，一号建筑南北宽22.3、二号建筑南北宽11、残高0.5～0.8米，台基外立面局部保留白灰墙皮。二号建筑向北约18米为三号建筑，其勘探东西长约56.6米，向南通过廊道与二号建筑连接；三号建筑向北30.5米为四号建筑，其勘探东西长约34.5、南北宽约10米。在四号建筑西侧4.7米发现五号建筑，勘探东西长约23.5、南北宽约13.5米。

在一号建筑台基向南约67米，勘探发现一东西105、南北约100米的近方形院落。该院落东、北、西侧均为宽10米左右的廊房，北侧廊房中间有宽约5.6米门道，南侧中间门道宽约7.3米，两侧为边长14米左右的近方形夯土台基，分别通过宽约2米围墙与东西廊房连接。院内未发现建筑遗存。

在勘探寻找三号古城南部范围的过程中，在前述大型院落向南170米左右，在东西约520、南北约410米范围内勘探发现较连续的红烧土和瓦砾分布区。进一步勘探显示，在该区中部存在四条南北向的东西宽约3～4、南北最长约406米的大型沟渠，将该区域做出一定的区域划分。经2016、2017年试掘，初步确定该区域为手工业生产区。

在三号建筑夯土台基内清理出半地下建筑。在四号建筑中发现浴室、壁炉遗迹，在五号建筑发现浴室及与浴室地漏相连的管道、渗井等排水设施。从发掘情况看，地下遗存为同时建设，废弃时间也应基本同时。

在三号古城发掘中，出土了大量内面饰麻点外面饰细绳纹、中粗绳纹的筒瓦、弧形板瓦、槽型板瓦和素面瓦当、动物纹瓦当、云纹瓦当等建筑材料。并出土了长73、径63厘米的巨型筒瓦，是迄今为止中国考古发现的最大筒瓦，同时发现多个与辽宁碣石宫遗址B型大半圆瓦当纹饰相近的瓦当残片。从出土建筑材料看，三号古城应上承雍城，延续到西汉前期。从三号古城试掘清理的半地下室建筑、空心砖踏步、巨型筒瓦、瓦当、浴室、壁炉等遗迹遗物看，相关建筑遗存当为秦高等级宫殿建筑。

据文献记载及出土遗物，三号古城上限不早于战国中期，与文献所载秦献公、孝公建都栎阳时间吻合，为战国秦都栎阳。从城址延续到西汉前期判断，其亦当为塞王司马欣之都，为汉初刘邦所都栎阳。从栎阳考古发现看，不仅三号古城发现的半地下建筑、浴室、壁炉等等设施，空心砖踏步、巨型筒瓦、瓦当等遗物是目前为止在秦考古发掘中的最早发现，而且相当多的秦汉建筑制度也均应始于栎阳城。

2018年4月，栎阳城遗址考古入选2017年全国十大考古新发现[68]。

三、栎阳瓦当

栎阳瓦当的发现与研究，与栎阳考古同步。

1963年时属临潼的管庄出土铜釜和金饼，陕西省文管会在调查后发表的简报中，介绍“在管庄东村附近的农田地面，发现很多的秦云纹瓦当”，并刊发了第一枚栎阳瓦当的拓片[69]。

1964年6月，陕西省文物管理委员会派田醒农、雒忠如先生对栎阳进行了15天的初步勘探。在发表的简报中介绍在栎阳收集到的瓦当，“共收得21件。背面均凹凸不平整，此种形式具有先秦瓦当的作风，其正面花纹可分三式十四种”，发表了14件瓦当的拓片，并在结语中明确指出，栎阳“瓦当的形制和花纹，亦是这个遗址的代表物，特别是葵花纹的，这与多年来西安近郊的秦渭城，汉长安城及其他如阿房宫、未央宫等建筑遗址与秦始皇陵、汉代各帝王的陵墓建筑遗址中所经常出土的瓦当，都不同，可说是一种新品种”[70]。

1980～1981年中国社会科学院考古研究所栎阳发掘队在刘庆柱、李毓芳先生的带领下，对栎阳开展了为期两年的考古工作，并对太上皇陵进行了调查勘探与发掘，同时在周围遗址开展考古调查。在发表的考古报告中，介绍栎阳城址出土瓦当“有圆形和半圆形两种。圆瓦当面纹饰变化较多，分六式”，“半瓦当均为素面”。介绍太上皇陵出土瓦当“均为圆形，背面有绳削痕迹。根据当面纹饰，分四式”。并在结语中指出：

> 城址出土的瓦当以卷云纹为主，涡卷纹瓦当数量也很多。卷云纹在秦汉两代都十分流行。栎阳故城的卷云纹瓦当背部多有绳削痕迹。瓦当纹饰较细，边轮较窄，当面卷云纹和当心纹饰变化均较繁复。对照秦都咸阳、秦始皇陵园和汉长安城及西汉诸陵出土的卷云纹瓦当，此地的卷云纹瓦当时代多为秦代和西汉中期以前。涡卷纹瓦当是栎阳故城有地方和时代特点的，它与秦的葵纹、变形葵纹瓦当有着明显的渊源发展关系。ⅢD式瓦当在秦始皇陵园曾有发现，Ⅱ式和ⅢB式瓦当，在秦都咸阳宫殿遗址也曾发现[71]。

将栎阳瓦当与秦都咸阳、秦始皇陵园、汉长安城及西汉帝陵瓦当进行了对比分析。

由于栎阳考古的阶段性，历次发掘所获的瓦当数量和种类发现和公布的均甚有限，因此长期以来一直专门针对栎阳瓦当开展的研究成果。通常情况，都是在进行秦汉瓦当的研究中，就栎阳瓦当略加数语。2011年，陈根远指出栎阳瓦当的重要性，“就秦瓦当断代而言，我们应首重栎阳瓦当的研究”。他梳理栎阳为都的时间后指出，“分析当时的社会环境与经济发展水平，秦汉时期栎阳的大规模建设主要在战国中期其为秦都的34年中（前383～前350年）。20世纪60年代在今陕西临潼武屯乡关庄、玉宝屯一带秦栎阳城遗址勘探中发现的古代遗物年代比较单纯，皆为战国中期之物。其中瓦当分为葵纹、云纹两大类，云纹瓦当瓦心多饰网纹、云纹等，未见后期最常见的半球状瓦心。以此为基础，剔除秦咸阳出土的同类秦瓦当，所剩殆为战国晚

[68] 本“前言”的第二部分内容，择录自刘瑞《栎阳考古发现与研究·前言》的相关章节，见中国社会科学院考古研究所、西安市文物保护考古研究院：《栎阳考古发现与研究》，科学出版社，2020年。

[69] 朱捷元、黑光：《陕西省兴平县念流寨和临潼县武家屯出土古代金饼》，《文物》1964年第7期，第35～37页。

[70] 陕西省文物管理委员会：《秦都栎阳遗址初步勘探记》，《文物》1966年第1期，第16页。

[71] 中国社会科学院考古研究所栎阳发掘队：《秦汉栎阳城遗址的勘探与试掘》，《考古学报》1985年第3期，第380页。

期到秦代新创之瓦当”。并指出，“秦图案瓦当版式极为丰富，变化多种多样，远远超过了汉图案瓦当的样式，其中最典型的是葵纹瓦当和云纹瓦当。依旧以秦雍城、栎阳、咸阳3座旧都遗址出土最多。”[72]不过，同样由于考古资料有限，其论述也未能进一步开展。以上，大体就是在2013年之前学界对栎阳瓦当研究的主要情况。

在2013年栎阳考古工作重新启动后，随着各项考古工作的开展，秦汉栎阳遗址所出的瓦当，无论在品种还是在数量上有了较大的增多。不仅新发现了之前未见的动物纹瓦当、巨型夔纹瓦当，而且瓦当数量更空前增多，因此就有了这本《栎阳瓦当》。我们希望，在多年积累的基础上，让我们可以从更大空间上，基于“全数据”而对栎阳瓦当得到一些新的认识。

本书收集栎阳瓦当591枚，其中1964年栎阳考古后发表的瓦当14枚、1981～1981年栎阳考古所获瓦当129枚、2013～2018年栎阳考古所获的全部瓦当448枚。所收的瓦当既有发掘所得，也有调查采集所获。瓦当发现的地点根据2013年以来的考古工作，1964年、1980～1981的瓦当出土或采集地点，基本都集中在后来编号的一号古城和二号古城、2013～2018年的瓦当出土或采集地点，除一号古城、二号古城外，还增加了三号古城。由于1980～1981年刘庆柱、李毓芳先生开展的栎阳考古，虽集中于栎阳城一号古城，但还开展了汉太上皇陵考古，并在栎阳城遗址周围的如关山冉村、新丰吴村等地都进行了广泛调查。故本书所收的栎阳瓦当，在以栎阳城遗址为主的同时，就还兼有汉初帝陵所得，并有新丰遗址参照，想来读者从中应可对从战国中期到西汉时期的栎阳瓦当为核心的秦汉瓦当的发展，有一个更为全面的了解。

据当面纹饰的差异，本书所收栎阳瓦当分15种：

1. 素面瓦当

共34枚。除1980～1981年在一号址出土1枚、六号址出土5枚外，其余均为2013～2018年发掘中所获，均发现于三号古城。

2. 图案瓦当

共7枚。分两种，饕餮纹瓦当3枚、夔纹瓦当4枚（均残块，发现于3个地点）两种，均发现于三号古城。

3. 动物纹瓦当

共35枚。均为2013～2018年发现于三号古城。根据当面纹饰的不同，又可进一步分为以下5种：

（1）鸟纹瓦当

共17枚。分4种，分别为双凤纹瓦当4枚、凤鸟纹瓦当4枚、鹭鸶衔蛇纹瓦当4枚、舞鸟双兽纹瓦当1枚。除凤鸟纹瓦当亦见于秦都雍城外，其余3种鸟纹瓦当仅见于栎阳。

双凤纹瓦当，纹饰为两头凤鸟十字穿插构图，仅见于栎阳。

凤鸟纹瓦当，纹饰为一头巨大的凤鸟展翼前行。单一凤鸟纹作为瓦当主纹饰的情况，还见于秦都雍城。但从凤鸟的构图看，栎阳的凤鸟纹瓦当与雍城所出有明显差异。

---

[72] 陈根远：《秦代瓦当的种类与断代》，《东方收藏》2011年第1期，第24～27页。

鹭鸶衔蛇纹瓦当，纹饰为一头巨大的鹭鸶口衔一挣扎长蛇。该种纹饰，不仅见于圆形瓦当，还见于半圆形瓦当，表明栎阳瓦当的纹饰，与其是否为半瓦当和圆瓦当的关系较小。此种纹饰，目前仅见于栎阳。

舞鸟双兽纹瓦当的纹饰，在当面的左侧为两兽，似正“交尾”，当面右侧则为一扇动翅膀的大鸟，为目前仅见。该枚瓦当的形制甚特殊，其瓦当的“边轮”，并非与其他瓦当一样——边轮外缘即瓦当边缘，而是边轮向当心方向有所内缩，更为目前仅见。

（2）双龙纹瓦当

共3枚。均为双龙纹，其纹饰是两龙十字穿插构图，从已有的瓦当发现看，该类型的双龙纹瓦当仅见栎阳。

在近年公布的鲁迅藏瓦当拓片中，有一枚钤印“陶斋藏瓦”显示原为端方藏“双虬纹瓦当”时代为“汉”的瓦当拓片[73]，无出土地信息。从瓦当拓片所示双龙纹造型和构图看，其均与栎阳发掘所得瓦当高度相近，不仅时代为战国秦，而且此枚瓦当的出土地应为栎阳。

陶斋，为晚清金石学家端方（1861～1911年）斋名。据记载，端方曾任陕西按察使、布政使，并代理陕西巡抚，光绪二十六年（1900年）慈禧、光绪出逃陕西后，其接驾有功调任河南布政使。因此，大体可推测端方所藏此瓦的时间当在调任河南之前。如是，该枚双龙纹瓦当自然就成为有明确著录最早发现的栎阳瓦当。

（3）虎燕纹瓦当

共2枚。瓦当的纹饰，是上为一头回首卷尾的猛虎，下为一只飞鸟。虎与鸟的组合，之前见于秦都雍城，其鸟多被视为燕子。从瓦当纹饰看，栎阳瓦当中虎、燕的构图、造型，均与雍城有一定区别。

（4）鹿纹瓦当

共11枚。分4种，分别为双鹿纹瓦当1枚，鹿虎纹瓦当4枚、“公”字鹿纹瓦当1枚、鹿犬双蛇纹瓦当5枚。

从瓦当纹饰看，双鹿纹瓦当之前集中见于秦都雍城，但栎阳瓦当的鹿纹一大一小的造型排列与雍城所出瓦当明显有别。

鹿虎纹瓦当的主纹饰是一头前行的雄鹿，在其下方为一头前行猛虎，在鹿的前方有一圆形图案，鹿的后上方为一树木的纹饰，在树的左侧为一动物似“猴”。此种瓦当上的纹饰组合仅见于栎阳。

“公”字鹿纹瓦当残，从鹿的形制看，与前述鹿虎纹瓦当高度相近，唯将树木纹饰后的动物换为了“公”字。从目前所见动物纹瓦当看，此枚瓦当上的“公”字，是首次融入动物纹图案中的文字。

鹿犬双蛇纹瓦当的构图，以一头回首雄鹿和前行犬为主纹饰，在鹿首旁有两条蜿蜒的小蛇。此种瓦当纹饰，仅见于栎阳。

（5）兽纹瓦当

共1枚，已残。从残存纹饰看，瓦当当面为一大型动物，其体粗尾小，但因头部残缺，原其为何种动物，目前尚难推断。就目前所见，该类瓦当仅见于栎阳。

4. 植物纹瓦当

共5枚。均发现于三号古城。该种瓦当的当面边缘内为一周凸弦纹，单界格线四分当面，不穿当心，当

[73] 北京鲁迅博物馆：《鲁迅藏拓本全集·瓦当卷》，西泠印社出版社，2015年，第338页。本瓦当的信息，由武汉大学姜修翔同学提供。

心外一圆。一树枝斜形穿过当心圆和当面，连至凸弦纹。当面每界格线上部向两侧伸出单线弧纹。二界格线中部向两侧伸出对称窄条叶纹，一界格线下部向上两侧伸出半圆形纹，一界格线两侧有连至当心圆的一对X纹，有的二弧纹间有一叶纹，有的二弧纹间有一圆圈纹。该种纹饰的瓦当，目前仅见于栎阳。

5. 几何纹瓦当

共1枚，已残。发现于三号古城。从残存情况看，在当面的边缘内为一周凸弦纹。边轮与凸弦纹间有一周乳钉纹。当心的中央似乳钉，外围线一周不规则方格纹，当面几何纹。该种纹饰的瓦当，目前仅见于栎阳。

6. 波浪纹瓦当

共4枚。均发现于三号古城。其纹饰，当心或为圆窝或为乳钉，周围为顺时针或逆时针旋转的六条波浪。该种纹饰的瓦当，目前仅见于栎阳。

7. 连云纹瓦当

共25枚。分为2种：

（1）无界格。

共1枚。发现于三号古城。该瓦当的当心，是在一圈凸弦纹内含一条顺时针旋转的线条，周围使用单线条连接起来的四朵双线条“朵云纹”。

（2）单线界格

共21枚。瓦当的边轮内为一周凸弦纹。当面以竹节形界格线四分当面，穿过当心圆，不穿当心中央乳钉纹。当心中央饰一大乳钉纹，外一圆。当心每扇格内饰一叶纹，外一圆。当面每扇格内饰一朵单卷云纹，云纹末端通过界格线相连。81CY六号址3号瓦当的界格不过云纹且不连边缘凸弦纹。

（3）双线界格

共3枚。瓦当的边轮内为一周凸弦纹。当面以双线界格线四分当面，不穿当心方格纹或三角纹。当心方格纹，外一圆。当面每扇格内饰一朵单卷云纹，云纹末端通过界格线相连。

8. 同心圆纹瓦当

共8枚。2枚在1981年六号址出土，其余6枚出土于三号古城。瓦当当面边轮内二凸弦纹。当心中央有的有一未穿透钉孔。周饰凸起小方格纹，外双圆。双圆和凸弦纹间或有四组对称长条形凸纹，每组三条纹饰。

9. 乳钉纹瓦当

共1枚。出土于三号古城。瓦当边轮内一周凸弦纹，当心纹饰不清，外一圆。在当面凸弦纹和当心圆间饰二周乳钉纹。

10. 涡纹瓦当

共49枚。既见于1964年栎阳城、1980～1981年栎阳城和太上皇陵考古，亦见于2013年后的栎阳城三号古城发掘，同时在1980～1981年进行的新丰吴中村开展的调查中也有采集。其当面纹饰，还有一定差异：

（1）无界格

共2枚。当边轮内有一周凸弦纹。单界格线四分当心圆。当心圆每扇格内有一曲尺纹，其内饰尖状突起叶纹。当面饰四对自当心圆伸出的相同双卷涡纹。

（2）单界格穿当心

共9枚。当边轮内一周凸弦纹。当面单界格线四分当面，穿过当心，当心每扇格内一花蕾纹或涡纹，外一圆。当面每扇格内饰自当心圆伸出一对相背或相向涡纹。

（3）单界格不穿当心

共26枚。当面单界格线四分当面不穿当心。1枚当心饰小方格纹，外一圆。当面每界格内自当心圆伸出一对相背涡纹（TG7②：1）。多数瓦当的当边轮内一周凸弦纹，单界格线四分当面，不穿当心。当心中央饰一小乳钉纹。周围绕回涡纹，外一圆。当面每界格内饰自当心圆伸出的一对相背涡纹。左侧涡纹与当心圆内涡纹相通构成S形纹。

（4）双界格不穿当心

共3件。当面边轮内一周凸弦纹，双界格线四分当面不穿当心。1枚当心中央穿孔，周围两周同心圆，1枚中心圆饼，1枚中心斜格纹。当面每扇格内自界格线下部伸出一对相背涡纹，1枚涡纹间饰上下二小乳钉纹，1枚无乳钉纹。

（5）三界格不穿当心

共6枚。当边轮内二周凸弦纹，三界格线四分当面不穿当心。当心饰一花瓣纹，外一圆。当面每扇格内自界格线中部伸出一对相背涡纹。

此外还有3枚瓦当残，界格数量不清。

11、葵纹瓦当

共85枚[74]。既见于1964年栎阳城、1980～1981年栎阳城和太上皇陵考古，亦见于2013年后的栎阳城三号古城发掘，同时在1980～1981年进行的新丰李家村调查中也有采集。其当面纹饰，还有一定差异：

（1）当心三涡纹

共48枚。瓦当当心或饰一小乳钉纹或穿孔，周围绕三涡纹，外一周弦纹。当面饰自当心圆伸出八左向或右向涡纹，组成如葵瓣纹，其中有三涡纹与当心圆内涡纹相通构成S形纹。

（2）当心四涡纹

共10枚。瓦当当心中央多饰一小乳钉纹，周围绕四涡纹，外有绹纹构成当心圆，当面饰自当心圆伸出八左向涡纹组成的葵瓣纹，有四涡纹与当心圆内涡纹相通构成了S形纹。

[74] 此为瓦当总数。下各分类中的瓦当数量，以特征明显者进行统计。某些因残破而致特征不明显的瓦当，暂不计入分类数量，故可能分类数之和与总数有异。下同，不再出注。

（3）当心五涡纹

共10枚。瓦当当心中央饰一小乳钉纹或圆圈，周围绕五涡纹，外一粗弦纹，自当心圆伸出五左向钩形纹构成葵花瓣纹，外有的有一周弦纹。

（4）当心旋涡纹

共10枚。3枚瓦当当心为漩涡纹，外有绹纹构成的当心圆，当面饰自当心外圆伸出右向涡纹构成葵花瓣纹。5枚当面边轮内一周凸弦纹，当心为漩涡纹，当心曲线向外盘旋伸出左向或右向蕉纹构成的葵花瓣纹，当面凸弦纹向内伸出左向或右向蕉纹插入其间。2枚当面边轮内一周凸弦纹，当心中央饰一小乳钉纹，周围绕漩涡纹，外一周左向涡纹成葵花瓣纹。凸弦纹向内伸出一周左向密集涡纹。

（5）当心米字纹

共1枚。瓦当当心为米字纹，外一圆。当面内饰自当心圆伸出左向涡纹构成葵花瓣纹。

（6）当心斜方格纹

共1枚。当面边轮内一周凸弦纹，当心饰斜方格纹，外一圆，当面饰当心圆伸出左向涡纹构成的葵花瓣纹。

12. 蘑菇纹瓦当

共223枚，占全部收集到的栎阳瓦当中的37.7%，是数量最多的瓦当品种。既见于1964年栎阳城、1980～1981年栎阳城和太上皇陵考古，亦见于2013年后的栎阳城三号古城发掘，同时在1980～1981年进行的关山冉村调查中也有采集。其当面纹饰，有一定差异：

（1）蘑菇纹瓦当

1枚为单界格线，瓦当边轮内一周凸弦纹。单界格线四分当面穿过当心。当心每扇格内一叶纹，外一圆。当面每界格线顶端有一朵单卷云纹。二云纹间饰一左向涡纹。

221枚为双界格线，为最主要的瓦当种类。当边轮内一周凸弦纹。双界格线四分当面不穿过当心。当心小方格纹、斜方格纹、菱形纹，外一圆。当面每界格线顶部有一朵双卷云纹。

（2）异形蘑菇纹瓦当

1枚（TG4G8⑨：1），瓦当边轮内有凸弦纹。当面双界格线顶端连着凸弦纹，下端连至当心圆，四分当面不穿当心。当心饰菱形格纹，外一圆。每界格线上端有一朵双卷云纹，界格线从云纹顶部下面穿过连至凸弦纹。现残存一朵半云纹。

13. 云纹瓦当

共68枚。该种瓦当的当面每扇格内饰一朵单卷云纹，末端连至边轮。其既见于1964年栎阳城、1980～1981年栎阳城和太上皇陵考古，亦见于2013年后的栎阳城三号古城发掘，同时在1980～1981年进行的新丰吴中村调查中也有采集。云纹与边轮相连，具体的当面纹饰有一定差异：

（1）无界格

共3枚。1枚在1980年与五号址采集，2枚为1964年所获。当边轮内一周凸弦纹。单界格线四分当心。每扇格内饰一小乳钉纹。界格线上部伸出一对相反涡纹，外一圆。当面饰四朵双卷云纹，云纹末端连至凸弦纹。

（2）单界格

7枚当面单界格线四分当面穿过当心。当心饰四叶纹。当面每扇格内饰一朵单卷云纹，末端连至边轮。1枚（TG27H83②：13）当面单界格线四分当面穿过当心。当心四扇格中三扇格内为1小乳钉，一扇格内为“公”字。当面每扇格内饰一朵单卷云纹，末端连至边轮。3枚当面单界格线四分当面穿过当心。当心每扇格内多为一小乳钉，当面每扇格内饰一朵单卷云纹，末端连至边轮。当面纹饰线条均甚为纤细。

6枚当面单界格四分当面不穿当心。1枚（TG40⑦：24），当面单界格线四分当面，不穿当心，当心大乳钉纹，外一圆。当面每扇格内一单卷云纹，末端连至边轮。4枚当心为方格纹（其中1枚在方格纹外为一圆，3枚方格纹外为一方框）。1枚（新丰吴中村：3）当面边轮内一周凸弦纹。单界格线四分当面，不穿当心。当心中央一小乳钉纹周围绕小花瓣，外一周小乳钉，外一圆。当面每扇格内一朵双卷云纹，末端连至界格线下部。

（3）双界格线

共43枚。当心纹饰多样。有圆饼形外一圈，如81CY太陵采集：12；有圆饼形外一圈外四出叶纹，如81CY太陵采集：13；有米字纹、小方格纹、有乳钉纹、有三角纹、有斜方格纹、有小方格加三角纹、有三涡纹。如80CY五号址采集：48，当边轮内一周凸弦纹。当面双界格四分当面，不穿当心。当心饰米字纹、外一圆。当面每扇格内饰一朵双卷云纹，末端连至界格线下部。每朵云纹中部饰一小乳钉纹。TG34⑦：11，当面边轮内一周凸弦纹，单界格线四分当面不穿当心。当心饰小斜方格纹、外一圆。当面每扇格内一朵云纹。自当心伸出一直线纹，顶至云纹中部。云纹末端连至界格线下部。又如TG34⑧：1，当边轮内一周凸弦纹，当面双界格线四分当面不穿当心。当心中央饰一小乳钉纹，周米字纹，外围交叉双方形，外饰小斜方格纹、外一圆。当面每扇界格内一朵双卷云纹。末端连至界格线下部。当面纹饰线条纤细、清秀。TG51⑨：9，当边轮内一周凸弦纹。双界格线四分当面不穿当心。当心中央饰一小乳钉纹。周围绕三涡纹，外一圆。当面每扇格内一朵双卷云纹，末端连至界格线下部。

14. 冰裂纹瓦当

共1枚。为81CY太陵T1：9。瓦当残，当边轮内一周凸弦纹。当心内饰不规则三角形纹，个别三角形纹内有小乳钉，当心外一圆。当面凸弦纹和当心圆之间布满大小不等、错综变化的三角形冰裂纹。

15. 朵云纹瓦当

共34枚。该种瓦当在当面四分界格内为独立的一朵不与边轮、当心、界格相接的云朵。该种瓦当既见于1964年栎阳城、1980～1981年栎阳城和太上皇陵考古，亦见于2013年后的栎阳城三号古城发掘，同时在1980～1981年进行的新丰李家村调查中也有采集。其当心等纹饰，有一定差异。如81CY六号址：1，当面纹饰轮细。边轮内有一周凸弦纹。双界格线回分当面未穿当心。当心饰小方格纹、外一圆。当面每扇格内饰一朵双卷云纹。秦汉栎阳城：25，当边轮内二周凸弦纹。其间饰网格纹，双界格线四分当面不穿当心。当心为一大乳钉纹，外一圆。当面每扇格内饰一朵双卷云纹，云纹上两侧各一小乳钉纹。T G51H271：2，瓦当边轮宽，内有二周凸弦纹。当面双界格线四分当面不穿当心。当心中央饰一大乳钉纹，外一周小乳钉纹，外一圆。当面每扇格内一朵双卷云纹。当面二凸弦纹间有细密网格纹。

从现有资料看，栎阳瓦当大体有如下特点：

第一，圆瓦当为主及最早的大半圆瓦当。

栎阳瓦当的形制，既有半瓦当、圆瓦当，还有夔纹为饰的大半圆瓦当。从发现的数量看，园瓦当占绝对多数，半瓦当和大半圆瓦当都仅占极少部分。而从鹭鸶衔蛇纹瓦当的纹饰看，无论是半瓦当还是圆瓦当的纹饰都高度一致，表明单从瓦当的制作工艺看，此时的半瓦当应是从圆瓦当“切割”而来。

大半圆瓦当，最早发现于秦始皇陵，后在成山宫、黄山宫、回中宫、碣石宫等地都有少量发现，传统上称之为“瓦当王”[75]。上述这些遗址或墓葬的时代，普遍集中在战国晚期或秦代。而从历史沿革看，秦先都栎阳后都咸阳，因此栎阳目前发现的大半圆瓦当，就自然早于之前发现的各个地点，大体应为目前所知最早的秦大半圆瓦当，是秦人建筑文明中重要的一项“栎阳创新”。

第二，瓦当纹饰丰富，转折性特征明显。

在栎阳瓦当中，素面瓦当的数量不多，这与各地瓦当发现中素面瓦当普遍时代偏早的特点较为一致。

栎阳图案纹瓦当的数量虽然不多，仅见半瓦当中的饕餮纹瓦当和大半圆瓦当的夔纹瓦当，但从有关发现看，饕餮纹瓦当和夔纹瓦当之前在秦始皇陵、黄山宫、成山宫、碣石宫等遗址，以及在宝鸡尚家岭遗址中，都往往“配套”出现（在秦咸阳宫遗址中仅见饕餮纹瓦当）。因此，如前所述，栎阳所见这两种瓦当同出的情况就应是目前所知最早，同样是秦人建筑文明中的“栎阳创新”。

栎阳瓦当上的动物造型，既有如“模制”的浑圆动物，也有以“泥条”勾勒的线型动物，为其他地区所少见。整体上，栎阳瓦当的动物造型饱满、姿态生动、线条流畅，是继雍城瓦当之后秦人瓦当艺术的又一个高峰[76]。

从构图看，在雍城瓦当中若两个动物一起出现，在形体相近时，如多见的双獾纹瓦当，通常都是两獾“交颈”而立。而到了栎阳瓦当中，两个一起出现同样大小的动物，如双龙纹、双凤纹，两个动物均以十字穿插形式进行构图，你中有我、我中有你，无论线条还是构图都愈发生动流畅。

栎阳发现的动物纹瓦当，以多个动物的组合纹为主，单一动物纹饰数量明显偏少。以鹿纹为例，在栎阳之前雍城瓦当中多见的单一鹿纹尚不见于栎阳，而是以鹿为主体进行多动物组合。需要指出的是，栎阳尚未发现带界格的动物纹瓦当，与咸阳等地所见情况有明显区别。

从瓦当数量看，栎阳动物纹瓦当虽然造型优美，但数量甚少，在全部瓦当中所占的比例不高，远低于葵纹、涡纹和各种云纹。这种情况表明，至少从栎阳开始，秦人的瓦当纹饰已发生越来越大的变化，逐渐从“写实”的动物，向“抽象”的图案快速转变。

由于在秦都咸阳遗址中极少见到动物纹瓦当，而在秦阿房宫遗址、秦始皇陵均未见动物纹瓦当，因此栎阳动物纹瓦当，大体就成为秦人动物纹瓦当发展的最后高峰。而在这种情况下，栎阳发现的各种图案纹瓦当，也成为相关瓦当纹饰的重要“起点”。

栎阳的植物纹、几何纹、波浪纹、同心圆纹、乳钉纹瓦当的发现数量虽均不多，但均不见于雍城和其他秦代遗址，是栎阳“特有”的瓦当种类。

---

[75] 张梓琦：《“大半圆瓦当”的时代与功能》，《考古与文物》2019年第5期，第78～94页。

[76] 耿庆刚：《秦雍城动物纹瓦当主题演讲》，《考古与文物》2019年第5期，第71～77页。

TG41J6：3

当径13.3、当厚0.6厘米
筒瓦残长16.5、径13、厚1.8厘米

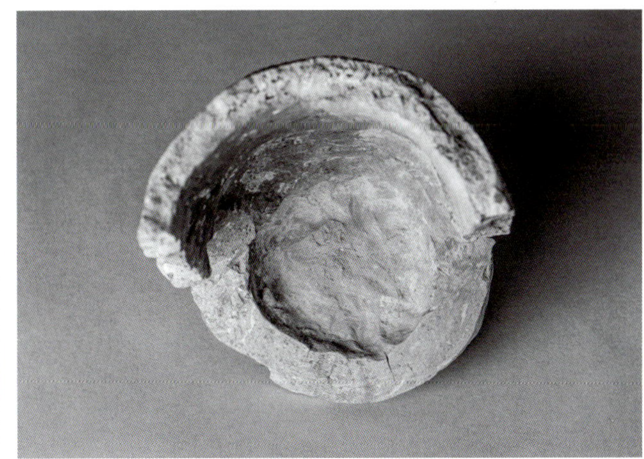

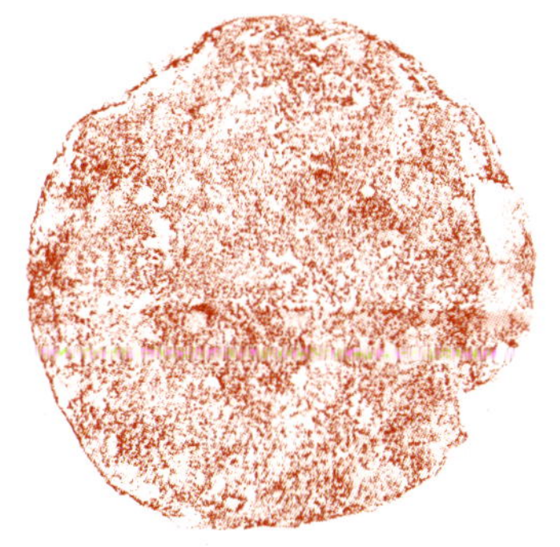

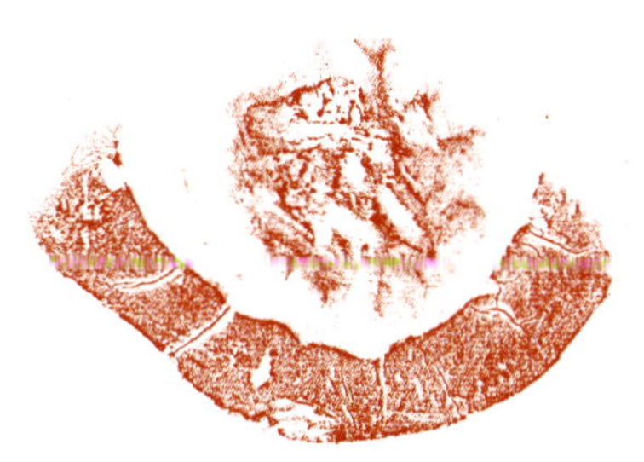

TG41J6：2

当径15.1、当厚1.1厘米
筒瓦残长6、残径14.5、厚1.6厘米

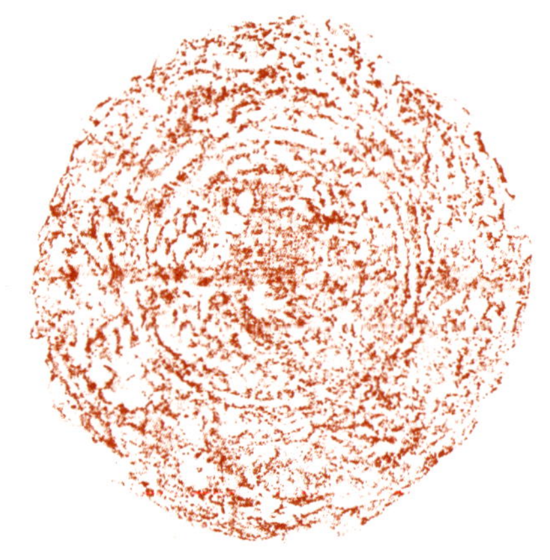

TG27H83③：12

当径13.6、当厚1.1厘米

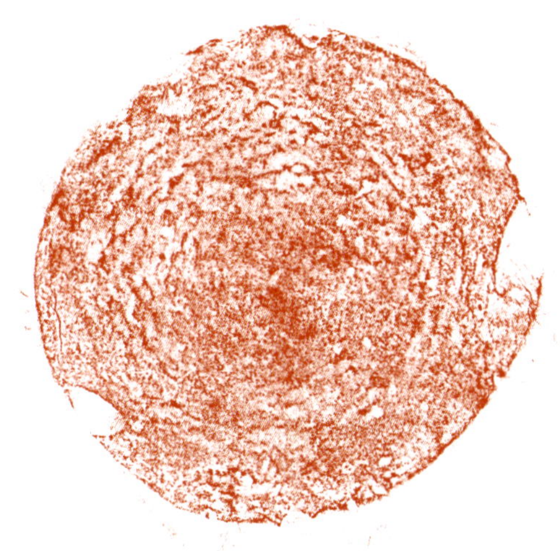

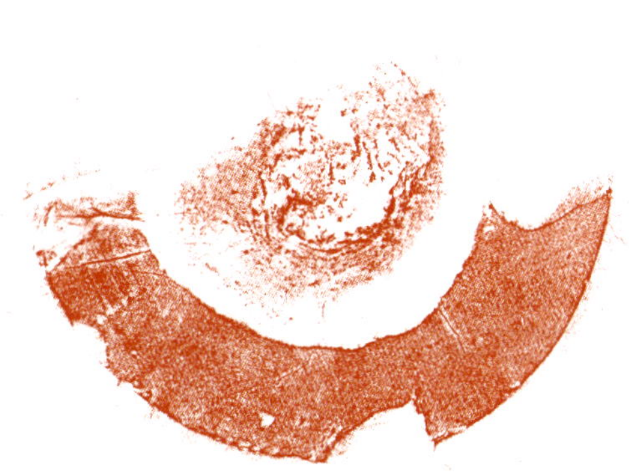

TG48H178：1

当径15.4、当厚1.2厘米
筒瓦残长24.5、径15.3、厚1.3厘米

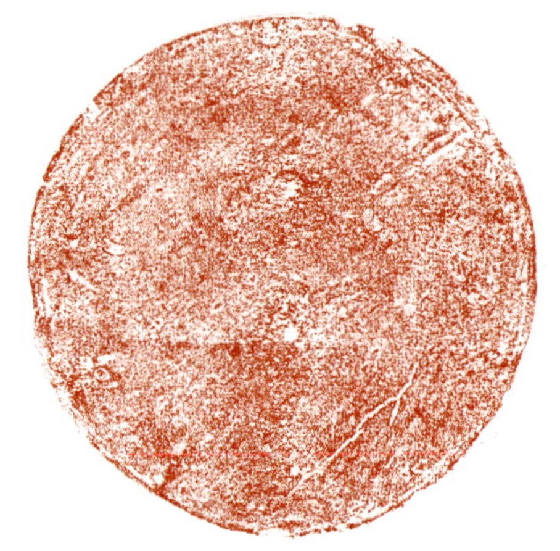

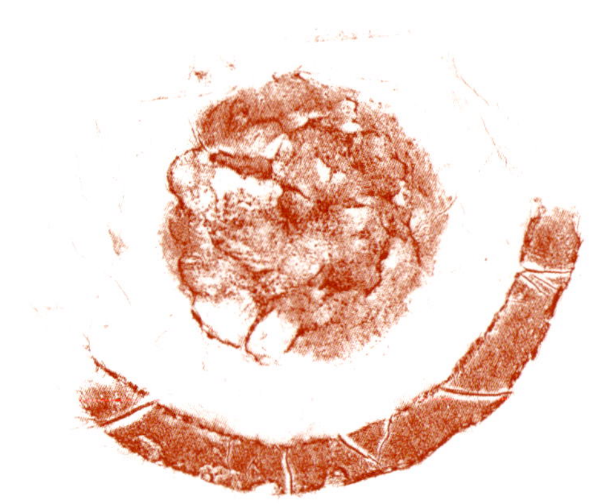

TG40⑦：48

当径12.5、当厚1厘米

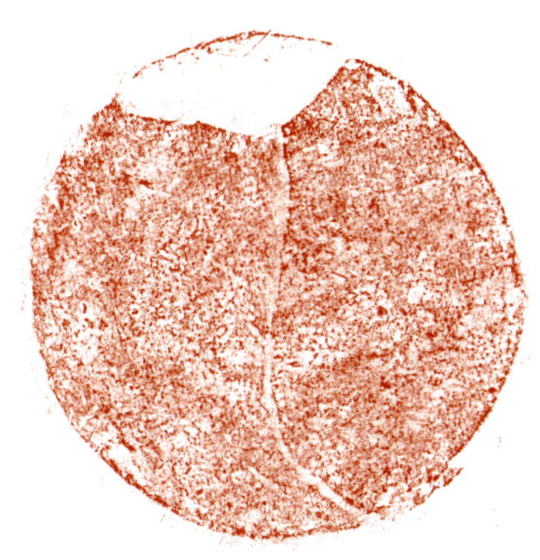

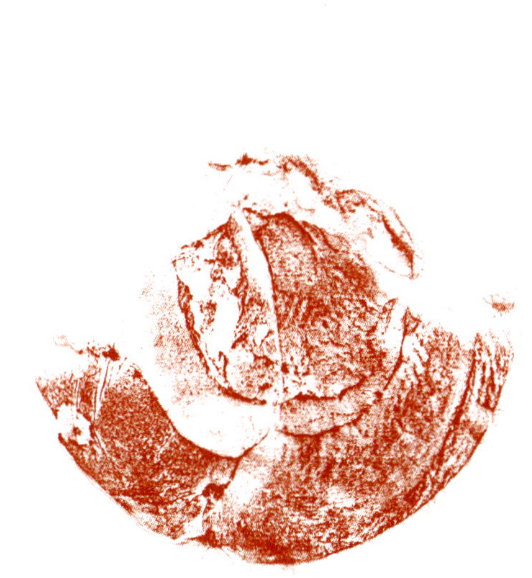

素面瓦当

目录

的社会景象。

从栎阳为变法之都的角度考虑，从商鞅变法前“徙木立信”的强调“公信力”的角度考虑，“公”字在瓦当上的出现并非偶然。

从整理的情况看，栎阳已收获的瓦当数量和种类，无论从雍城、秦咸阳看，还是从阿房宫、秦始皇陵看，都具有明显的转折性特征。旧的动物纹瓦当在达到新的“辉煌”后逐渐式微，而葵纹、各种云纹的数量急剧增加，文字开始见于瓦当的纹饰，具有明显承上启下的时代特点，与文献记载秦都栎阳的变法型城市的特征基本吻合。

栎阳瓦当涉及的问题是多方面的，但限于篇幅自然难以一一陈述——如瓦当制法发展就未叙述，加之学识有限，这里提出的一些看法一定存在不少不足，敬祈谅解和不断指正。

凡　例

（1）收录截至2018年底栎阳考古所获的全部瓦当。

（2）以图录形式刊布瓦当正背面照片和拓片。

（3）瓦当种类、名称参考传统称谓后有所调整。

（4）瓦当编号以考古原始编号为主。

（5）器物编号下介绍瓦当规格。

栎阳的葵纹瓦当、涡纹瓦当不仅数量多，而且发现地点分布广泛，具体细节差异丰富，是两种较为“广谱”的瓦当种类，它们虽在其他遗址中也有一定数量的发现，但从发展看，仍应以栎阳为该种瓦当纹饰的较早期阶段。

栎阳的连云纹瓦当、蘑菇纹瓦当、云纹瓦当、朵云纹瓦当共发现350枚左右，是栎阳瓦当的“最大宗”。在过去秦汉瓦当研究中，传统上把它们总和在一起称为“云纹瓦当”。从栎阳瓦当看，具体而言，蘑菇纹瓦当数量明显占优（223枚），其次为云纹瓦当（68枚）、朵云纹瓦当（34枚）、连云纹瓦当（25枚）。从数量比较看，蘑菇纹瓦当是栎阳图像瓦当的最主流。从在秦始皇十六年开始营建的秦始皇陵的考古发现看，出土的瓦当均为“云纹瓦当”。从同为秦人出发，栎阳、咸阳、秦始皇陵在瓦当使用上的差异，应主要来自于瓦当发展后的人群选择。也就是说，此消彼长之间，后来影响深远的云纹瓦当，从栎阳开始，逐渐从众多的瓦当“备选”图案中“脱颖而出”。

第三，文字作为瓦当装饰的最早例证。

在秦汉瓦当的研究中，文字瓦当何时出现，一直是一个大家高度关注的热点问题[77]。

从栎阳瓦当发现情况看，尚未发现如汉代“汉并天下”“长乐未央”一类以文字作为瓦当主纹饰的文字瓦当。但可喜的是，在栎阳瓦当上出现以“公”字为纹饰的“文字”瓦当。如前所言，在已有栎阳瓦当中，不仅在动物纹瓦当上发现了“公”字，而且在云纹瓦当上也发现用“公”字进行装饰。

如前所述，无论从栎阳瓦当的种类数量的对比，还是从咸阳、阿房宫、秦始皇陵等遗址瓦当的发现情况看，动物纹瓦当的消失应始于栎阳，而云纹、葵纹等瓦当的盛行也大体始于栎阳。

因此，栎阳瓦当所见“公”字的使用，就成为古代瓦当发展的一个重要节点。结合文献记载，栎阳在秦献公、孝公时期为秦都，无论是秦献公时期的变法，还是孝公时期著名的商鞅变法，在栎阳历史上发生了一系列在秦人发展史上重要的转折，故而栎阳瓦当上“公”字的使用，无论是从瓦当本身体现的战国中期特点，还是秦在都栎阳期间的一系列变法创新，都表明至少从战国中期开始，文字开始逐渐进入瓦当当面，之后逐步发展，到汉代成为一类最具特色的瓦当纹饰。

在之前的瓦当图录和研究成果中，虽然在秦瓦当上出现文字的情况已有多例，但这些瓦当多是流散后的藏家藏品，缺失了出土地点和明确的出土地层。在这种情况下，栎阳发现的两件公字纹瓦当，就可视为现在所见的最早的秦人“文字”纹饰瓦当。同样，由于我们尚未发现“公”之外的同时期的其他文字用于瓦当，“公”字也就成为秦人瓦当中最早使用的“文字”。这应同样是秦人建筑文明中的一项重要的“栎阳创新”。

《礼记·礼运》载：“大道之行也，天下为公。选贤与能，讲信修睦。故人不独亲其亲，不独子其子，使老有所终，壮有所用，幼有所长，鳏寡孤独废疾者皆有所养。男有分，女有归。货恶其弃于地也，不必藏于己；力恶其不出于身也，不必为己。是故谋闭而不兴，盗窃乱贼而不作，故外户而不闭，是谓大同。”，注“公，犹共也。禅位授圣不家之睦亲也”[78]。天下为公，是孔子自己理想的社会政治设想，是孔子最美好

---

[77] 陈直：《关中秦汉陶录》，中华书局，2006年，第227页。焦南峰、王保平、周晓陆、路东之：《秦文字瓦当的确认和研究》，《考古与文物》2000年第3期，第64～71页。姜彩凡：《秦文字瓦当述略》，《秦文化论丛》（第十辑），秦始皇兵马俑博物馆，第365～375页。

[78] （汉）郑玄注、（唐）孔颖达等正义：《礼记正义》，上海古籍出版社，1990年，第412页。

TG49H190：1

当径13.6、当厚1.9厘米
筒瓦残长23、径13.8、厚1.3厘米

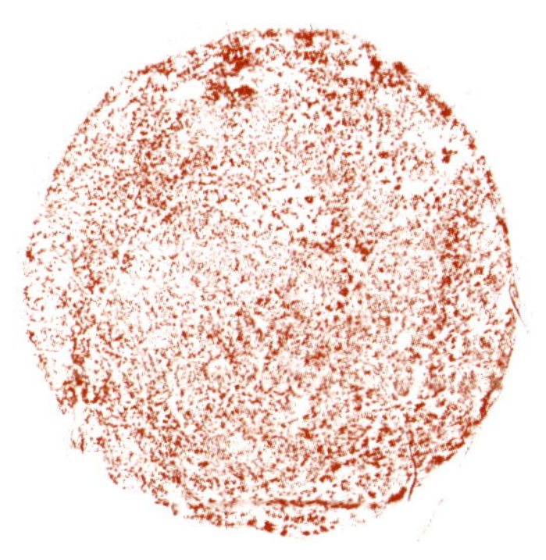

TG51⑤：1

当径13.1、当厚1.8厘米
筒瓦残长5.8、残径8、厚2厘米

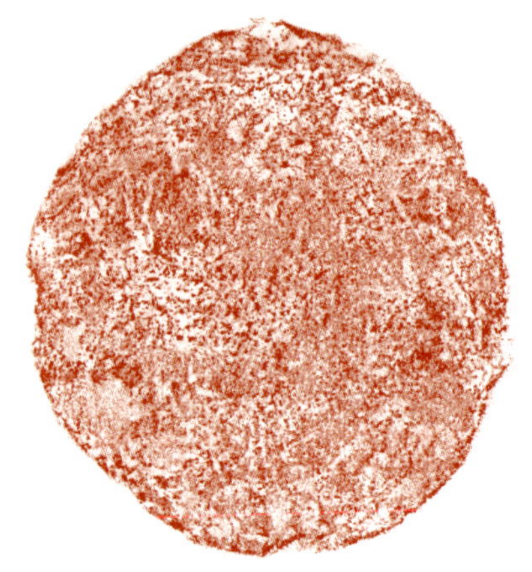

TG53H286：2

当径13、当厚1.1厘米
筒瓦残长12、径12.5、厚1.5～2厘米

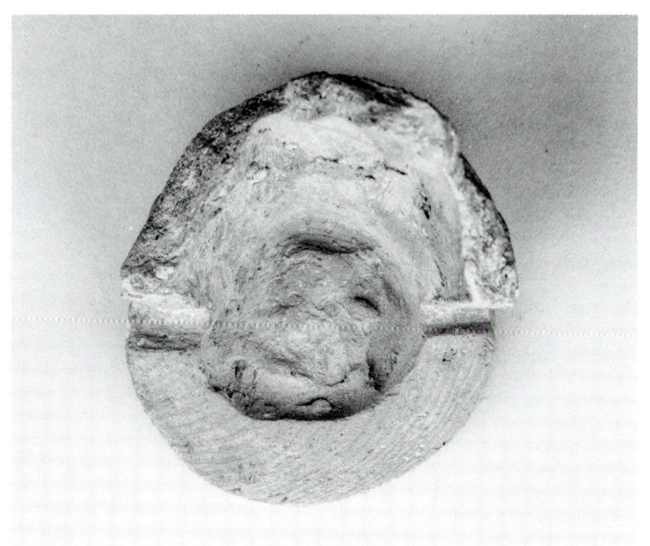

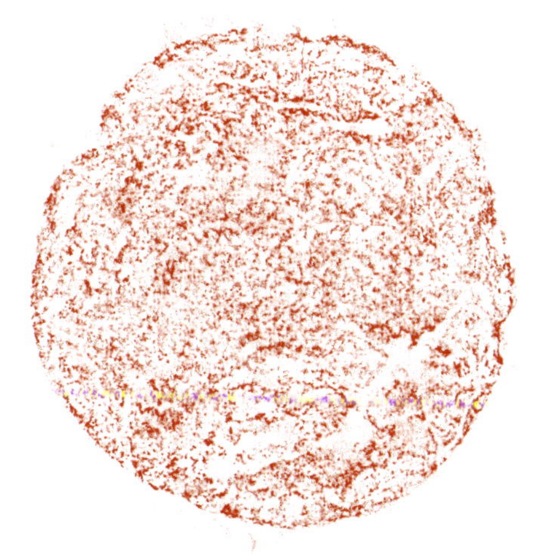

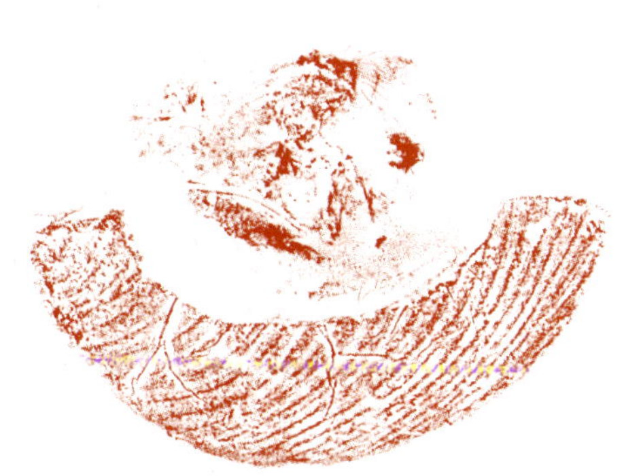

81CY六号址T2③：7

当复原径12.4、当厚1.5厘米
筒瓦残长11.3、径12.7、厚1.4厘米

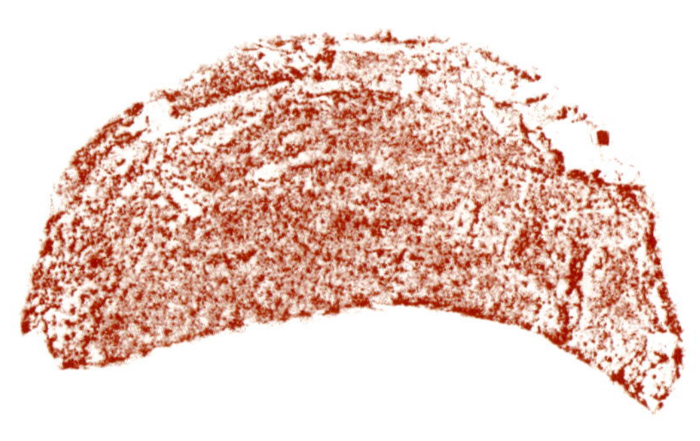

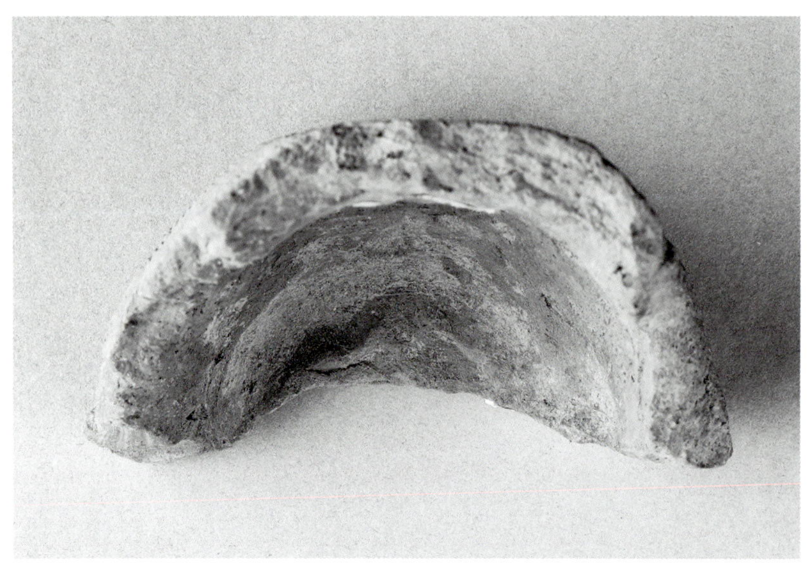

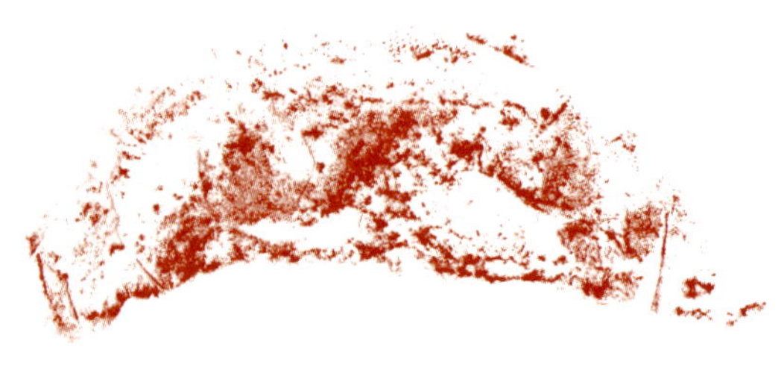

81CY六号址T2③：1

当复原径13.2、当厚1.4厘米

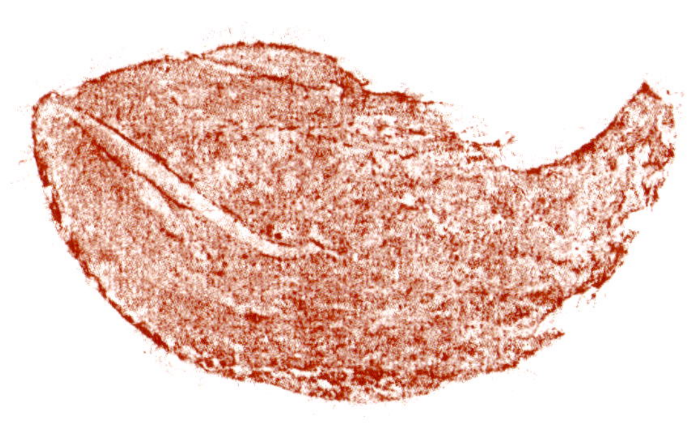

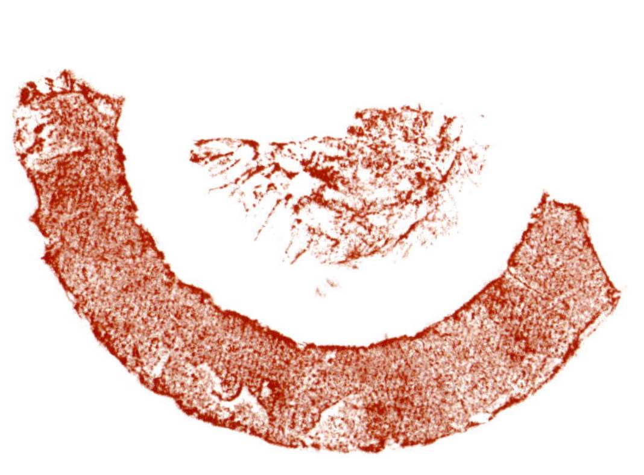

81CY六号址T2H2：10

当复原径15、当厚1.7厘米

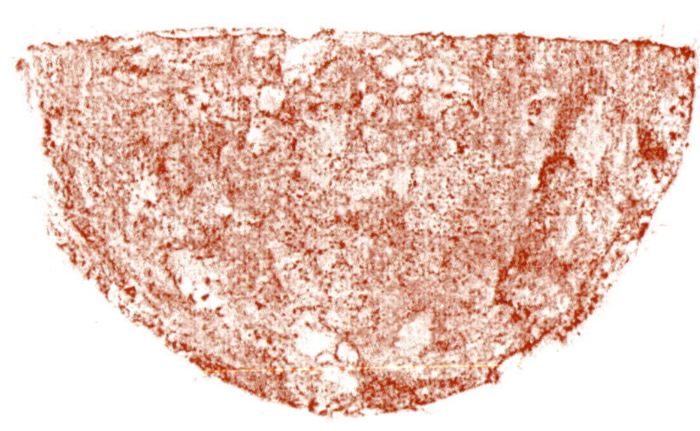

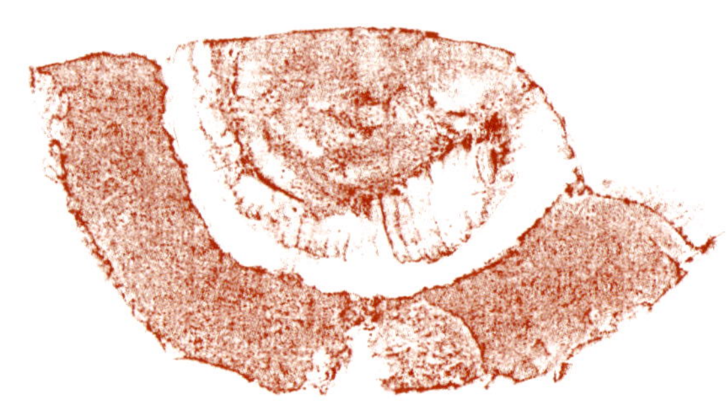

81CY六号址T2③：2

当复原径14.1、当厚0.4厘米
筒瓦残长5.4、残径11.6、厚1.4厘米

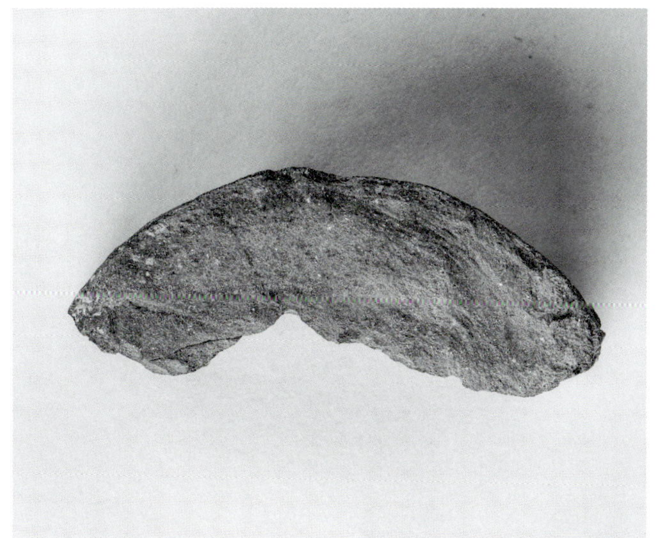

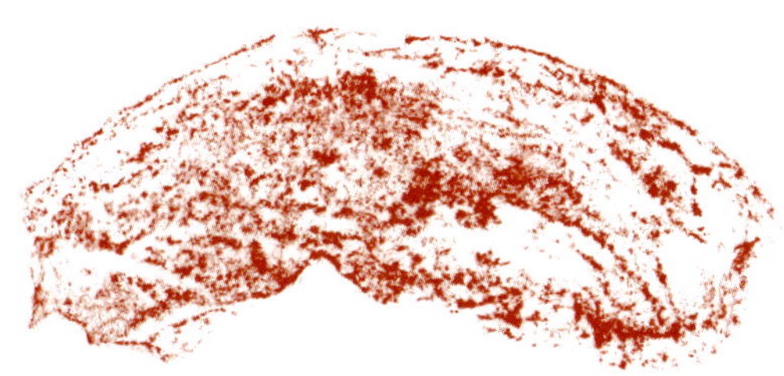

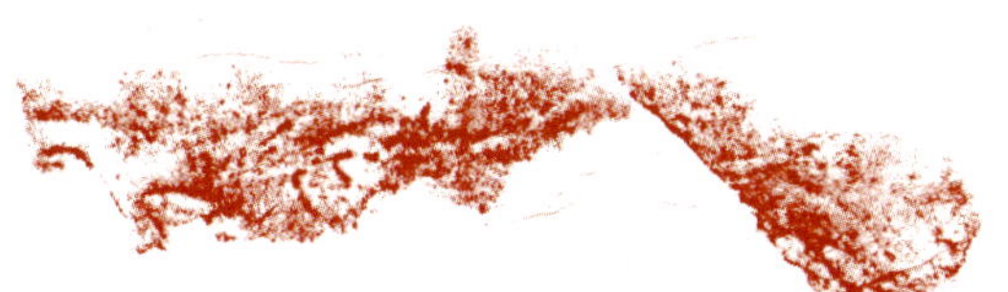

81CY六号址T1H1：28

当复原径16.3、当厚1.1厘米

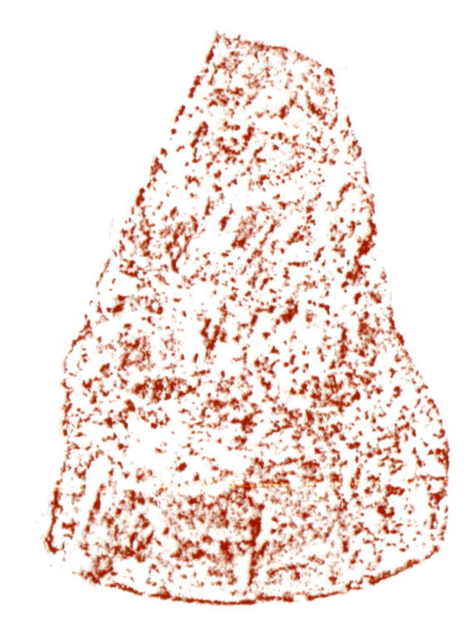

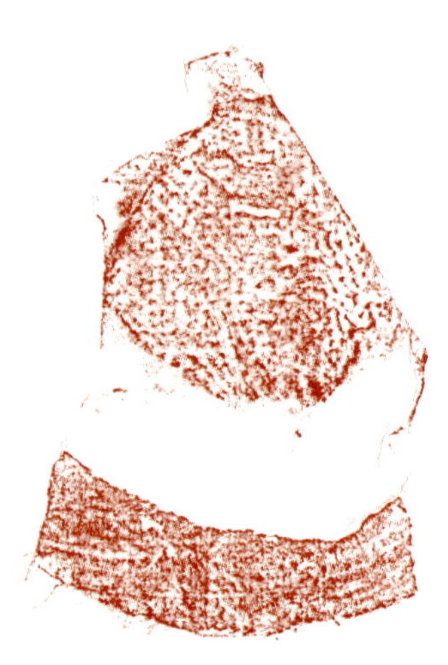

80CY一号址T1T2③：3

当复原径13.7、当厚1.4厘米

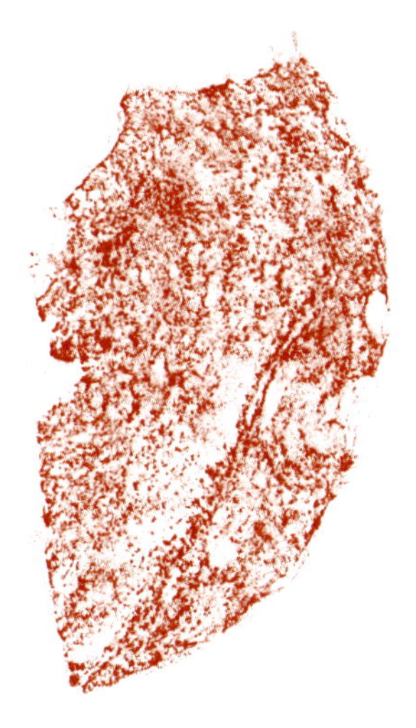

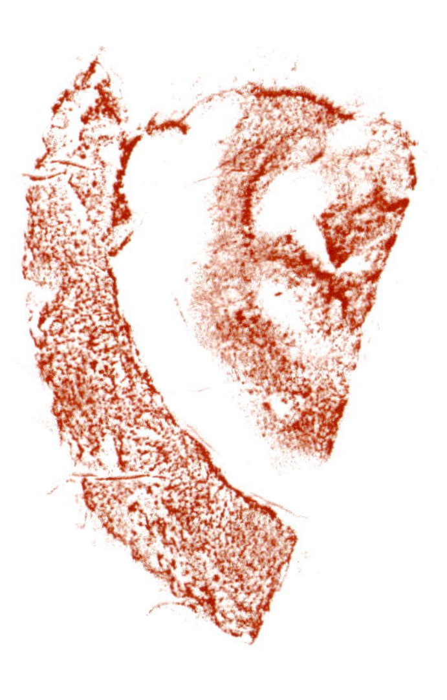

TG11⑤：9

当径14.5、当厚1.4厘米
筒瓦残长7.5、径15、厚1.5厘米

TG11⑤：14

当复原径13.1、当厚1.4厘米
筒瓦残长10、残径14、厚1.8厘米

TG11H56：1

当复原径14.5、当厚1.2厘米

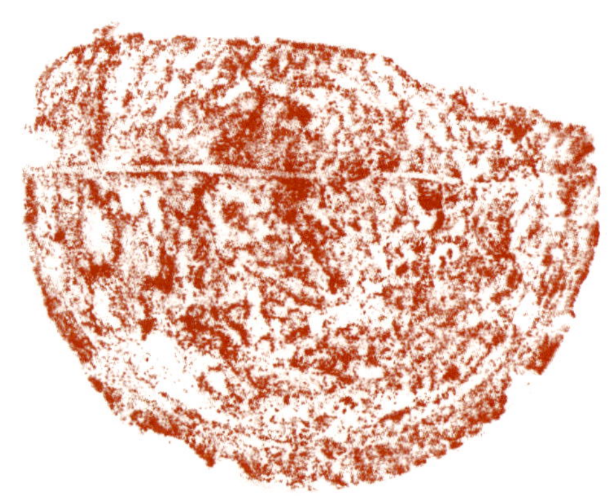

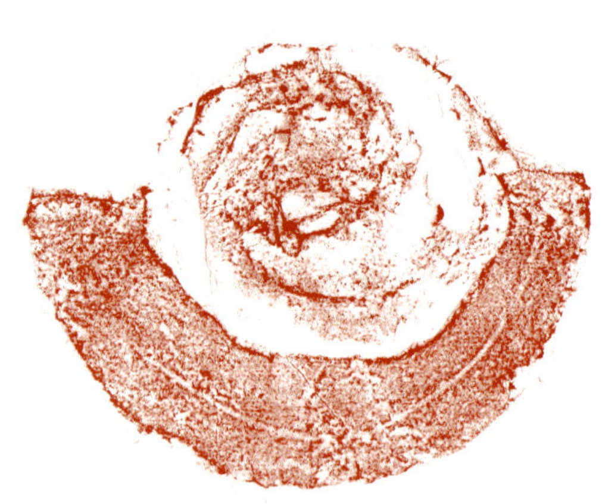

TG27H87：28

当复原径13.2、当厚1.1厘米

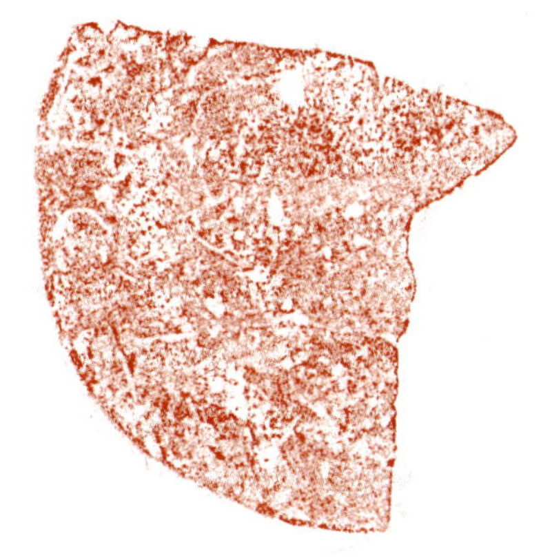

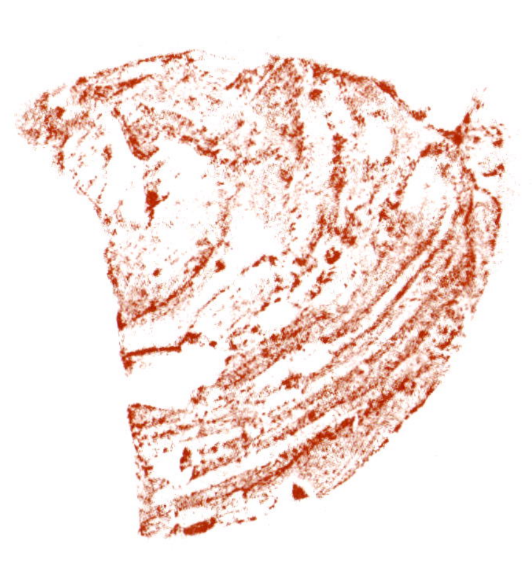

TG30④：2

当复原径14.5、当厚0.9厘米

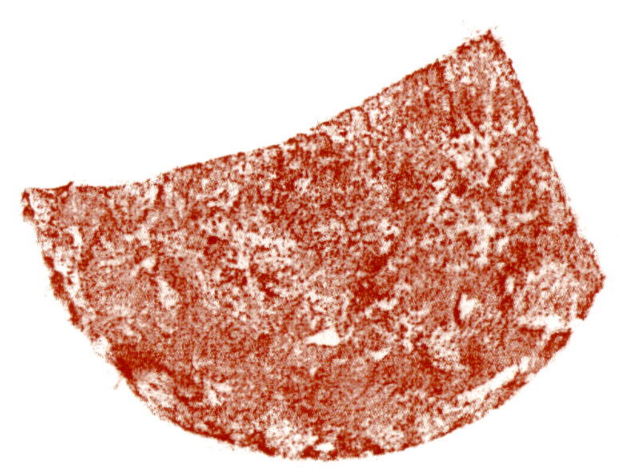

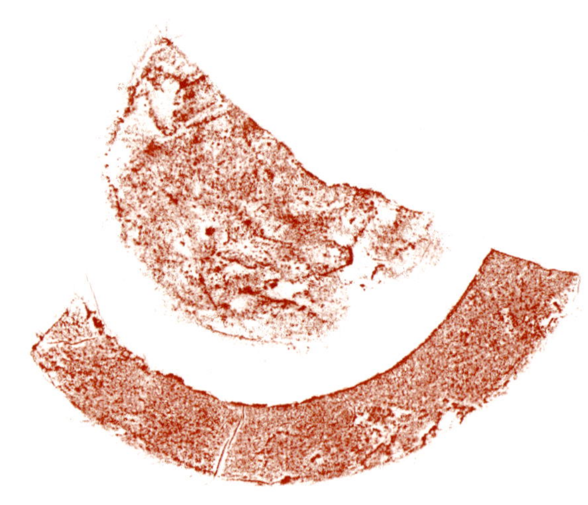

TG40⑦：102

当复原径13、当厚0.9厘米

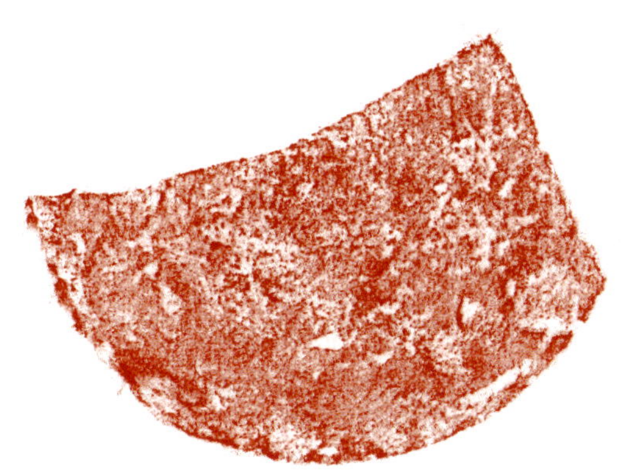

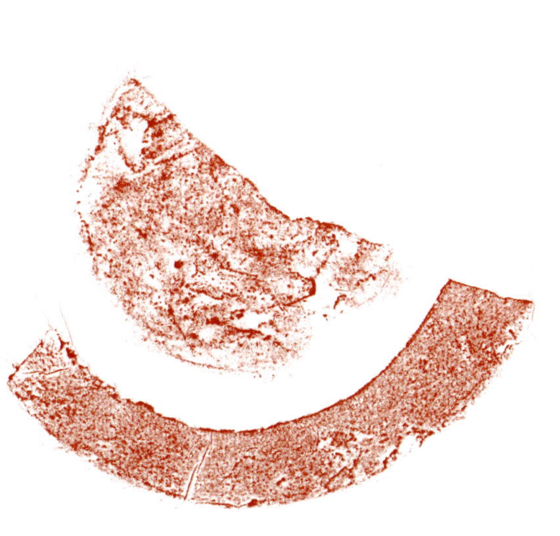

TG40H205①：3

当复原径14.3、当厚1厘米

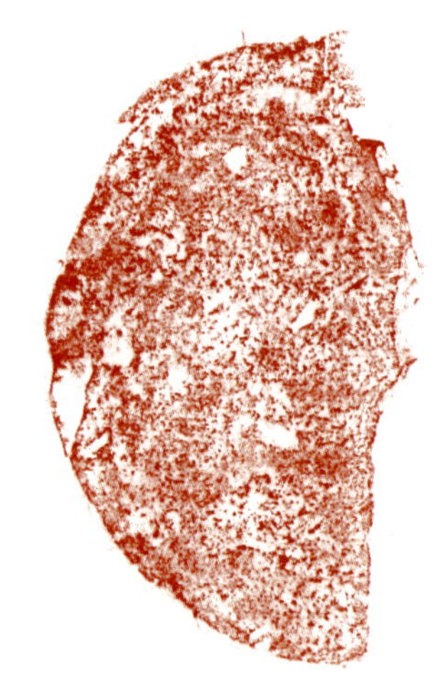

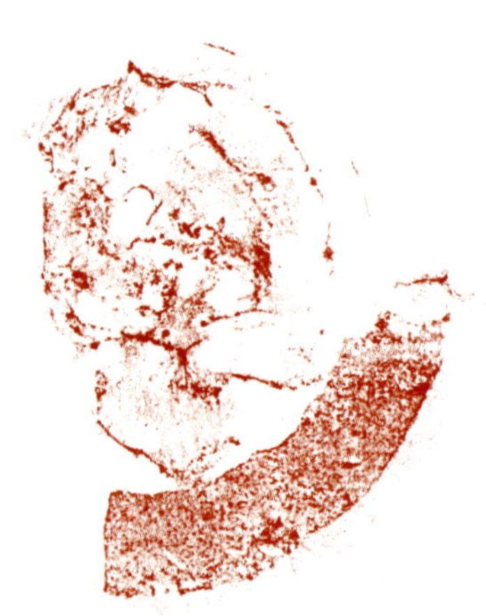

TG40M56墓道：25

当复原径13.8、当厚0.9厘米
筒瓦残长12.5、径13.1、厚1.3厘米

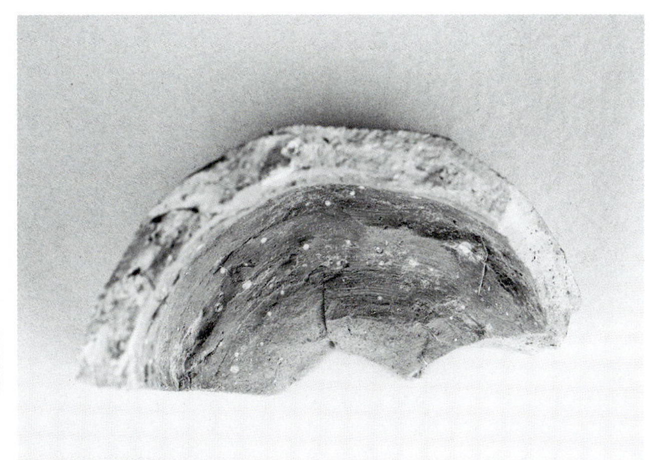

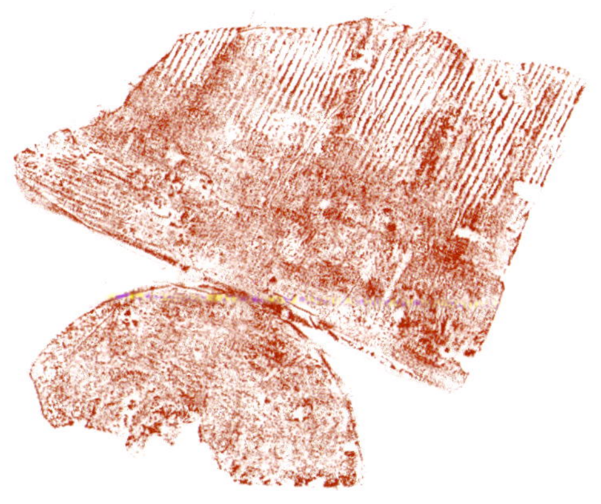

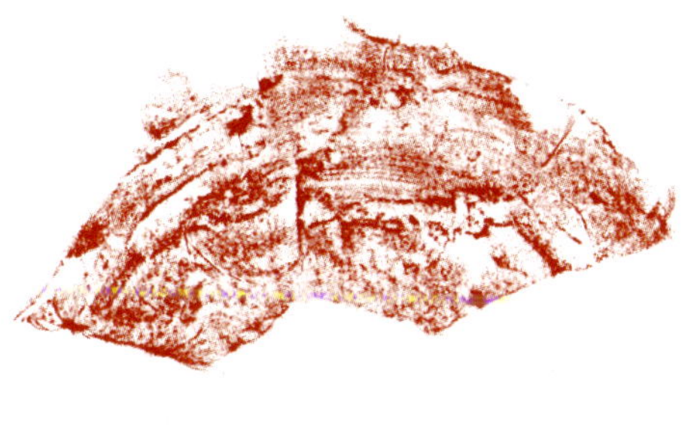

TG40四号基址F3：36

当复原径13.4、当厚1.2厘米

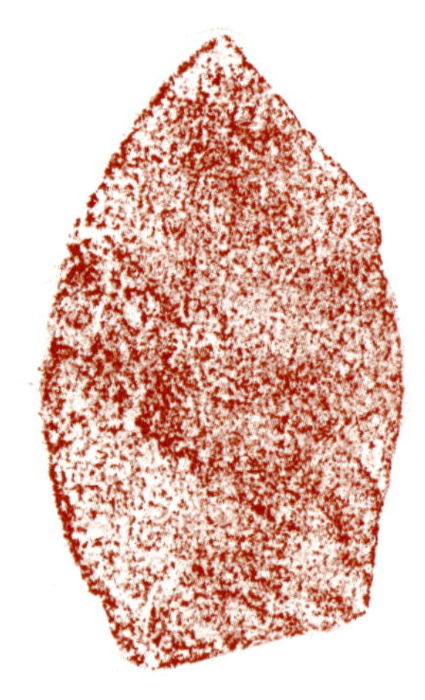

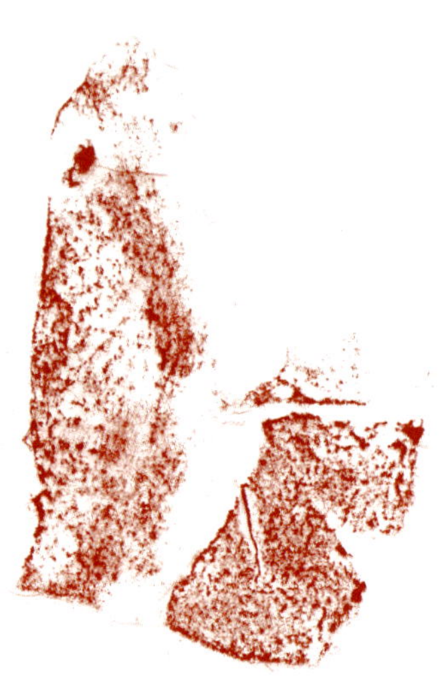

TG41⑦：10

当复原径12.7、当厚1.5厘米
筒瓦残长17、残径13、厚1.7厘米

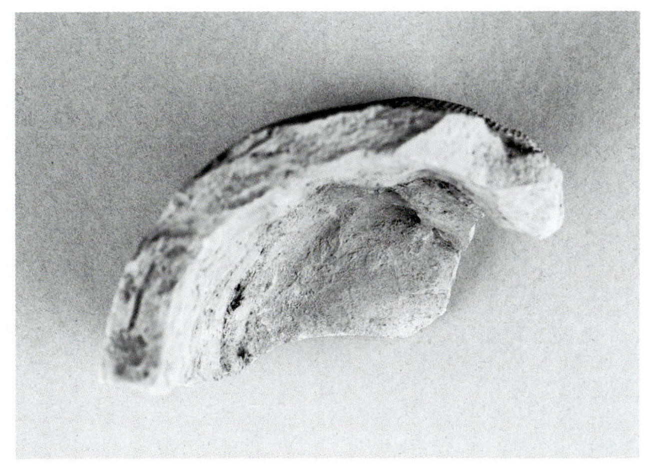

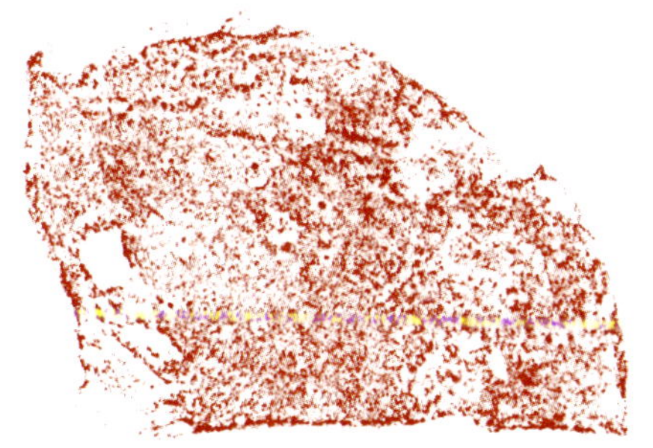

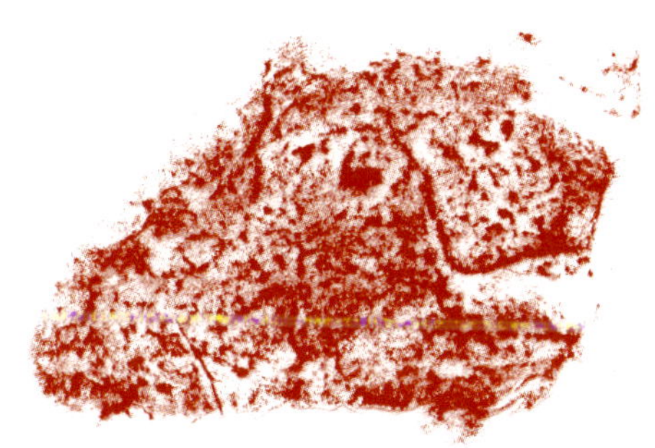

TG41⑦：30

当复原径14.9、当厚0.8厘米
筒瓦残长16、径15.3、厚1.8厘米

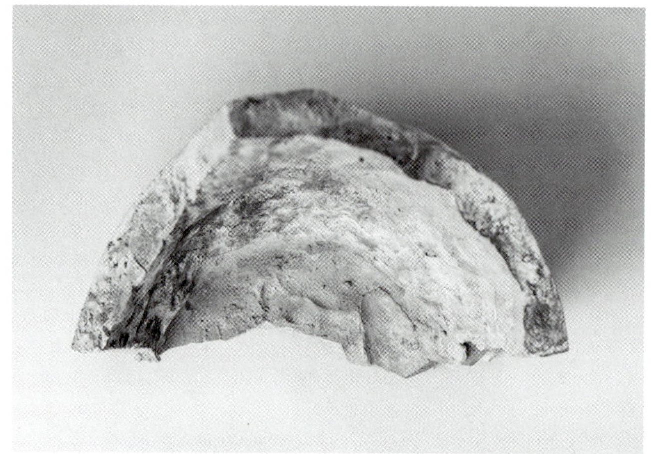

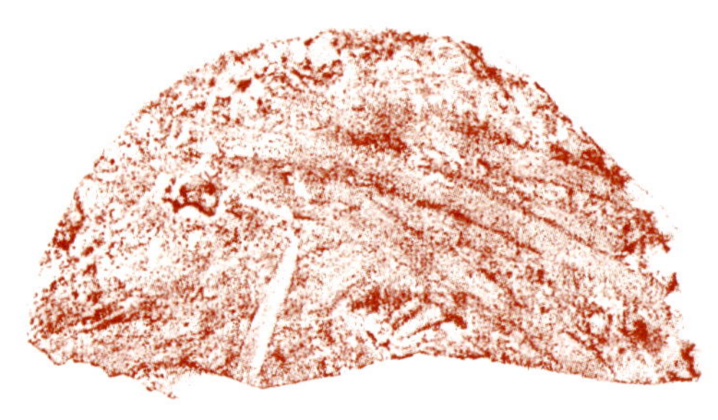

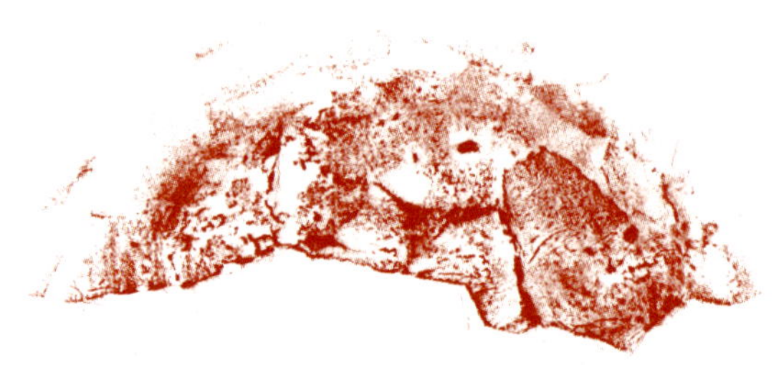

TG41H168：6

当复原径14.4、当厚0.8厘米
筒瓦残长17.5、径15、厚1.5厘米

TG41H168：32

当复原径13.4、当厚1厘米
筒瓦残长17.2、残径13.8、厚1.5厘米

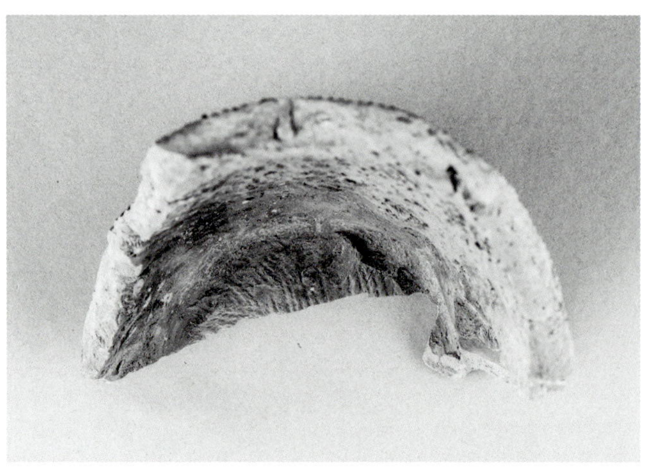

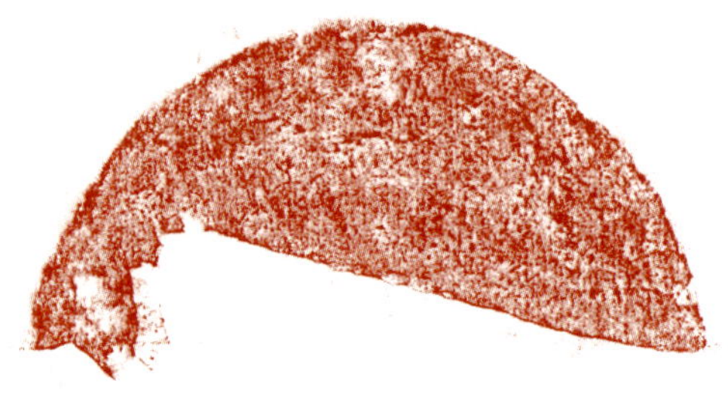

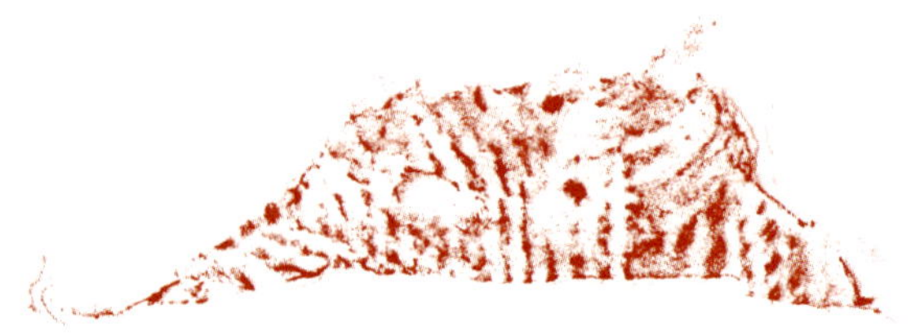

TG41五号台基北墙外：3

当复原径14.1、当厚1.1厘米

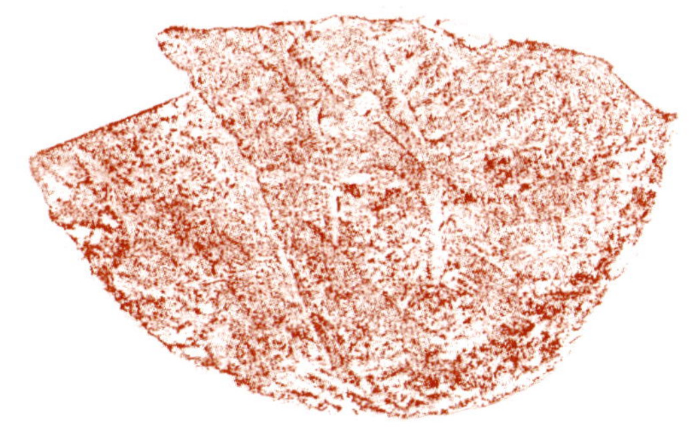

TG43⑥：11

当复原径15.5、当厚1.3厘米

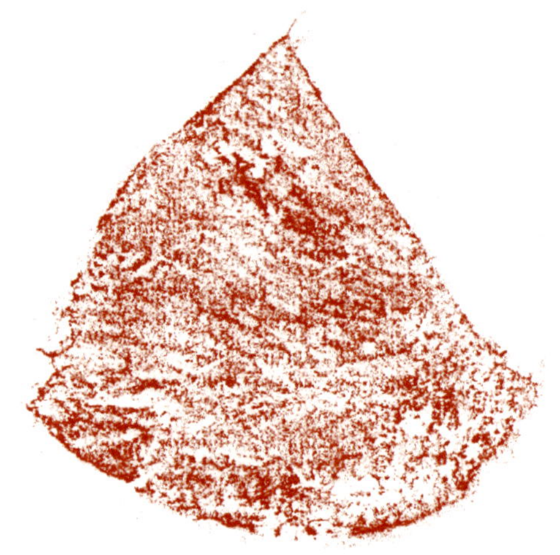

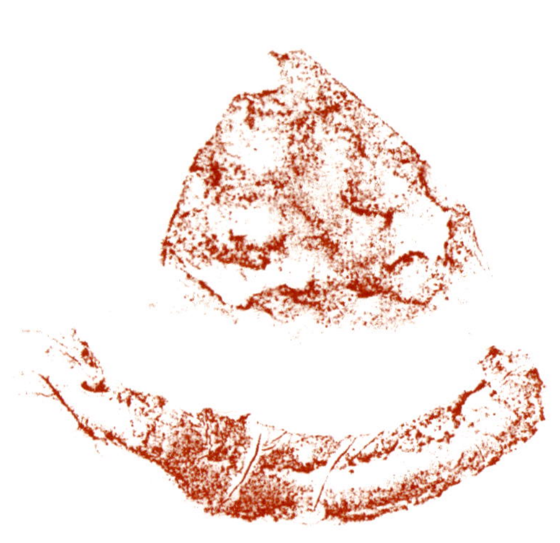

TG45H166：5

当复原径13.8、当厚0.8厘米
筒瓦残长30.5、径14.6、厚1.2厘米

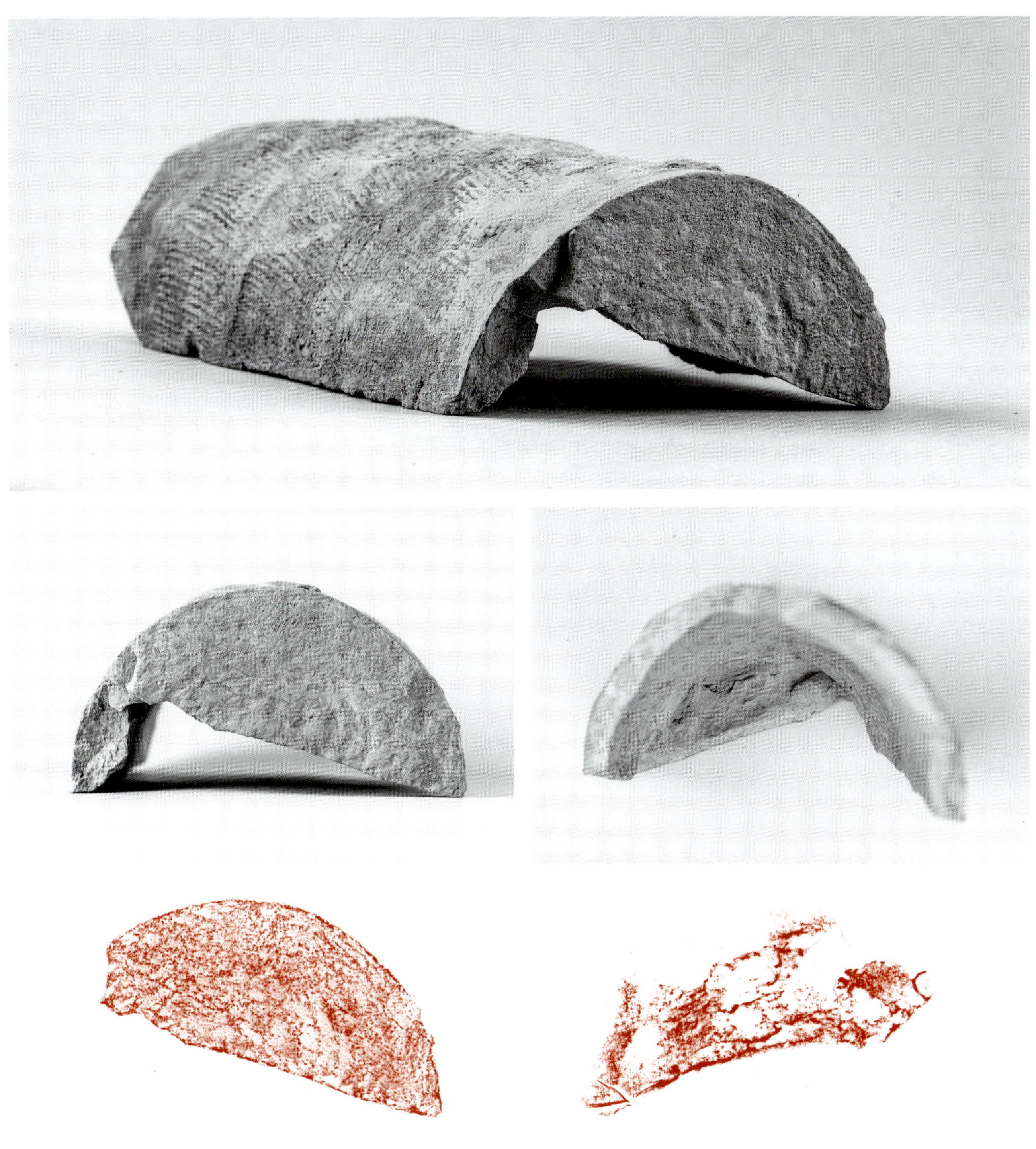

TG48K23：7

当复原径12.8、当厚1厘米

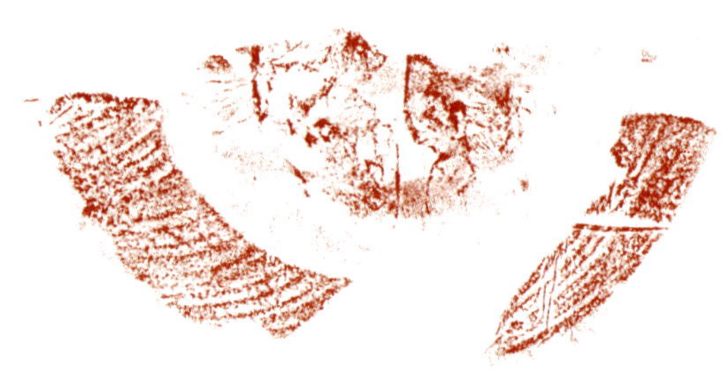

TG49H186：14

当复原径14.8、当厚1厘米

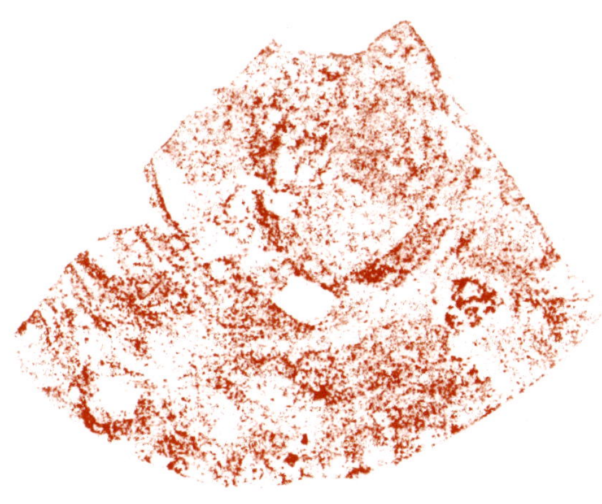

TG51L22：6

当复原径14.3、当厚1.3厘米

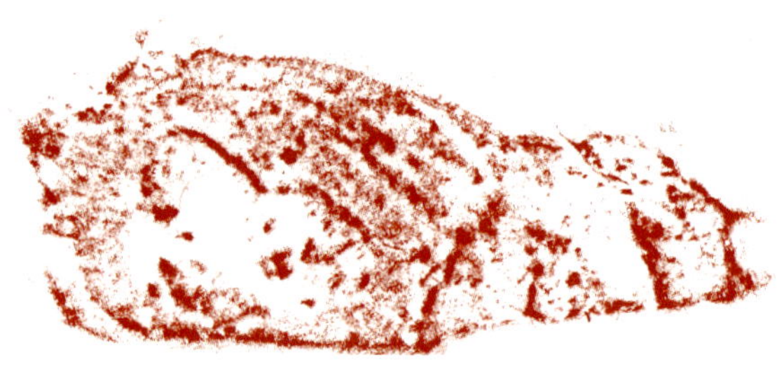

TG40四号台基F3：29

当复原径16.3、当厚1厘米
筒瓦残长16.2、径15.1、厚1.5厘米

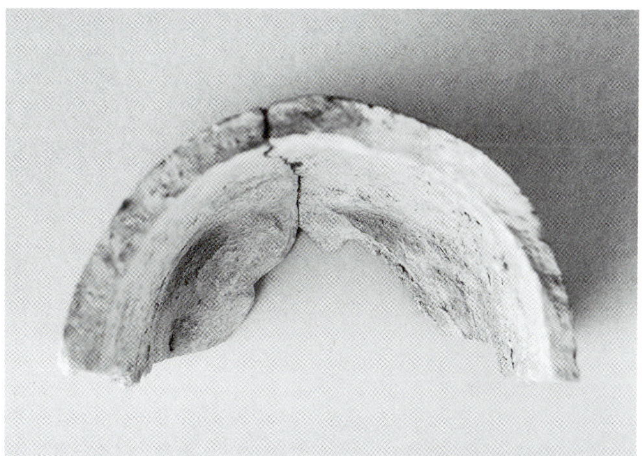

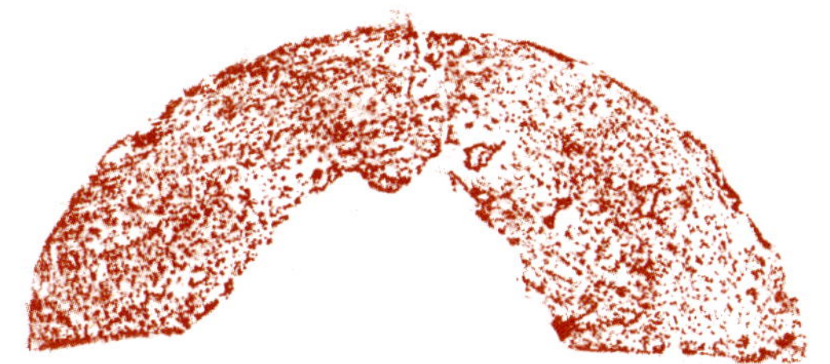

图案瓦当

饕餮纹瓦当

夔纹瓦当

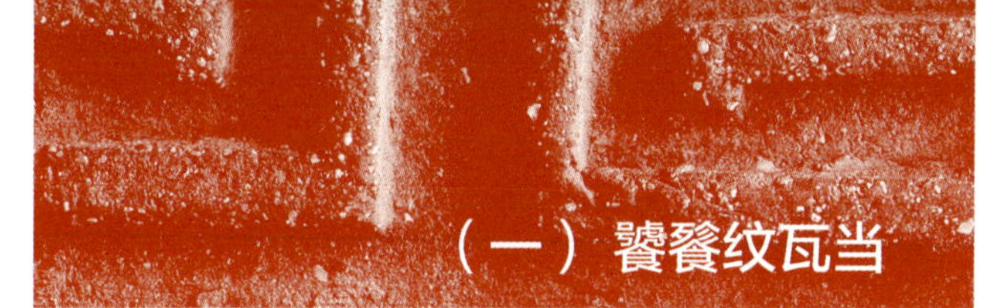

TG43⑦：11

当径19.7、边轮宽3.2、缘深1.2、边轮厚3.3、当厚1.8厘米
筒瓦长46.6、径20.1、厚2.3厘米

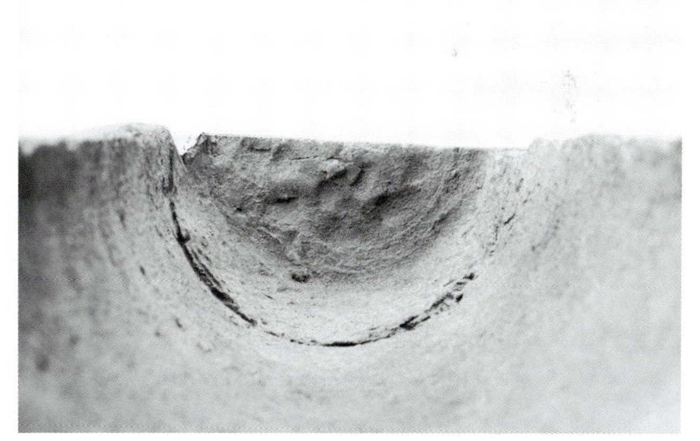

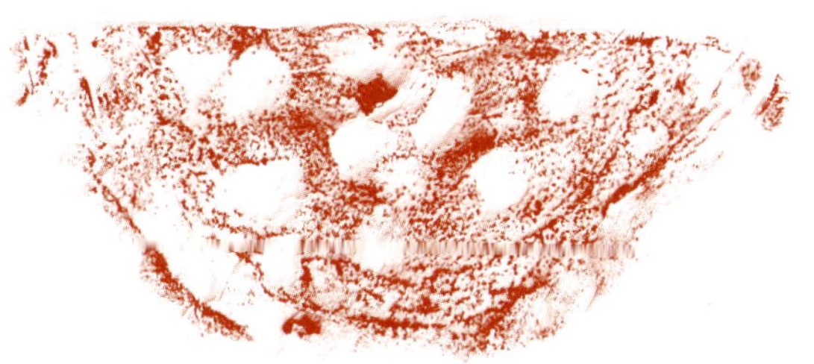

TG43⑦：39

当径20.1、边轮宽1.2、缘深1、边轮厚3.4、当厚2.3厘米
筒瓦残长25.5、径20.9、厚2.4厘米

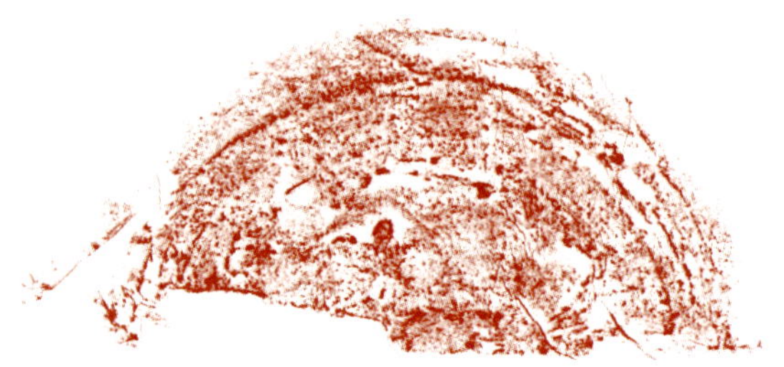

TG36B三号台基南⑤：12

当复原径20、边轮宽1.1、缘深1.1、边轮厚3.3、当厚2.1厘米

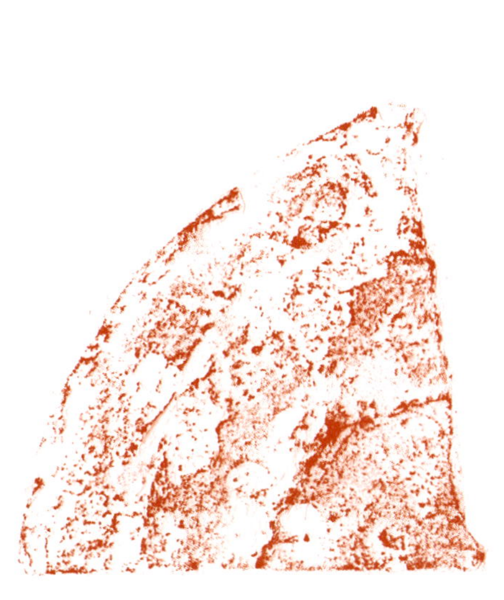

（二）夔纹瓦当

TG40⑦：4

当残块长17.3、宽13.9、当厚2.9、边轮宽2、缘深1.2厘米

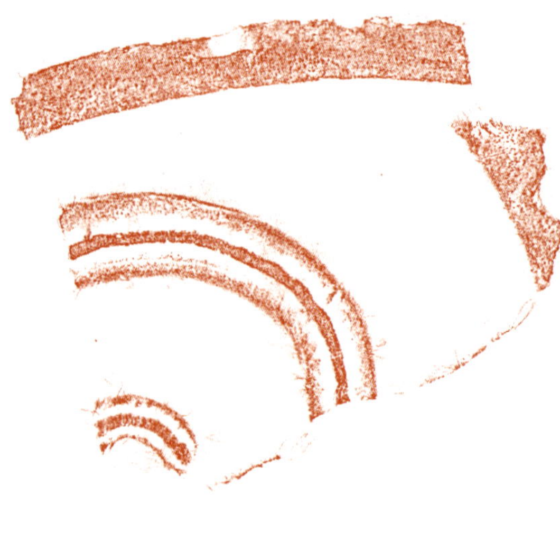

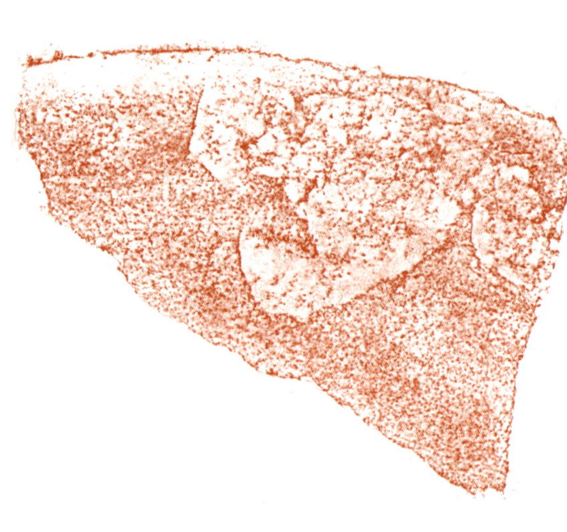

TG36B三号台基南⑤：25

当残块长18.3、宽17.8、边轮宽2、缘深0.9、当厚2.9厘米

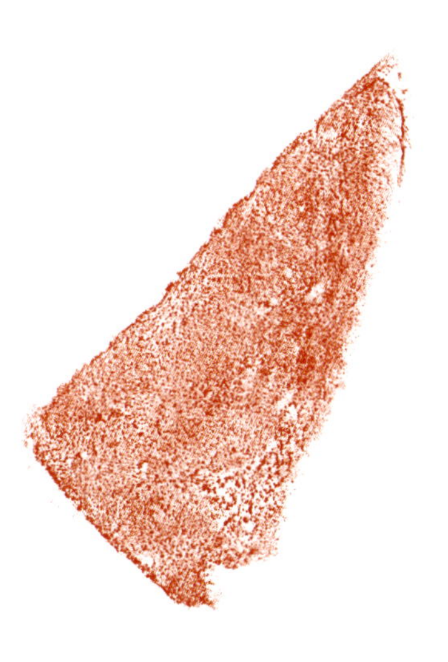

TG43⑦：43

当残块长24.5、宽12.5、边轮宽2、缘深1、边轮厚4、当厚3.1厘米

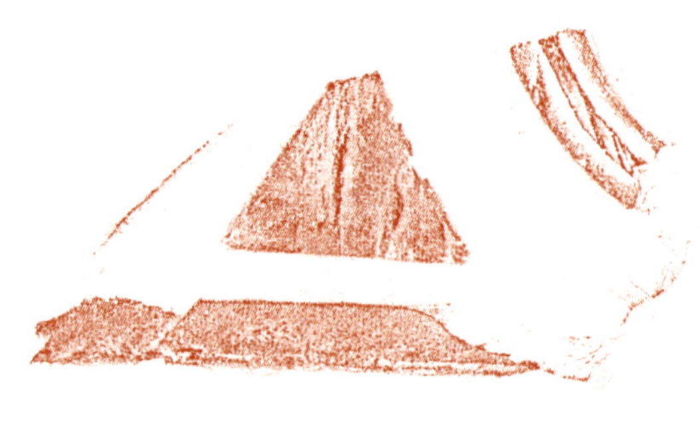

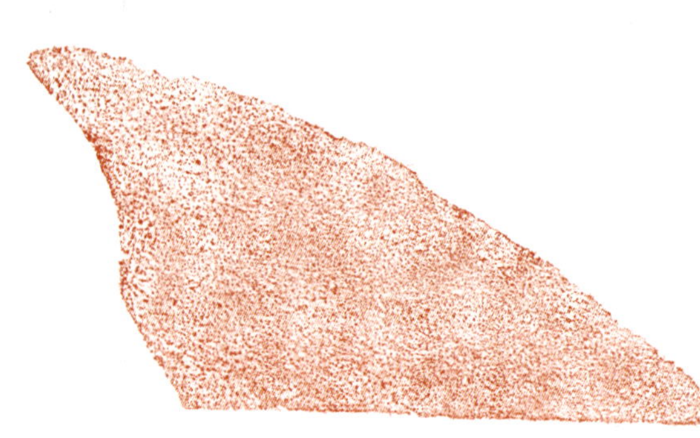

TG36B三号台基南⑤：24

当残块长20.3、宽10.8、边轮宽1.9、缘深1.1、当厚3厘米

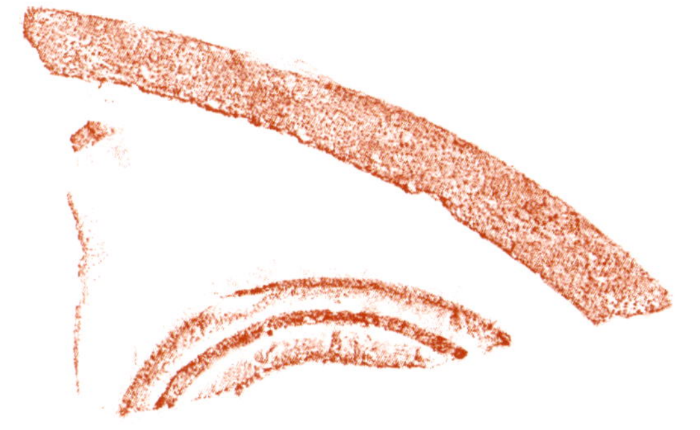

动物纹瓦当

TG36B三号台基南⑤：14

当径11.9、边轮宽0.7、缘深0.3、边轮厚1.2、当厚1.3厘米
筒瓦残长4.5、径12.1、厚1.6厘米

TG41H170：3

当径12.7、边轮宽0.9、缘深0.5、边轮厚2.1、当厚1.2厘米
筒瓦残长5.5、径12.8、厚2厘米

TG11⑦：1

当径13、边轮宽0.9、缘深0.3、边轮厚1.8、当厚1.1厘米
筒瓦残长27、径14.1、厚1.4～1.6厘米

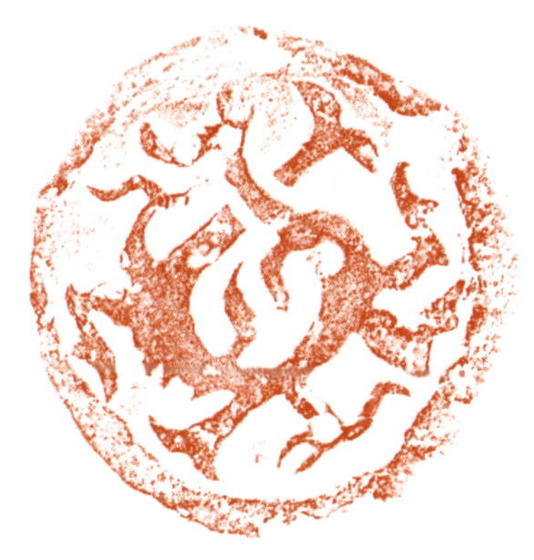

TG41J6：4

当复原径12.5、边轮宽0.7、缘深0.5、当厚1厘米
筒瓦残长10.5、径13.1、厚1.8厘米

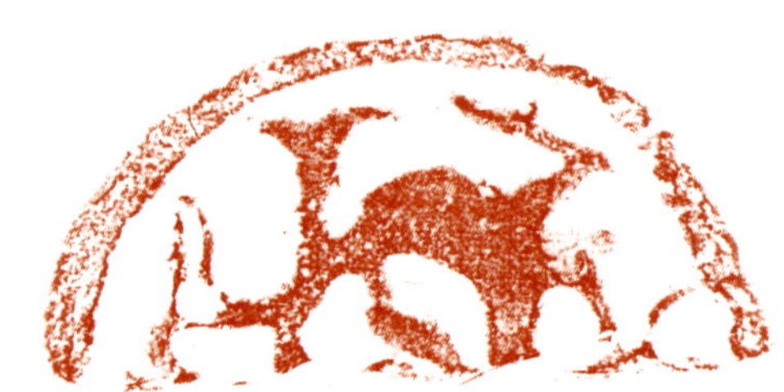

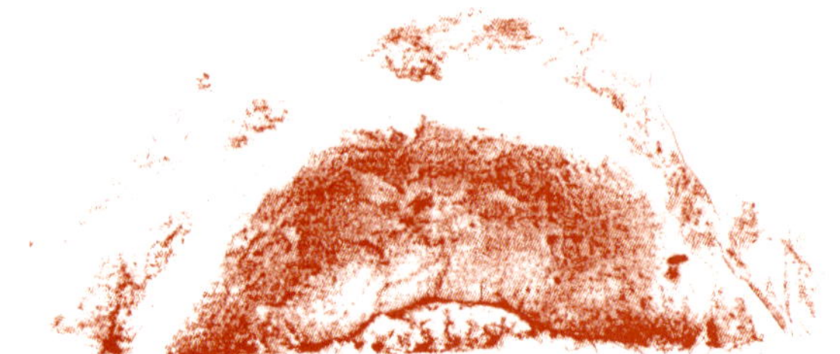

TG41G55：2

当复原径12.2、边轮宽0.8、缘深0.4、当厚1.5厘米
筒瓦残长19、径13、厚1.4厘米

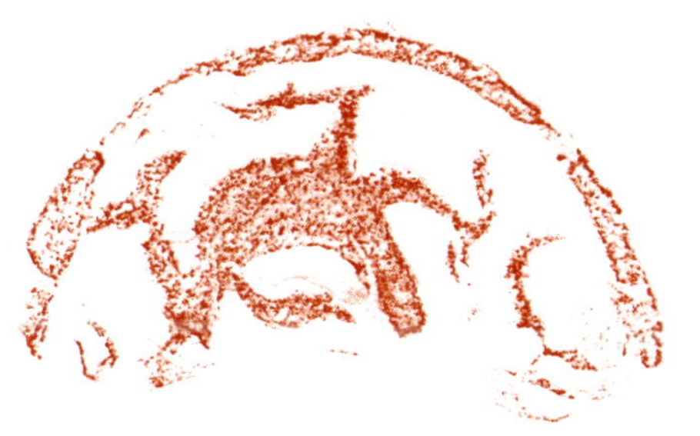

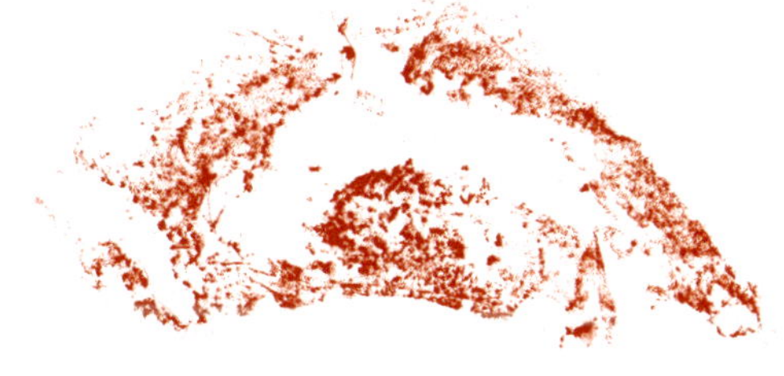

TG41H168：8

当复原径11、边轮宽0.6、缘深0.2、当厚1.3厘米
筒瓦残长19、径11.6、厚1.4厘米

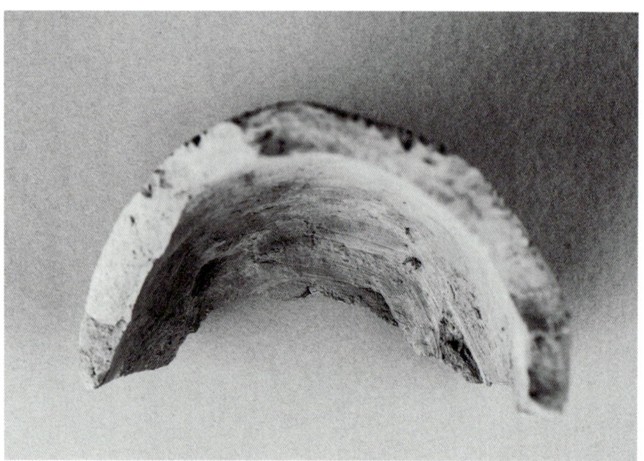

TG37AG52：11

当复原径11.6、边轮宽0.7、缘深0.4、当厚1.4厘米
筒瓦残长10、残径8.5、厚1.8厘米

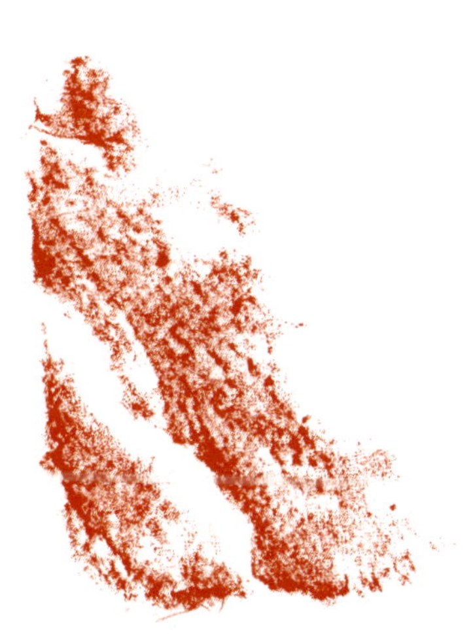

TG11H56：2

当复原径11.9、边轮宽0.7、缘深0.2、当厚1.3厘米
筒瓦残长12.1、残径9.5、厚1.4厘米

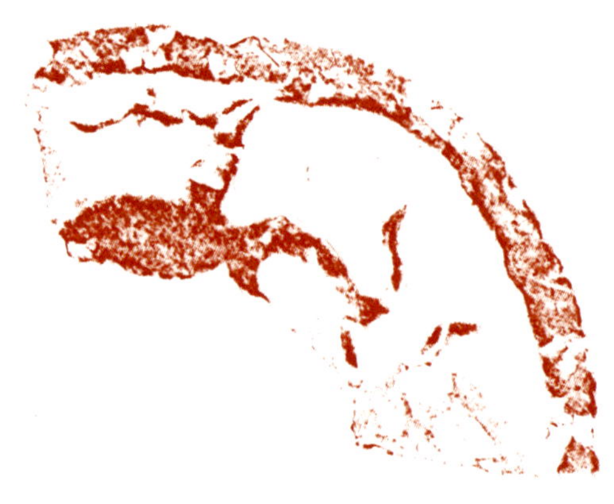

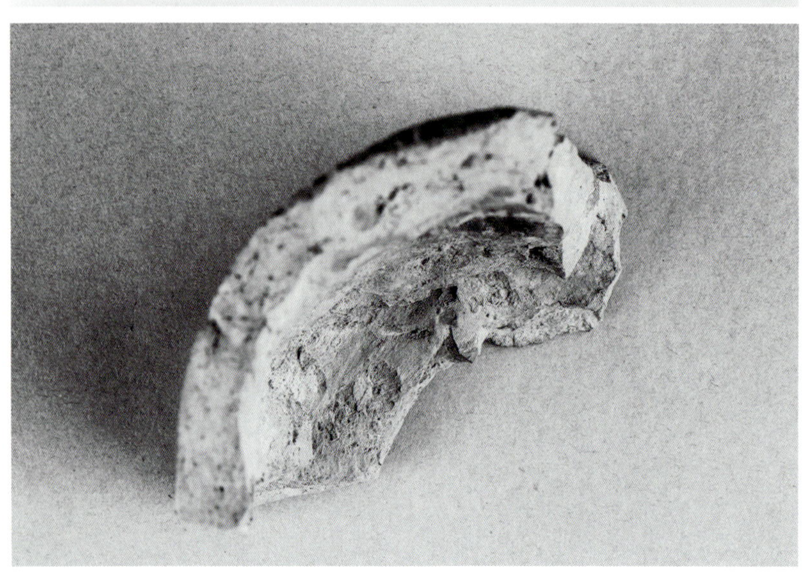

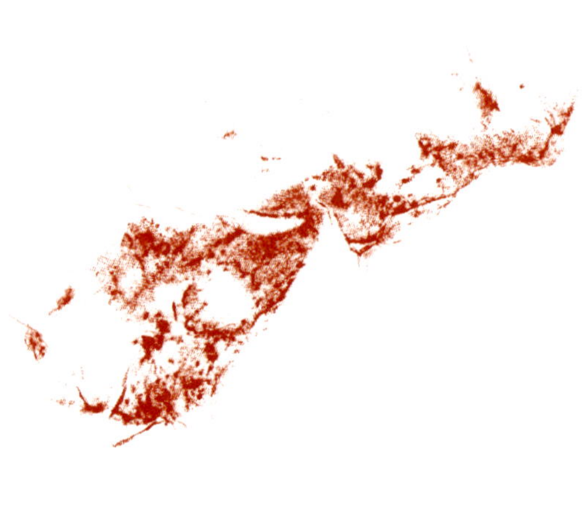

TG49H186：1

当长径长13.6、短径长12.3、边轮宽0.8、缘深0.3、边轮厚1.7、当厚1.6厘米

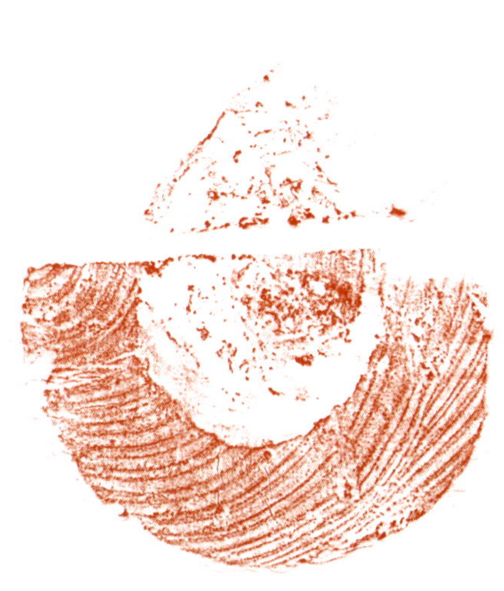

TG41H168：5

当径14.3、边轮宽1.1、缘深0.2、边轮厚1.7、当厚1.7厘米

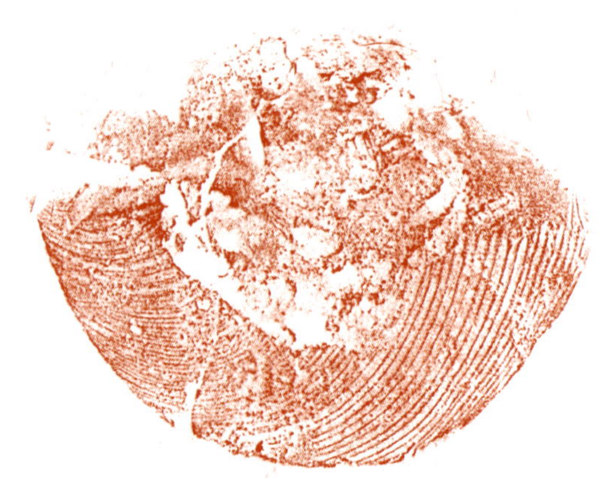

TG13⑦：1

当径14.1、边轮宽0.8、缘深0.2、边轮厚1.6、当厚1.4厘米
筒瓦残长10、径14、厚1.4厘米

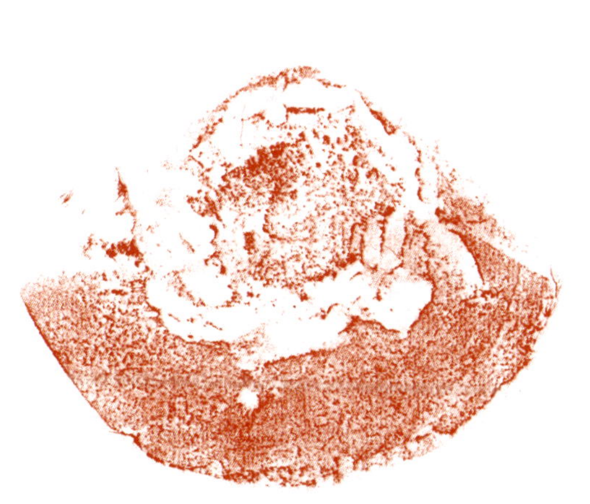

TG51L27：16

当复原径15.6、边轮宽1.2、缘深0.4、边轮厚1.9、当厚1.8厘米

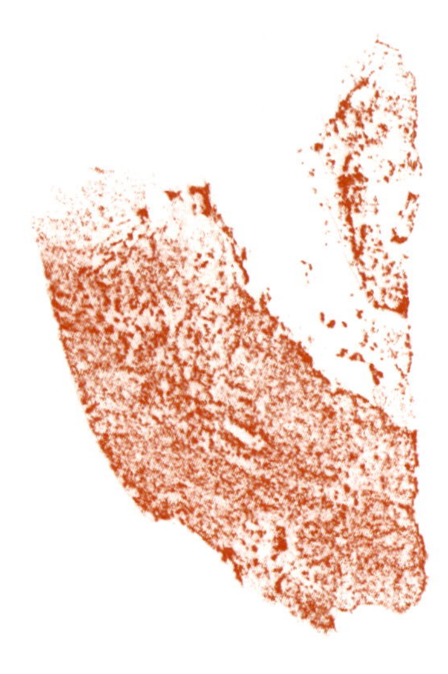

TG11G19②：3

当复原径12.7、当厚1.1厘米
筒瓦残长24.6、径13.4、厚1.3～1.7厘米

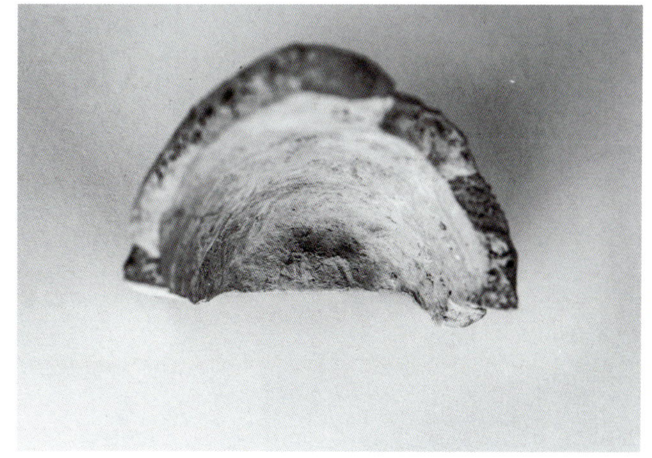

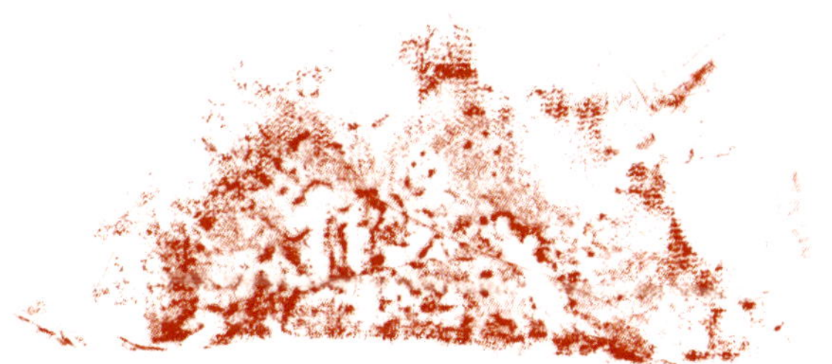

TG41J6：1

当复原径13、缘深0.4、当厚1.1厘米
筒瓦残长10.1、残径13.5、厚1.5厘米

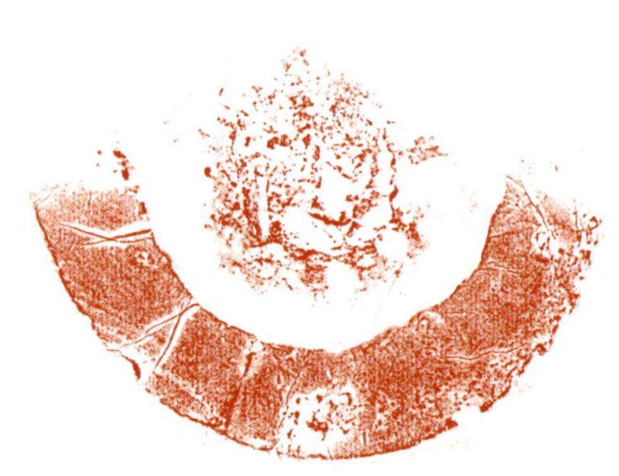

TG40M56墓室：2

当复原径10.3、当厚0.7厘米

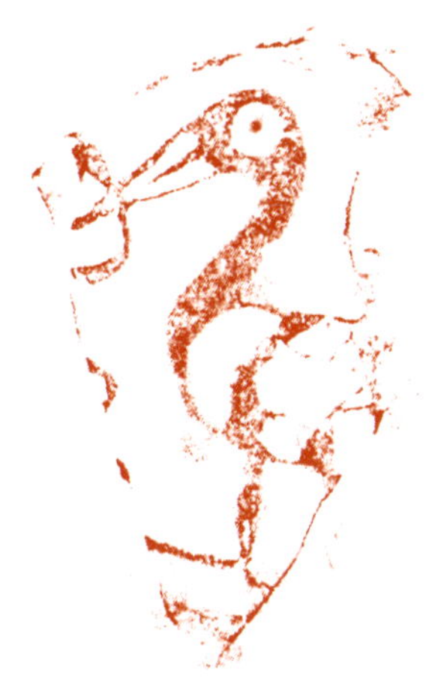

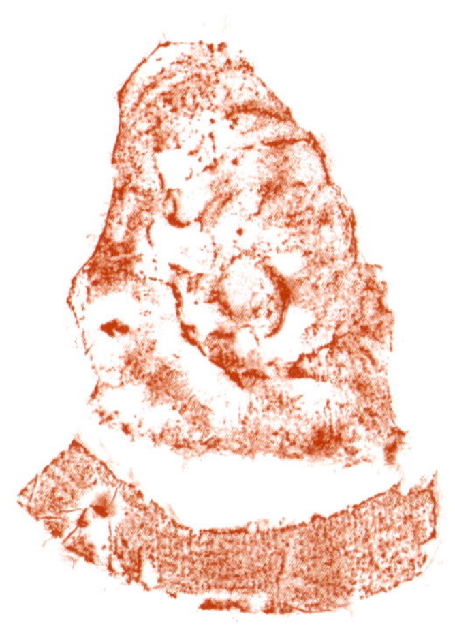

TG40M56墓道：26

当径长6.3、宽3、当厚1厘米
筒瓦残长7、残径6、厚2厘米

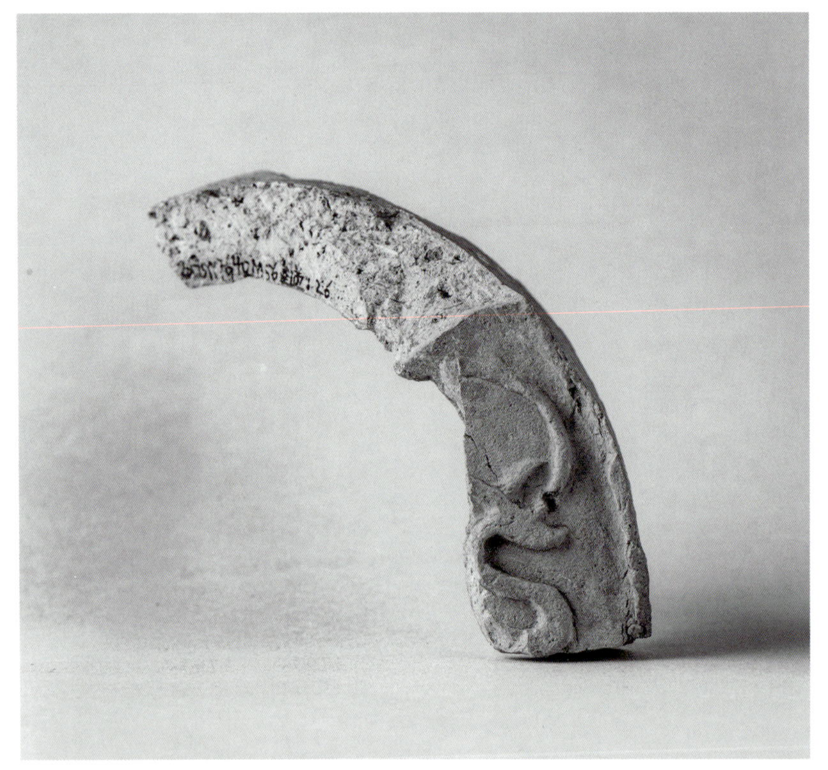

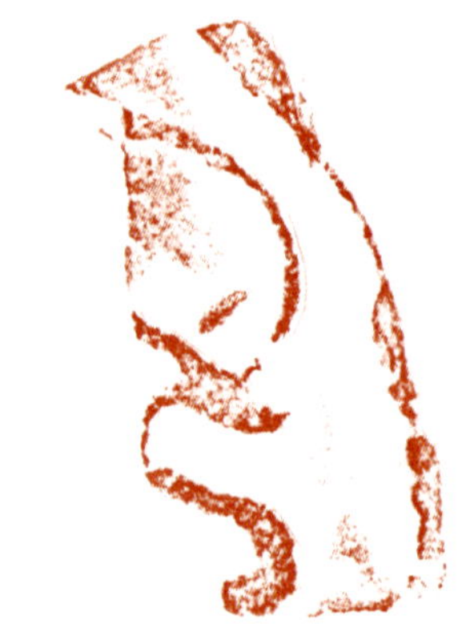

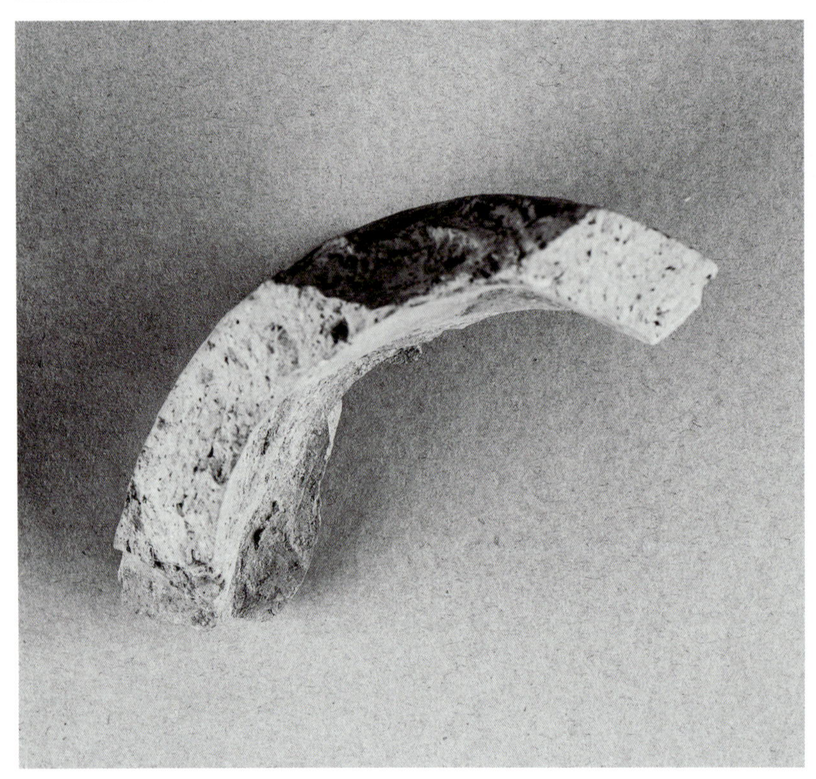

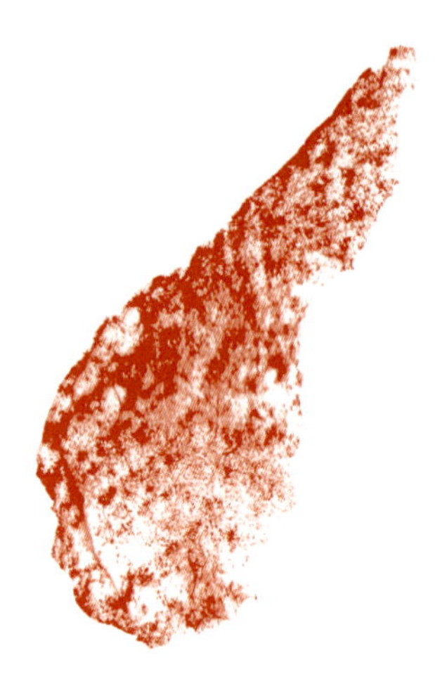

TG53H286：1

当径13.5、边轮厚0.6、缘深0.4、当厚1.1厘米
筒瓦残长7.7、残径13、厚1.5厘米

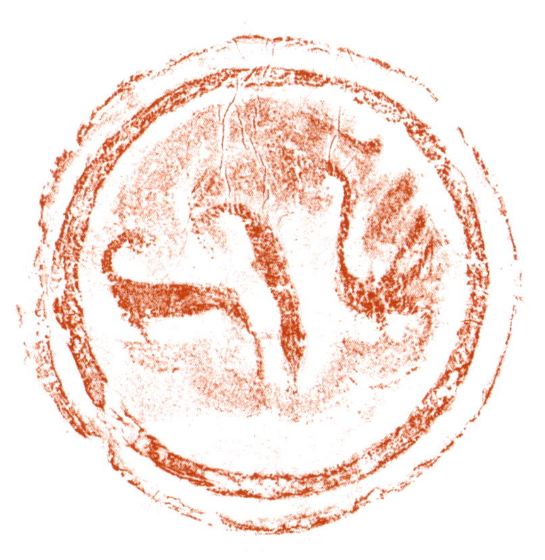

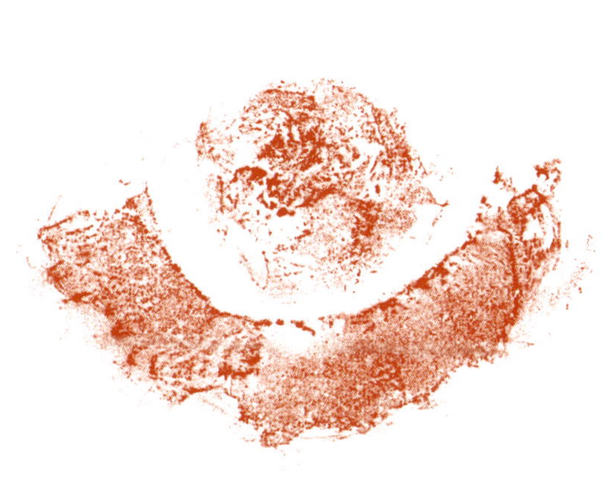

（二）双龙纹瓦当

TG49⑥：1

当径13.4、边轮宽0.8、缘深0.3、边轮厚1.8、当厚1厘米
筒瓦残长5.8、径10、厚1.8厘米

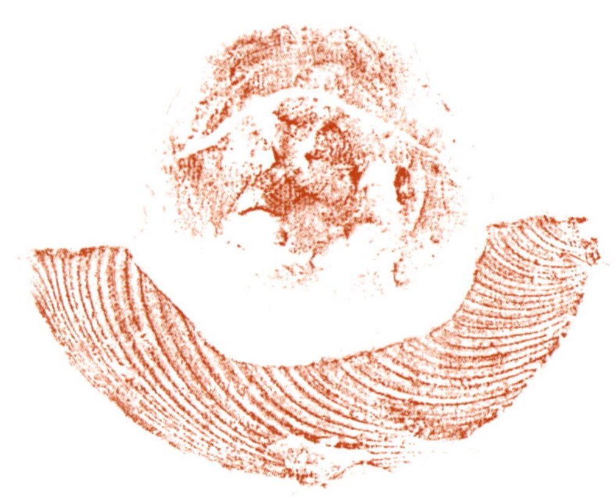

TG36B三号台基南⑤：258

当复原径13、边轮宽1.2、缘深0.5、当厚0.8厘米
筒瓦残长4.3、残径11.5、厚2.1厘米

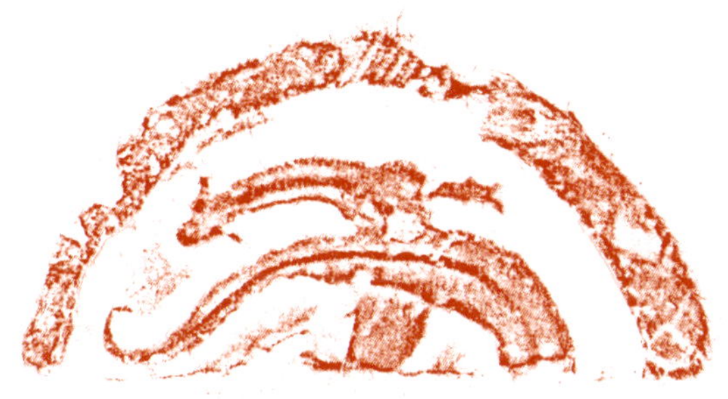

TG11H51④：3

当复原径13.3、边轮宽1.1、缘深0.5、边轮厚2.2、当厚0.6厘米

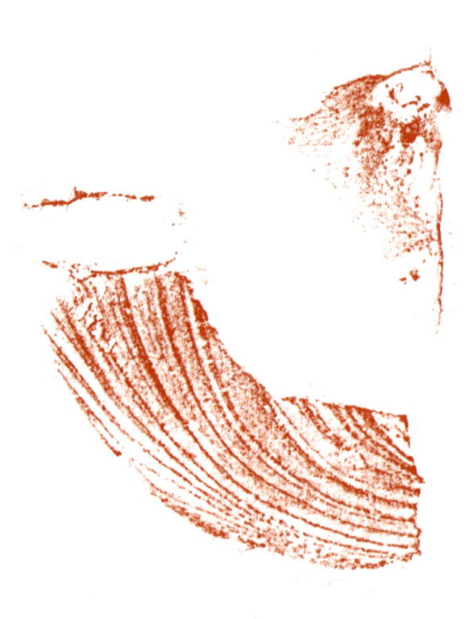

TG41J6：5

当径12.7、边轮宽1、缘深0.4、边轮厚1.3、当厚1.1厘米
筒瓦残长16.5、径14、厚1.2厘米

TG41H168：4

当复原径12.4、边轮宽1.1、缘深0.3、边轮厚2、当厚1厘米

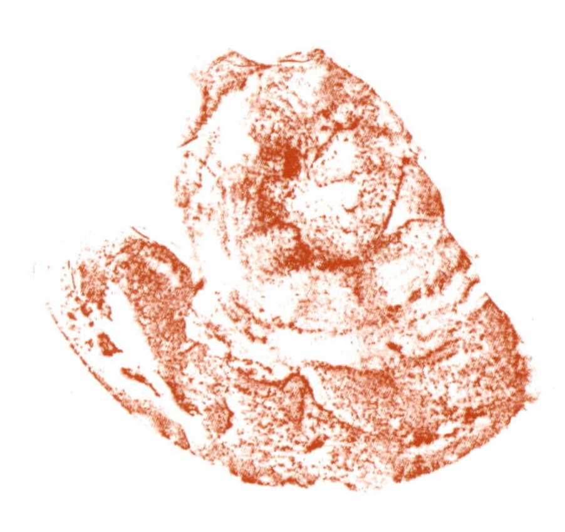

TG30H85③：1

当径12.8、边轮宽0.6、缘深0.7、边轮厚1.4、当厚1.4厘米

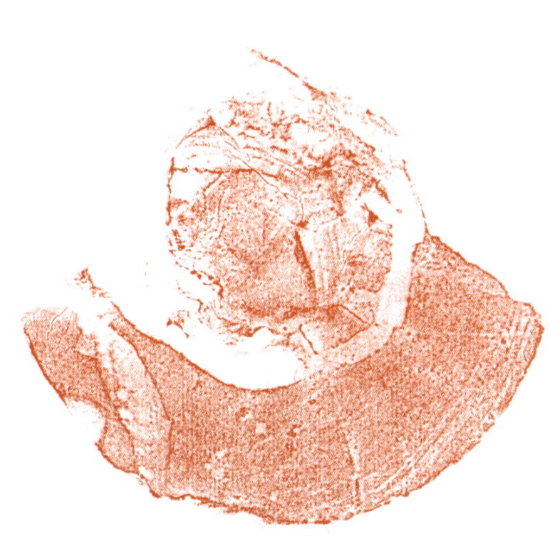

TG41⑥：2

当径15.2、边轮宽1、缘深0.6、边轮厚2.6、当厚1.2厘米

筒瓦残长9.8、径15.5、厚2.4厘米

TG51⑧：1

当复原径14.5、边轮宽1.5、缘深0.4、边轮厚2.3、当厚1.4厘米

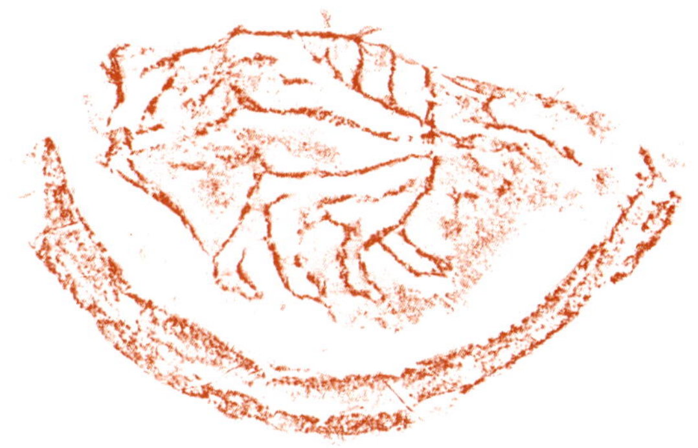

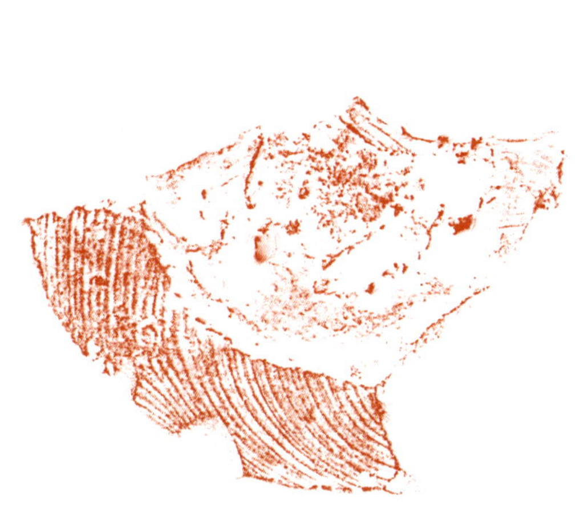

TG40四号台基F4：75

当复原径15.1、边轮宽1、缘深0.5、边轮厚2.7、当厚1.1厘米
筒瓦残长8.5、残径10、厚1.8厘米

TG40H205②：23

当复原径14.3、边轮宽0.9、缘深0.5、边轮厚0.9、当厚0.9厘米

筒瓦残长10.8、残径13、厚1.8厘米

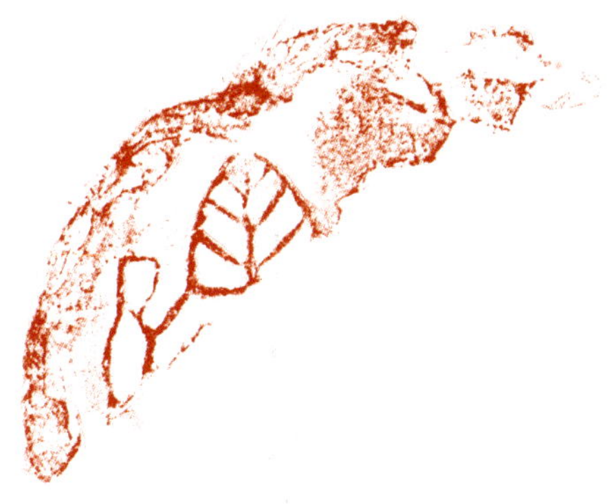

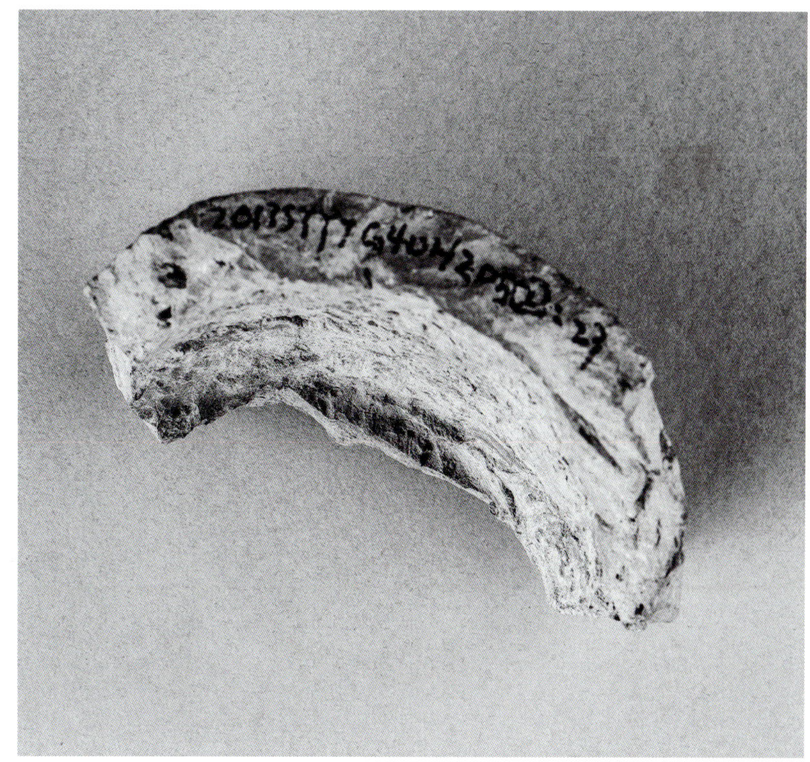

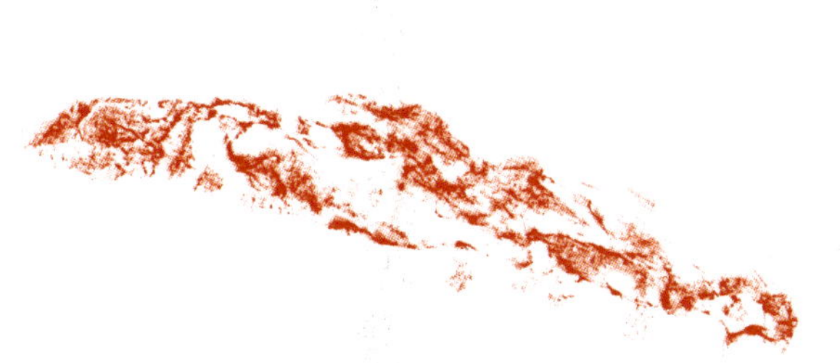

TG11⑤：12

当复原径14.7、边轮宽0.9、缘深0.6、当厚0.9厘米
筒瓦残长8.1、径14.1、厚1.8厘米

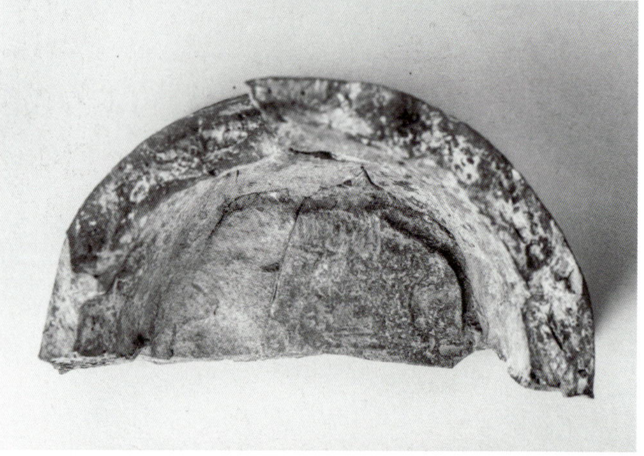

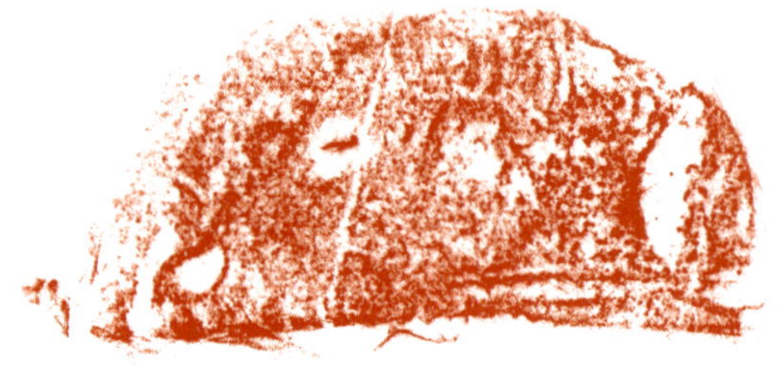

TG27H86：3

当径14.9、边轮宽1、缘深0.6、边轮厚2、当厚1.2厘米
筒瓦残长16.4、径15.8、厚1.6～1.8厘米

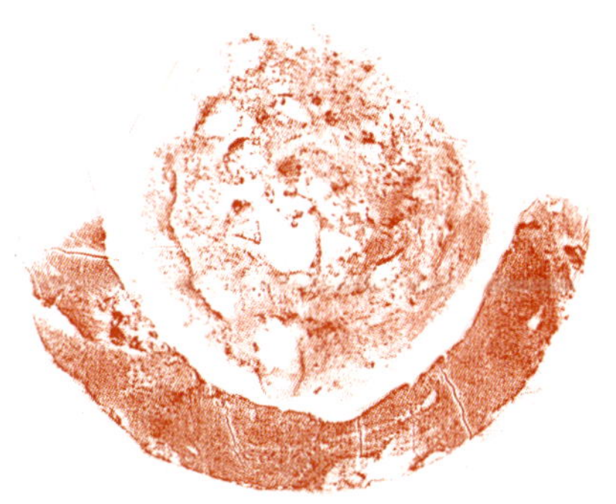

TG15H53：1

当复原径14.6、边轮宽0.8、缘深0.4、边轮厚1.9、当厚1.5厘米

TG27H87：1

当复原径14.6、边轮宽0.9、缘深0.3、边轮厚2、当厚1.2厘米

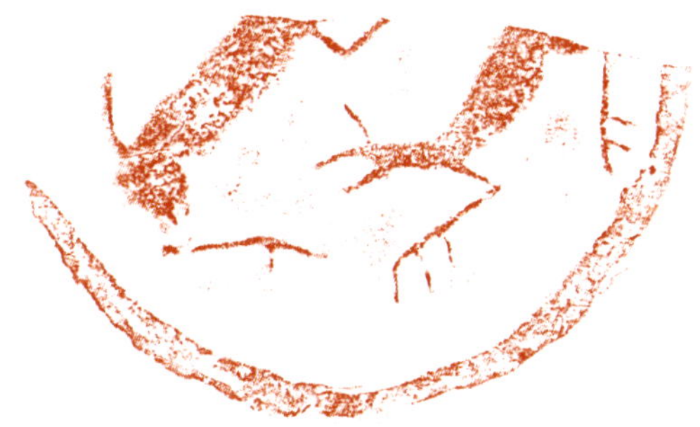

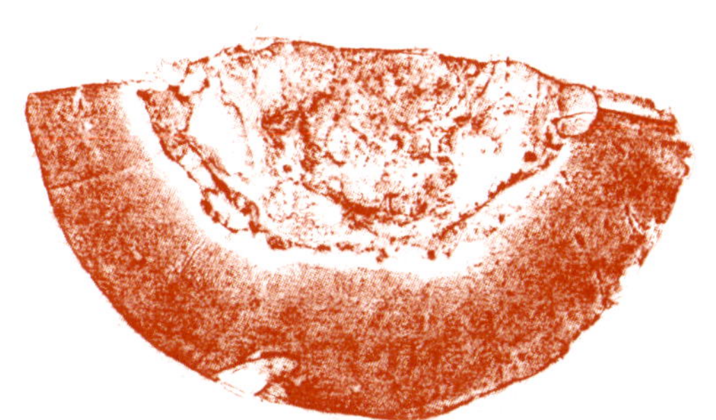

TG43⑦：1

当残长8.7、宽5.9、轮宽0.5、缘深0.4、边轮厚1.7、当厚0.6厘米

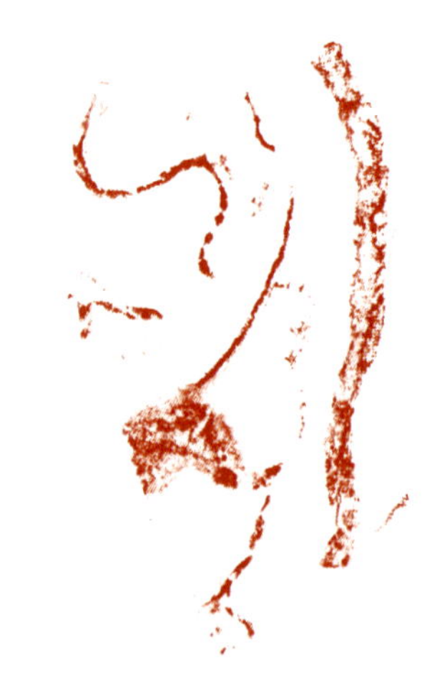

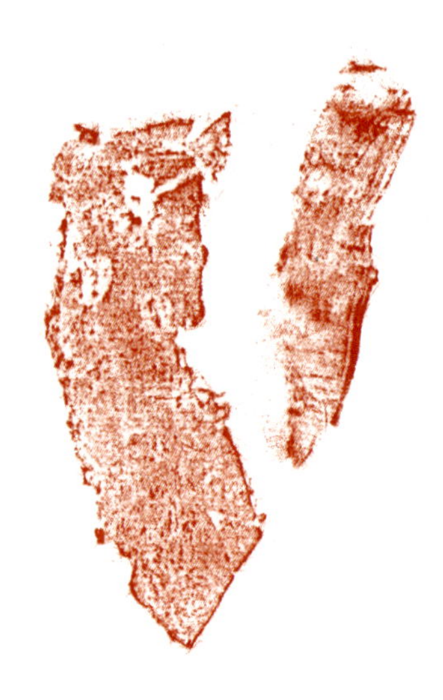

TG37AG52：12

当残径7、边轮宽0.7、缘深0.3、边轮厚1.5、当厚0.9厘米

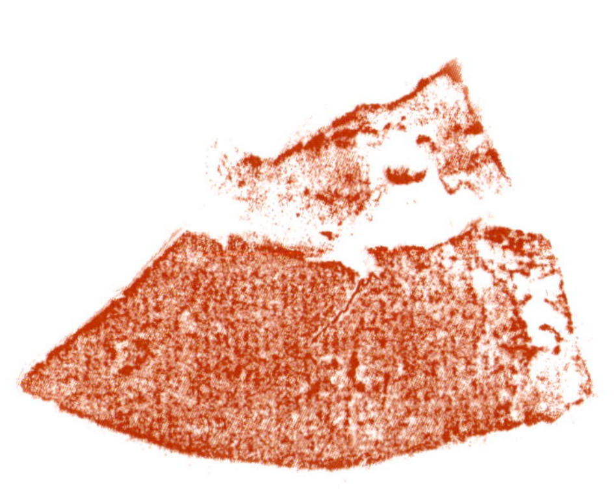

（五）兽纹瓦当

TG37AG52：13

当径13.4、边轮宽0.8、缘深0.3、边轮厚1.8、当厚1厘米

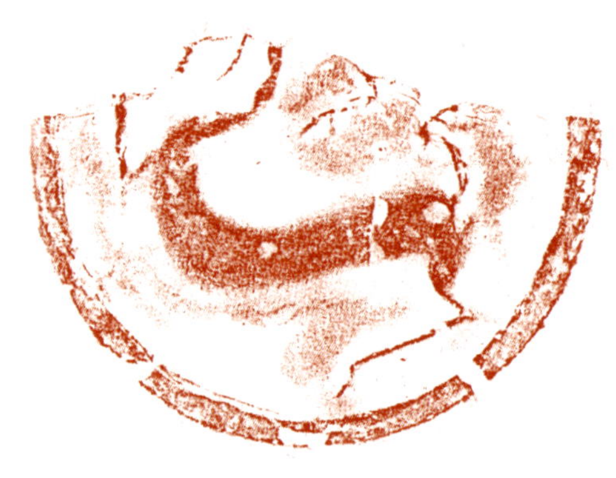

植物纹瓦当

TG30三号台基南⑤：2

当径16.3、当心径5.7、边轮宽1、缘深0.6、边轮厚2.8、当厚2.3厘米
筒瓦残长14.5、径16.2、厚2厘米

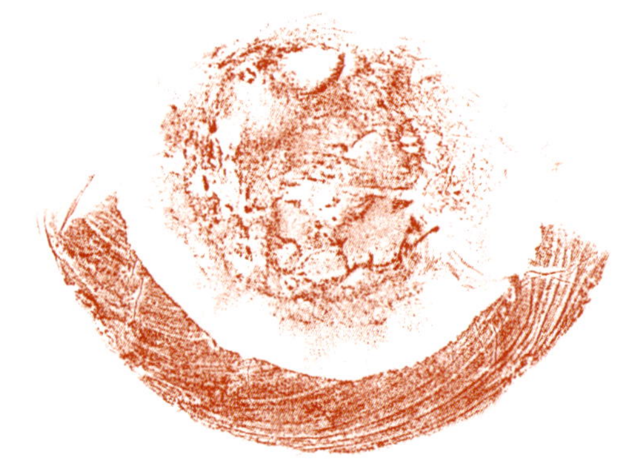

TG29一号台基北⑤：1

当径16.1、当心径5.8、边轮宽1.3、缘深0.7、边轮厚2、当厚1.6厘米
筒瓦残长19、径17.6、厚1.5厘米

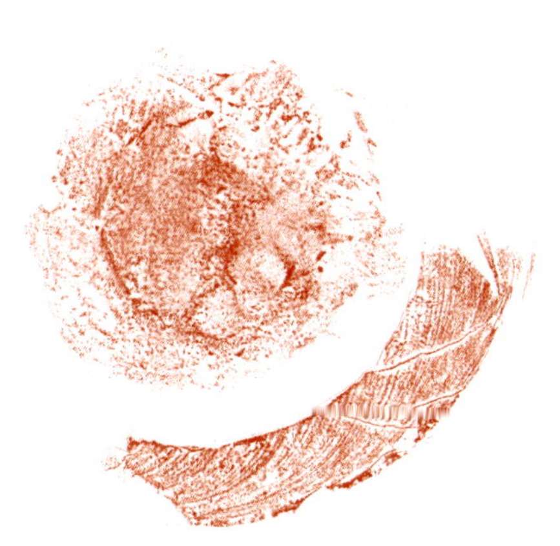

TG40⑦：97

当残径15.7、当心径5.5、边轮宽1、缘深0.9、边轮厚2.4、当厚1.5厘米

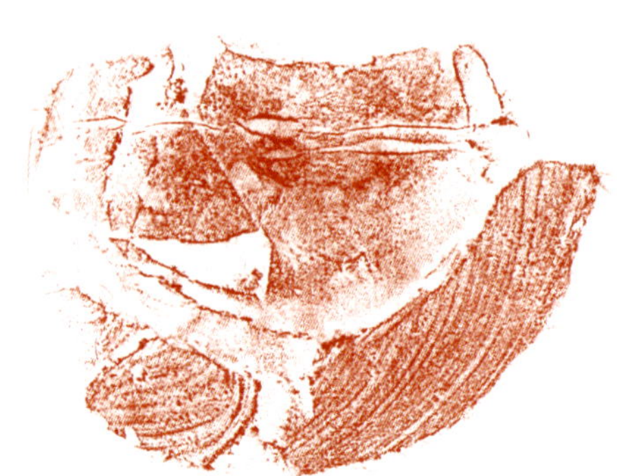

TG30二号台基南⑤：7

当复原径16.2、当心复原径6、边轮宽1.1、缘深0.8、边轮厚2.7、当厚1.9厘米

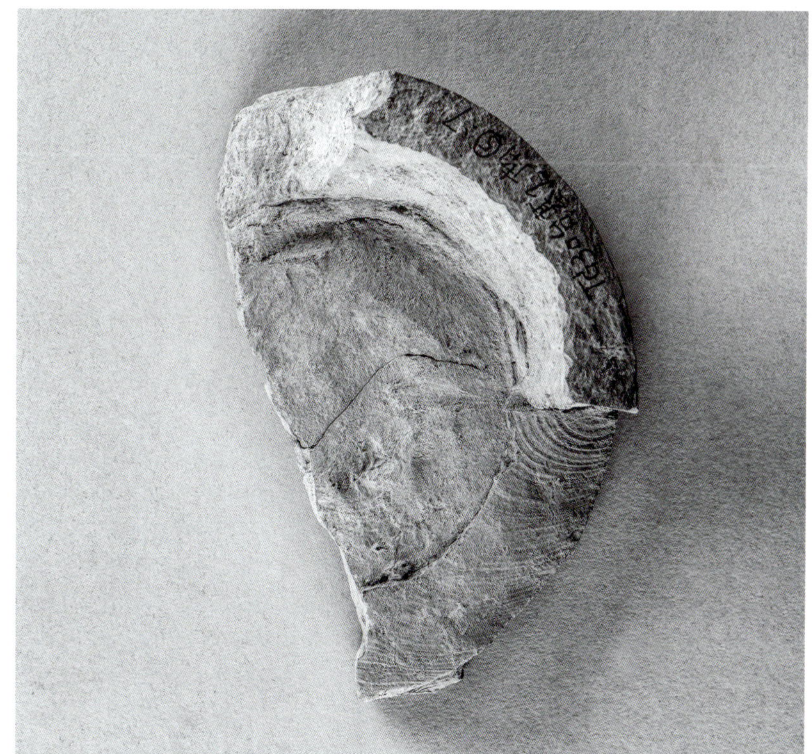

TG30南⑤：18

当复原径15.6、边轮宽1.1、缘深0.9、边轮厚2.3、当厚1.6厘米

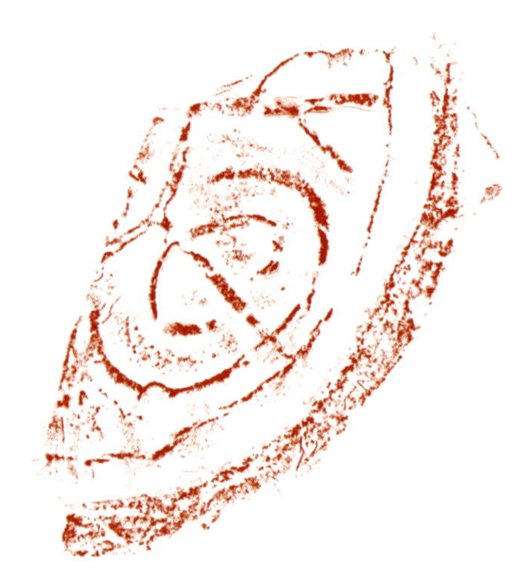

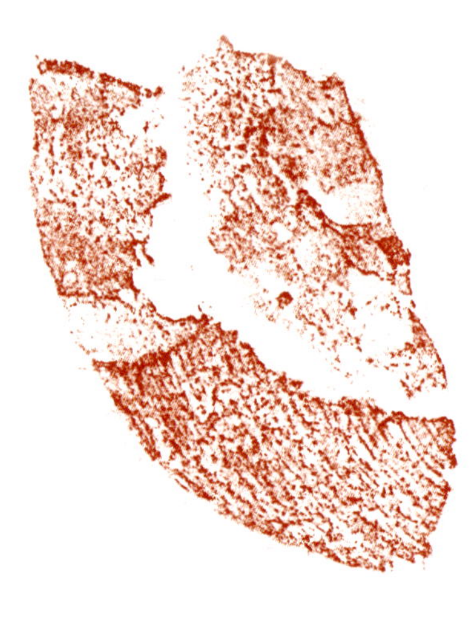

几何纹瓦当

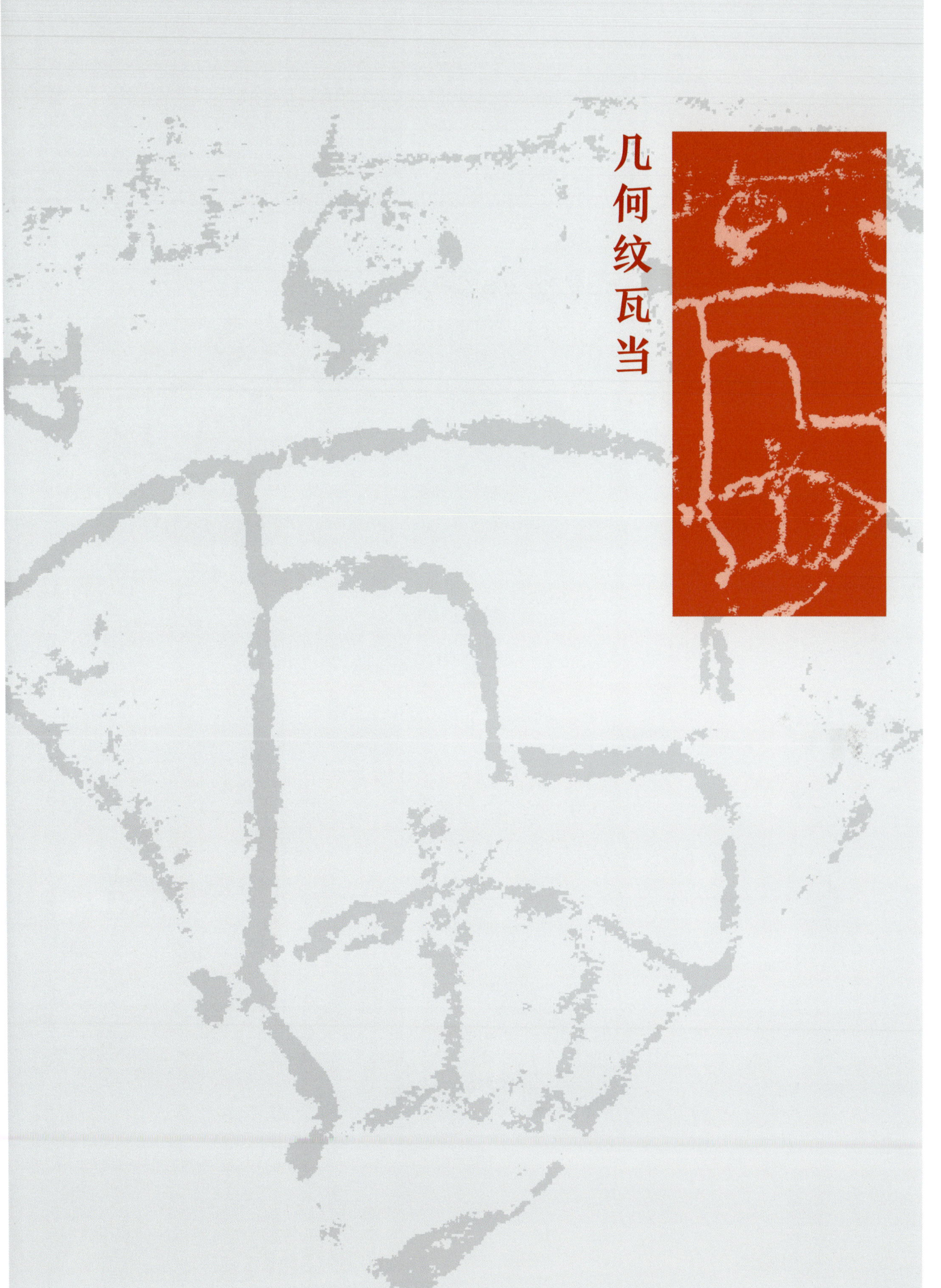

TG34⑦：8

当复原径14.1、当心复原径4.2、边轮宽0.5、缘深0.4、当厚1厘米
筒瓦残长5、残径9、厚1.3厘米

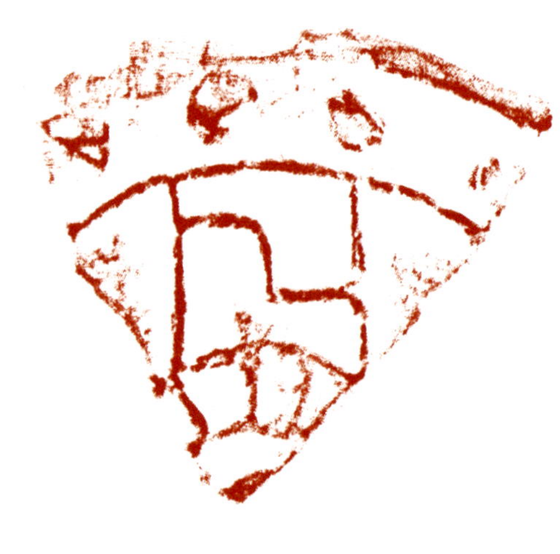

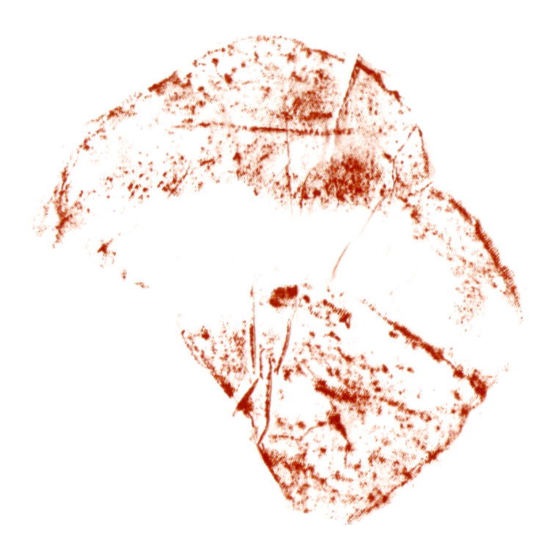

波浪纹瓦当

TG41⑦：33

当径12.9、当心径1.6、边轮宽0.9、缘深0.6、边轮厚2、当厚1.3厘米
筒瓦残长16.6、径13.5、厚17厘米

TG40⑦：2

当径12.9、当心径1.5、边轮宽0.9、缘深0.6、边轮厚1.4、当厚1.4厘米
筒瓦残长13.3、径12.6、厚0.9厘米

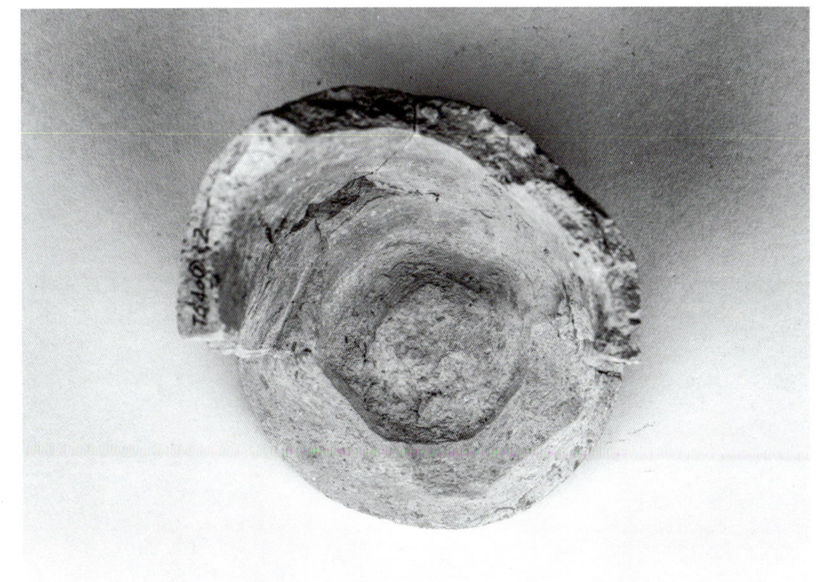

TG15⑤：1

当复原径12.5、当心径1.3、边轮宽0.9、缘深0.3、边轮厚1.8、当厚1.1厘米

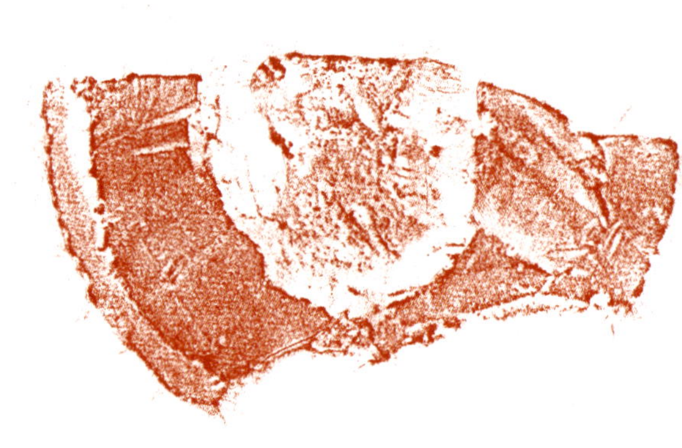

TG40四号台基F4：77

当复原径14.2、边轮宽0.9、缘深0.2、边轮厚1.6、当厚1.1厘米

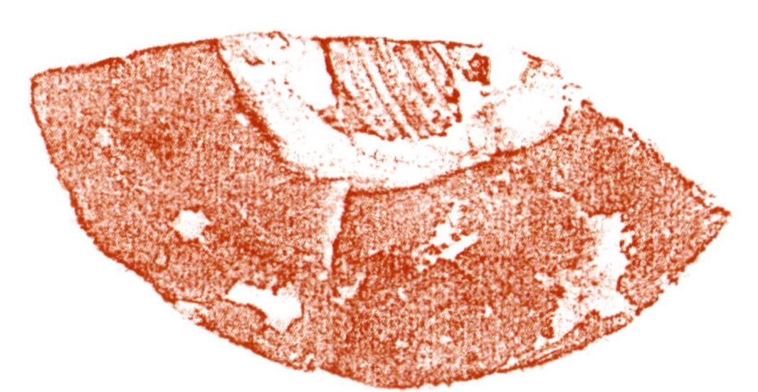

连云纹瓦当

TG30二号台基北⑤：8

当径16.5、当心径3.3、边轮宽1.4、缘深0.7、边轮厚2.8、当厚1.7厘米
筒瓦长58.1、瓦径16、厚1.3、瓦唇长3、宽13、厚0.6厘米

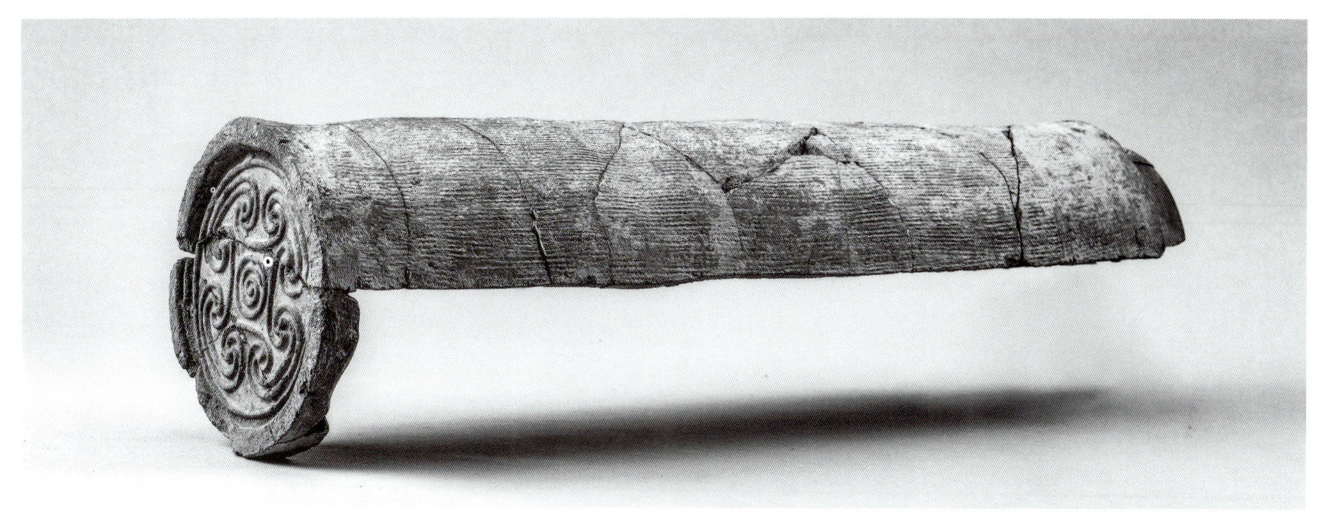

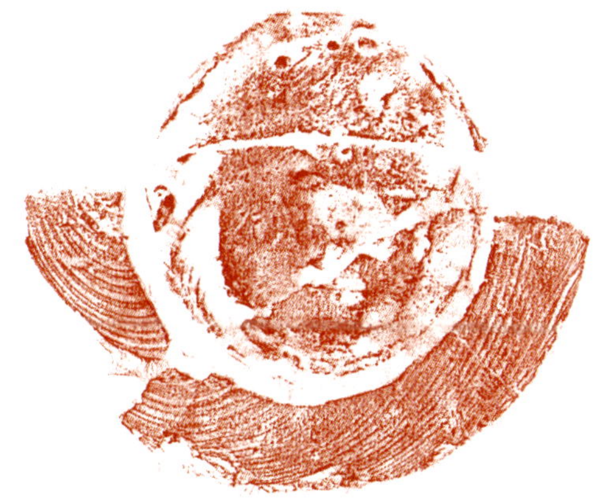

TG27H83③：4

当复原径15、当心径7.8、边轮宽0.5、缘深0.8、边轮厚2.3、当厚1.9厘米
筒瓦残长6、残径12、厚2厘米

TG27H83②：20

当径14.6、当心径7.7、当厚1.8厘米
筒瓦残长7.5、残径14.5、厚1.3厘米

TG49H186：16

当径15.1、当心径8、边轮宽0.5、缘深0.4、边轮厚2.3、当厚0.9厘米
筒瓦残长6、径15、厚1.1厘米

TG27H83③：15

当径14.9、当心径7.8、边轮宽0.5、缘深0.4、边轮厚2.1、当厚1.7厘米

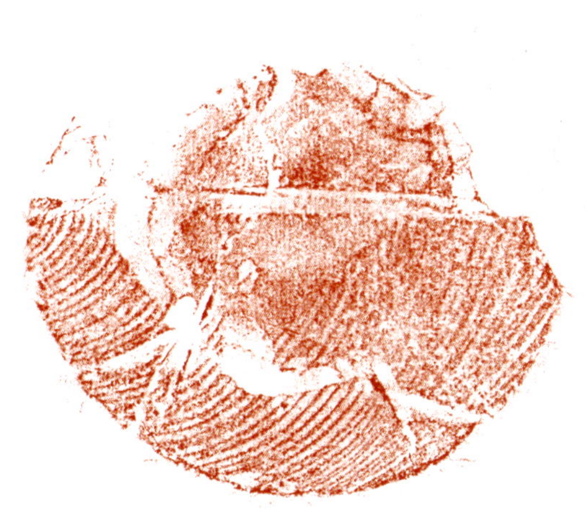

TG41H170③：1

当径14.8、当心径7.8、边轮宽0.6、缘深0.4、边轮厚2.7、当厚1.8厘米
筒瓦残长12.8、径15.5、厚1.6厘米

81CY六号址T1H1：2

当径14.7、当心径7.1、边轮宽0.5、缘深0.5、边轮厚2.7、当厚1.9厘米

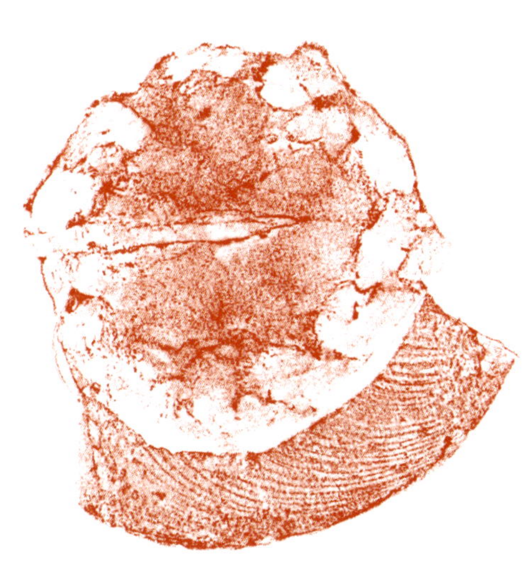

TG30二号台基北⑤：12

当径15.8、当心径6.6、边轮宽1.2、缘深0.5、边轮厚2.5、当厚1.3厘米
筒瓦残长8.3、径15、厚2厘米

TG40⑦：54

当复原径15.7、当心复原径7.5、边轮宽1.1、缘深0.4、边轮厚2.7、当厚2厘米

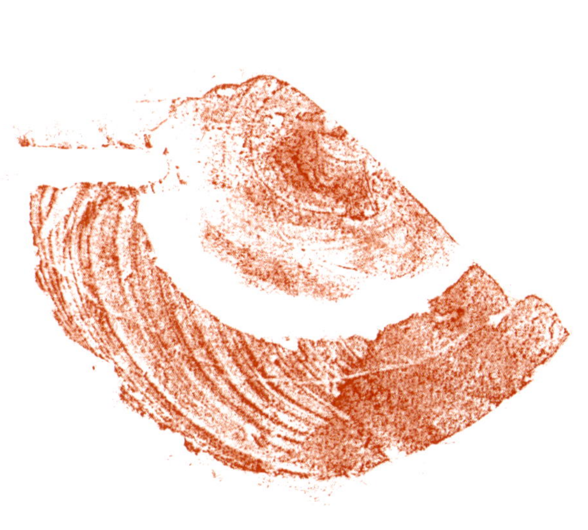

TG27H83④：13

当复原径14.8、当心复原径8、边轮宽0.5、缘深0.5、边轮厚3、当厚2.2厘米
筒瓦残长6、残径9.5、厚1.8厘米

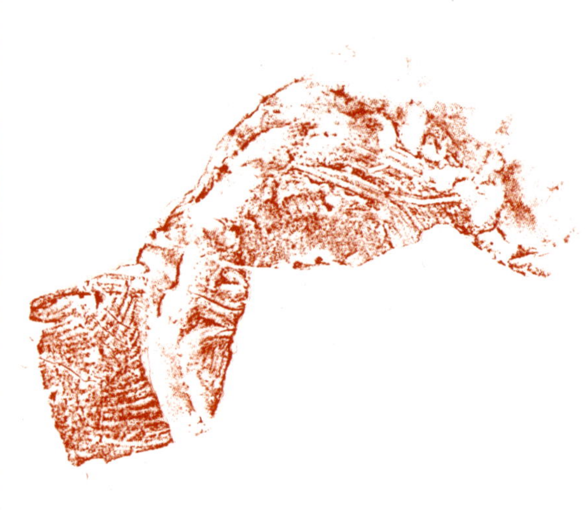

TG27H83②：5

当复原径14.7、当心复原径7.6、边轮宽0.6、缘深0.4、边轮厚2.1、当厚1.5厘米
筒瓦残长8、残径10、厚2厘米

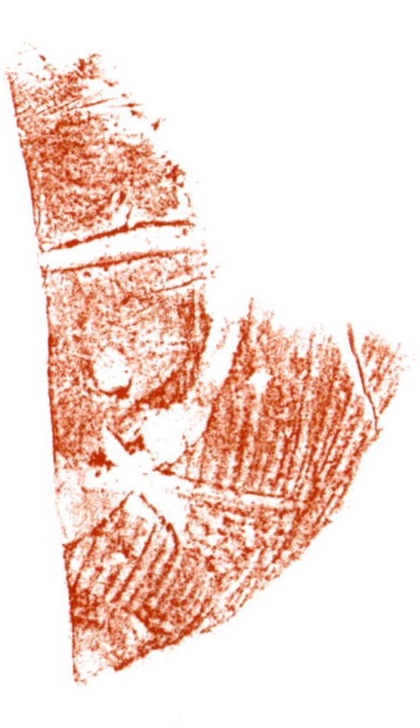

TG27H79：2

当复原径14.8、当心复原径7.7、边轮宽0.5、缘深0.3、边轮厚2.2、当厚1.4厘米

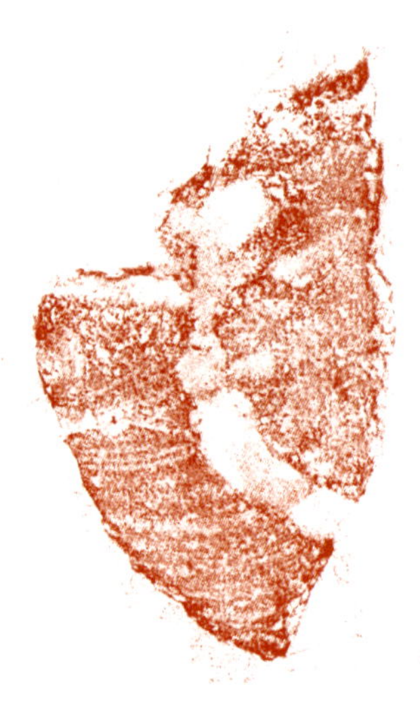

81CY六号址T1H1：14

当复原径14.8、当心径1.7、边轮宽0.5、缘深0.5、边轮厚2.3、当厚1.8厘米

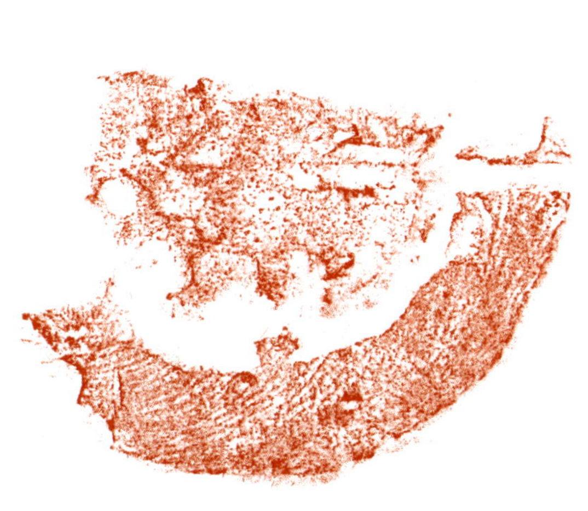

TG41⑥：3

当径15.2、当心径7.9、边轮宽0.7、缘深0.3、边轮厚2.3、当厚1.8厘米

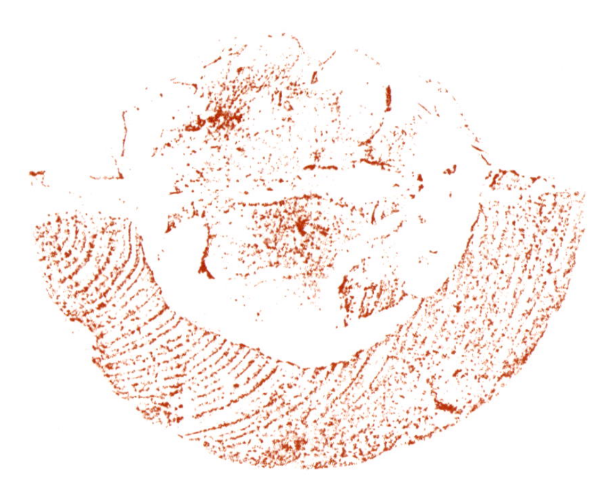

TG48K23：8

当径15.4、当心径7.5、边轮宽0.8、缘深0.3、边轮厚1.4、当厚1.4厘米

TG49H186：17

当复原径15、当心径7.8、边轮宽0.6、缘深0.3、边轮厚2.4、当厚1.2厘米

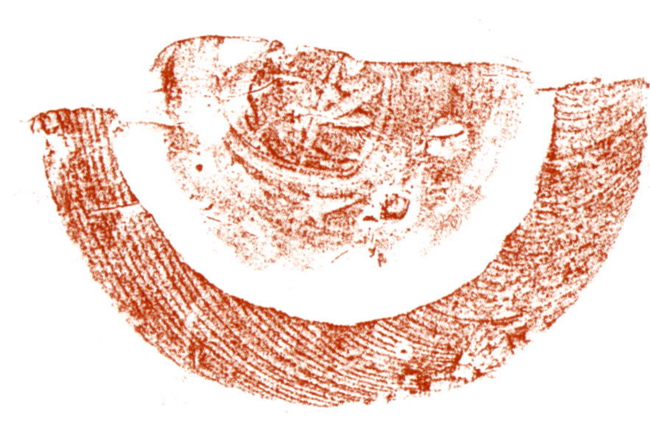

TG27H83③：46

当复原径14.7、当心复原径7.8、边轮宽0.5、缘深0.5、边轮厚3、当厚1.9厘米

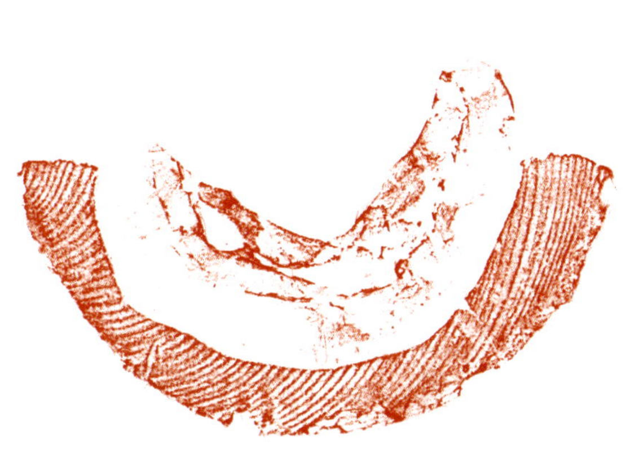

TG40H205②：24

当残块长12.5、宽7.7、当心复原径8、当厚1.7厘米

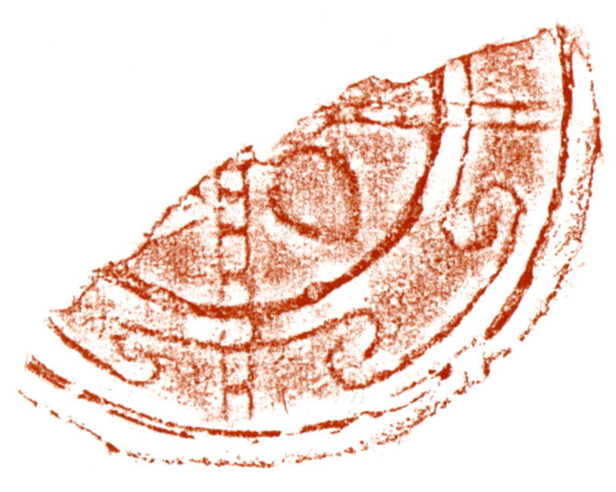

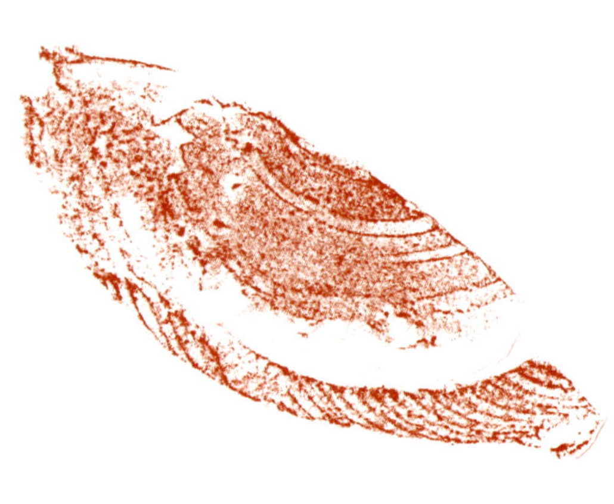

TG20⑧：4

当复原径14.2、边轮宽0.4、缘深0.3、当厚1.3厘米

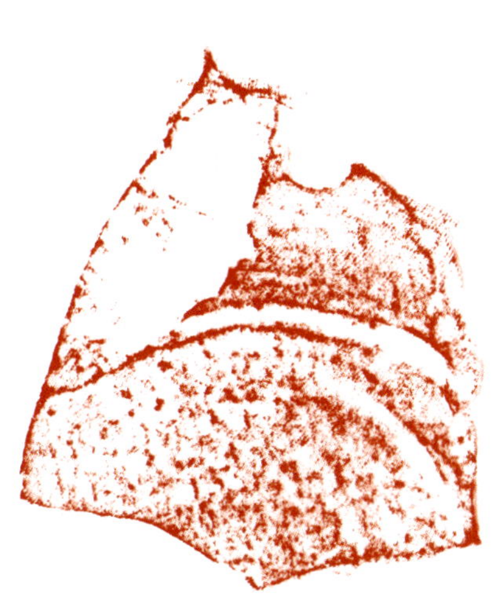

TG27H83③：47

当复原径16、当心复原径7.6、边轮宽0.7、边轮厚1.9、当厚1.7厘米

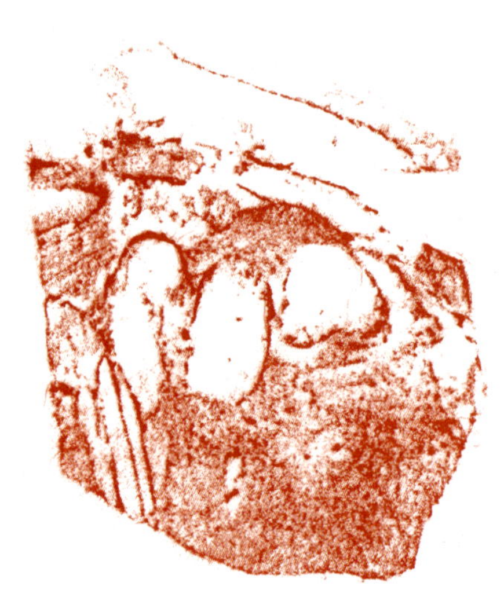

TG34④：13

当残径8.5、边轮宽0.6、缘0.3、边轮厚0.9、当厚0.9厘米

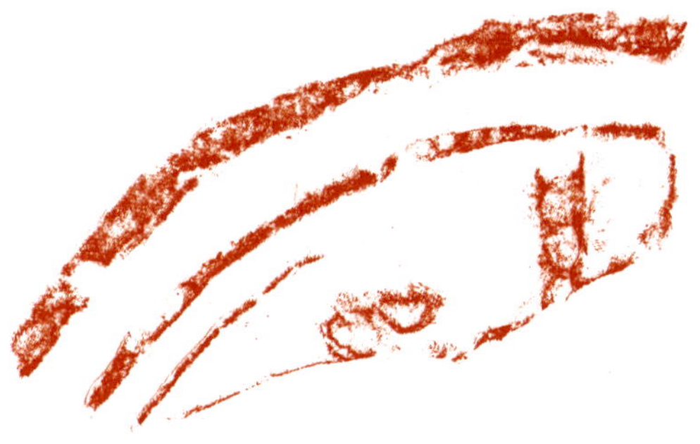

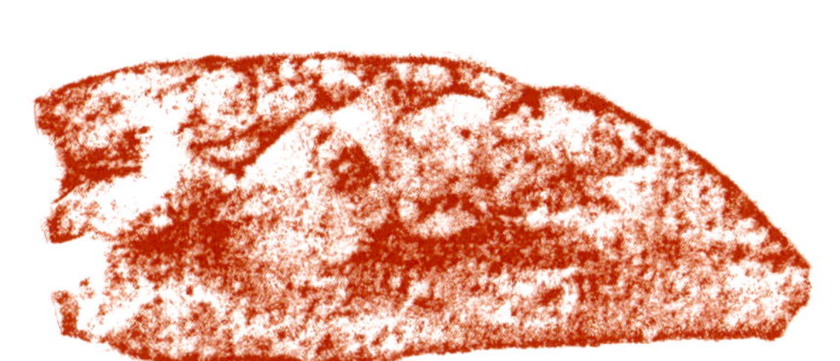

81CY六号址：3

当复原径15.6、当心复原径6.5、边轮宽0.5、缘深0.4、当厚1.4厘米
筒瓦残长6、径16.5、厚1.7厘米

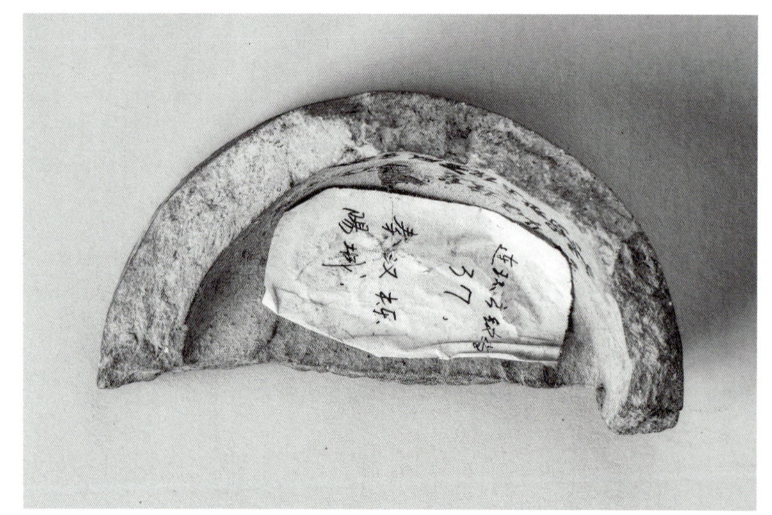

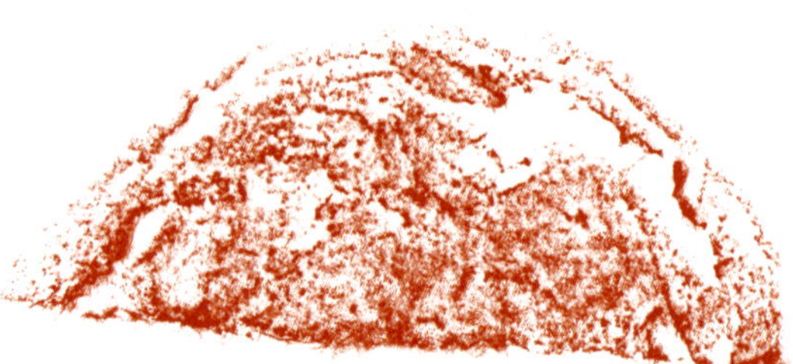

TG40四号台基南扩方⑦：75

当复原径15.2、当心复原径5.2、边轮宽1、缘深0.5、当厚1.3厘米
筒瓦残长15.4、径10、厚1.9厘米

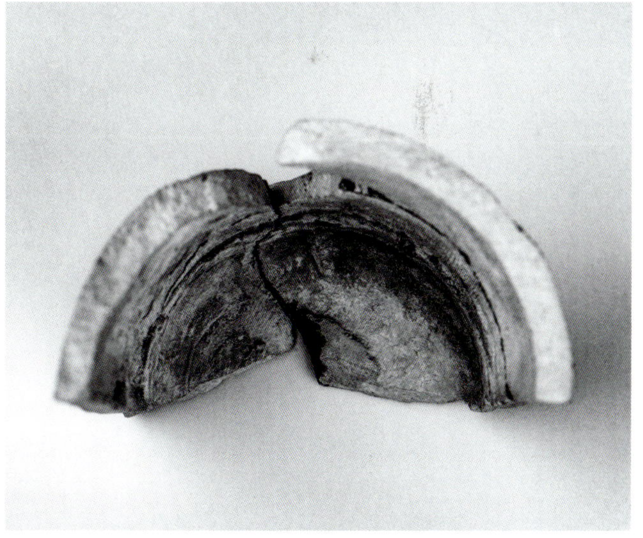

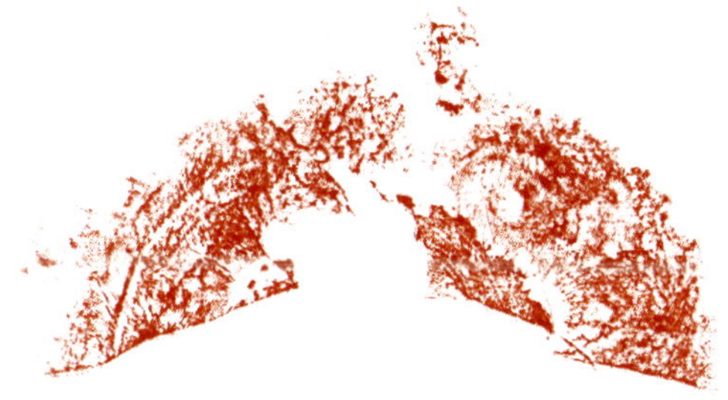

80CY太陵采集：4

当复原径15、当心复原径5.8、边轮宽0.8、缘深0.5、当厚1.7厘米
筒瓦残长9、残径12.5、厚2.1厘米

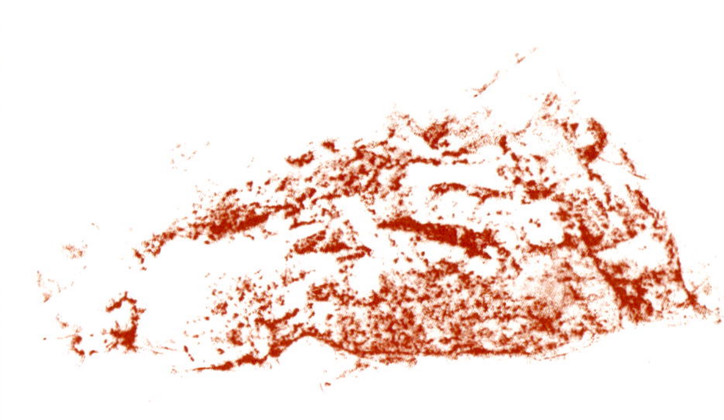

81CY四号址采集：64

当复原径14.1、当心径5.1、边轮宽1、缘深0.7、边轮厚1.7、当厚1.2厘米

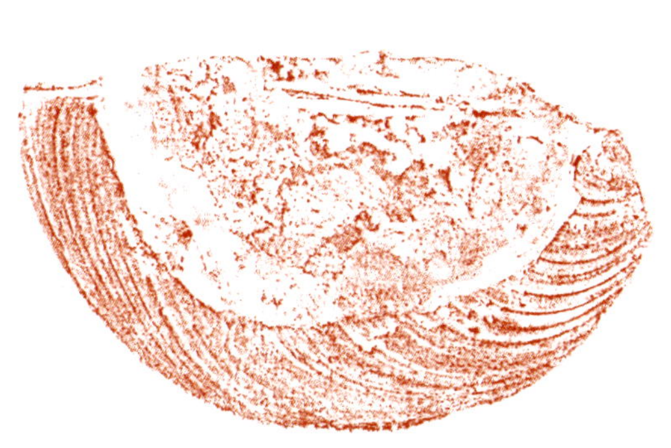

同心圆纹瓦当

TG30二号台基南⑤：6

当径16、当心径8.3、边轮宽1、缘深0.9、边轮厚3.3、当厚1.2厘米
筒瓦长51、径15.5、厚1.7厘米，瓦唇长2.4、宽12、厚1厘米

TG34H104：2

当复原径15.4、当心复原径6.5、边轮宽0.9、缘深0.7、边轮厚2.7、当厚1.1厘米

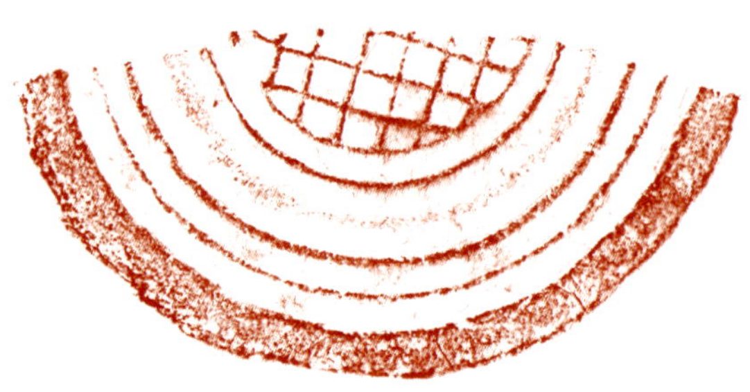

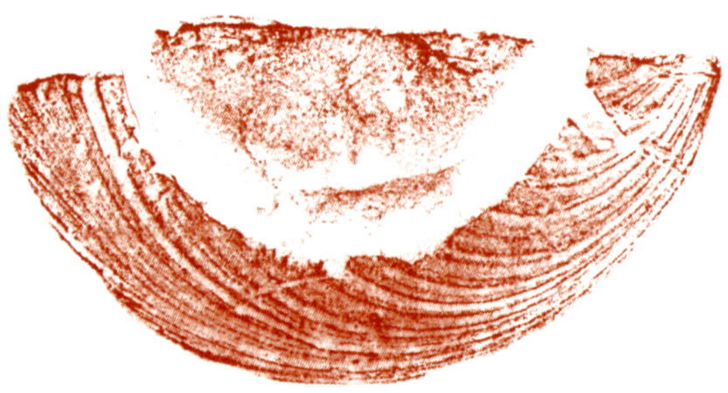

TG41H170③：2

当复原径15.5、当心复原径7、边轮宽0.8、缘深1、边轮厚2.5、当厚1.4厘米

筒瓦残长16.5、径15.7、厚1.8厘米

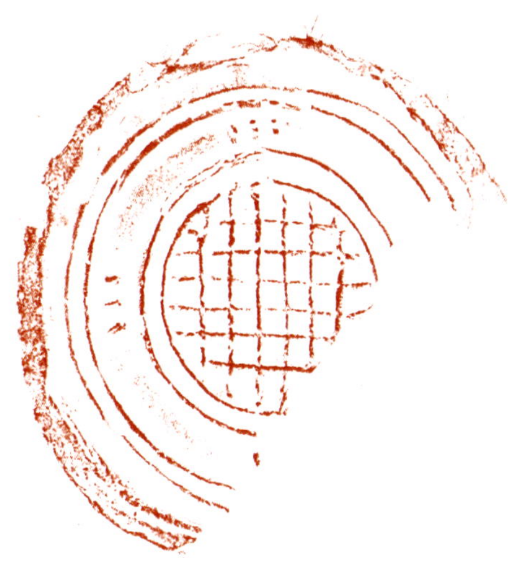

81CY六号址T2③：6

当径14.3、当心径6.3、边轮宽0.7、缘深0.6、边轮厚2.3、当厚1.6厘米
筒瓦残长7.7、径13.5、厚1.3厘米

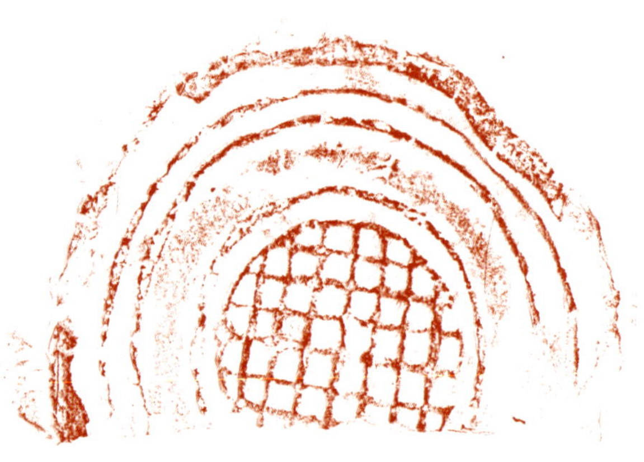

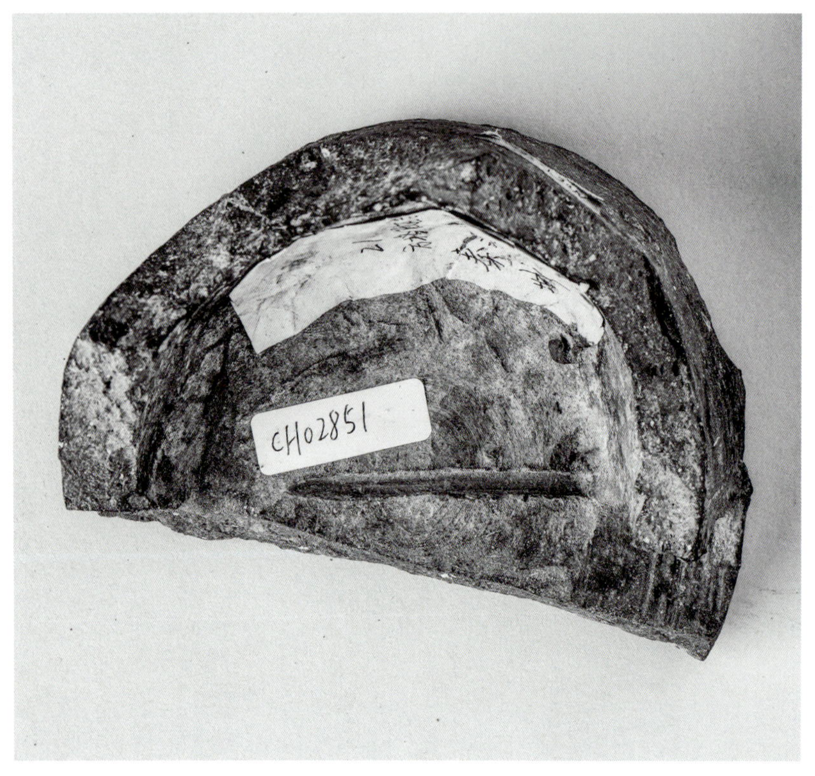

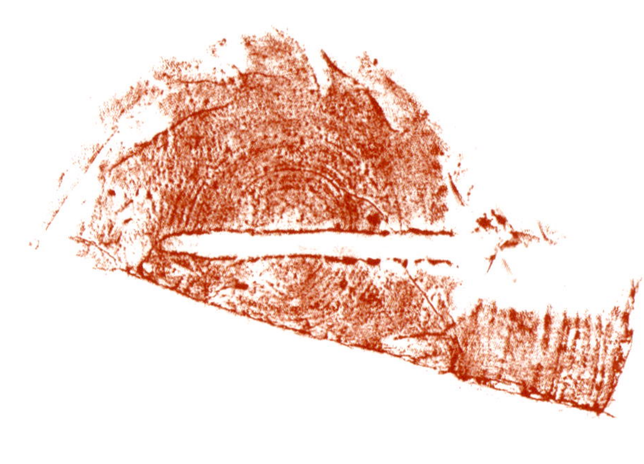

TG41⑥：1

当复原径15.8、当心径7.2、边轮宽1、缘深0.8、边轮厚2.6、当厚1.2厘米

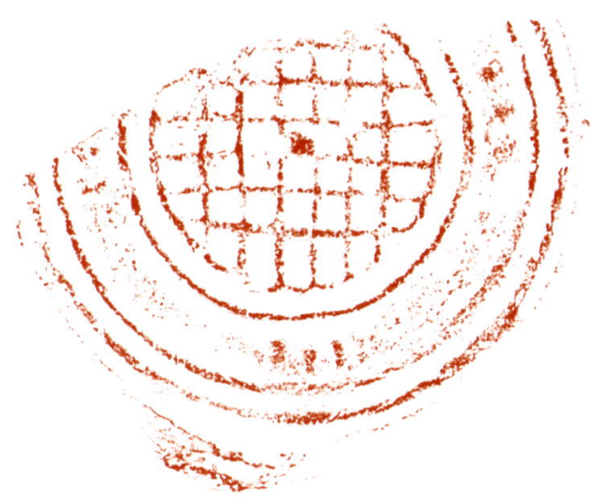

TG40四号基址F4：76

当复原径15.7、当心复原径6.7、边轮宽0.9、缘深0.7、边轮厚2.1、当厚1.2厘米

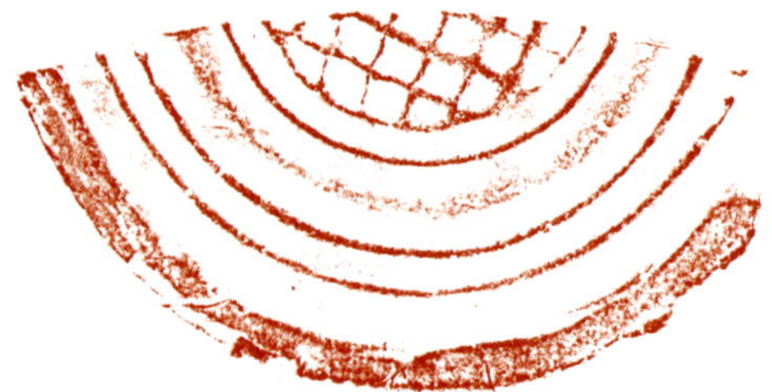

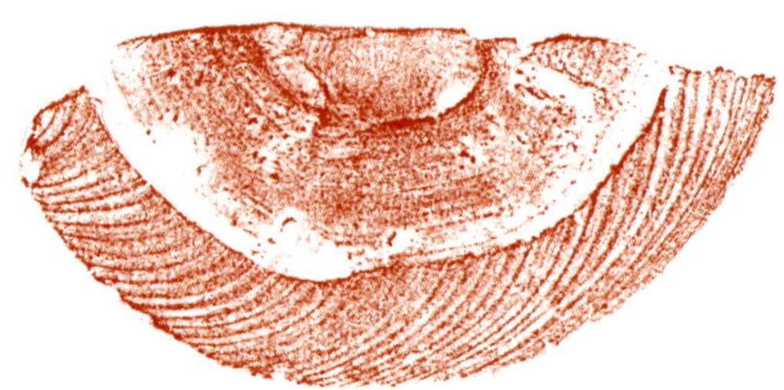

81CY六号址T2③：3

当复原径14.8、当心复原径7.7、边轮宽1.1、缘深0.5、边轮厚2.6、当厚1.5厘米

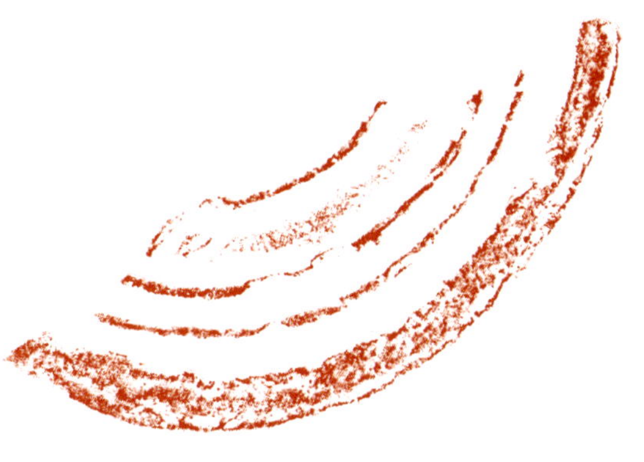

TG37A⑧：16

当残径10、边轮宽0.7、缘深0.6、边轮厚2.8、当厚1.6厘米

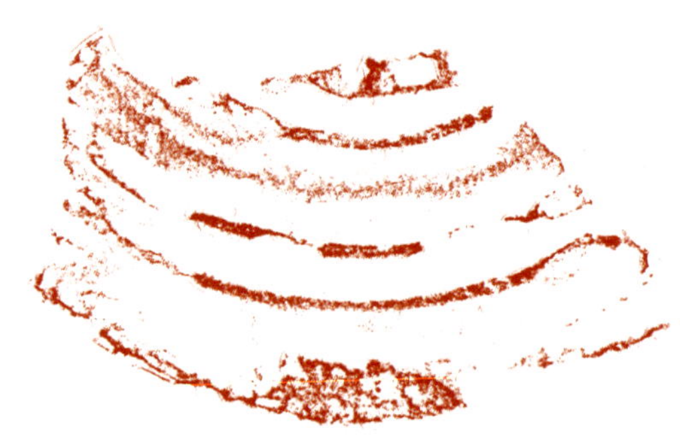

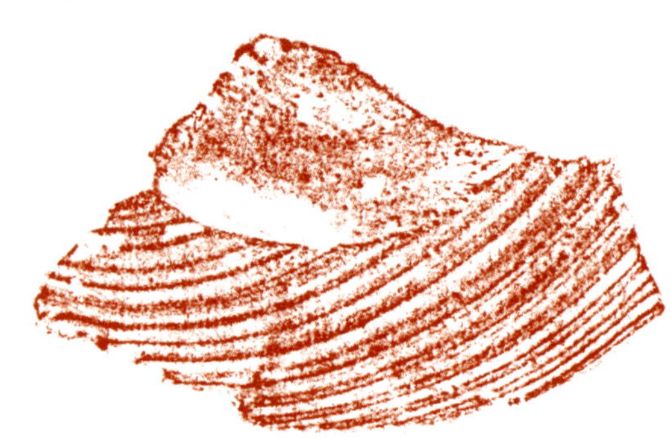

乳钉纹瓦当

TG41H168：33

当残径11、当心残径4、边轮宽0.7、缘深0.3、当厚0.8厘米

筒瓦残长8.5、残径10、厚2厘米

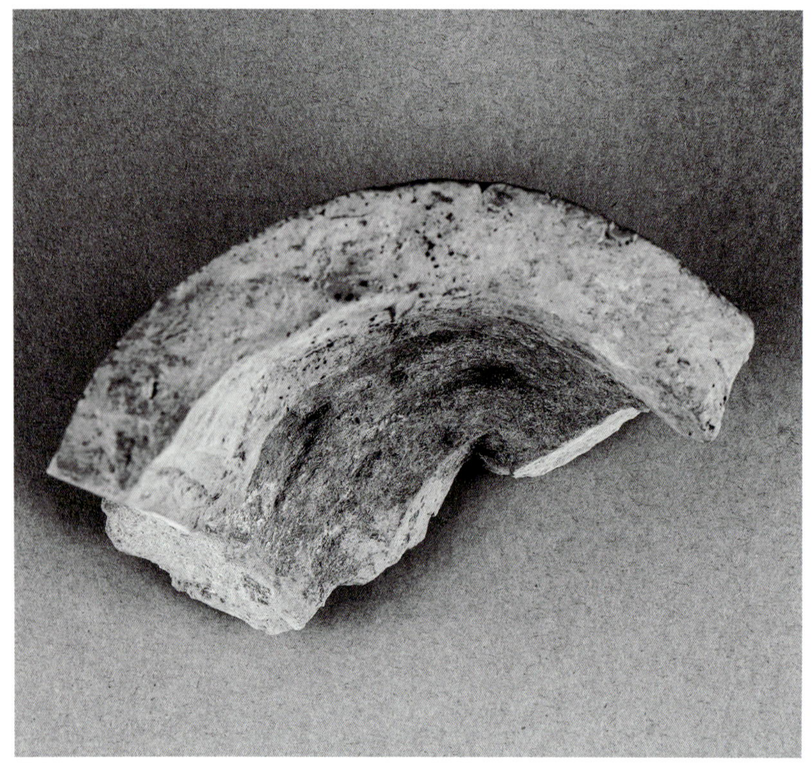

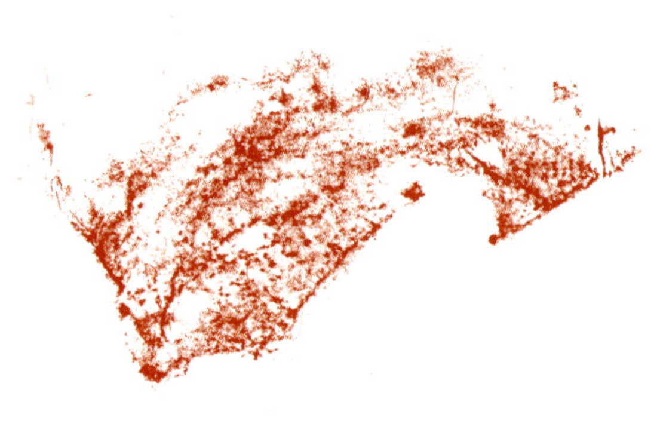

涡纹瓦当

81CY八号址采集：8

当复原径14.8、当心径5.3、边轮宽0.6、缘深0.6、边轮厚1.6、当厚1.4厘米

秦汉栎阳城：24

当复原径15、当心复原径5.3、边轮宽0.9、缘深0.6、当厚1.3厘米

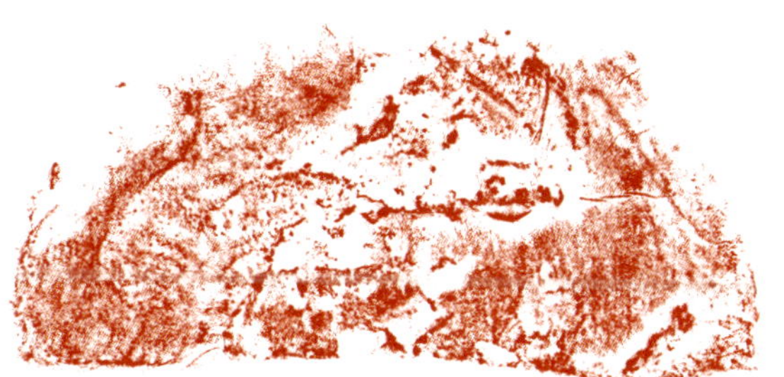

81CY六号址T1H2：16

当复原径15.9、当心径5.7、边轮宽1.1、缘深0.4、边轮厚2.4、当厚1.8厘米

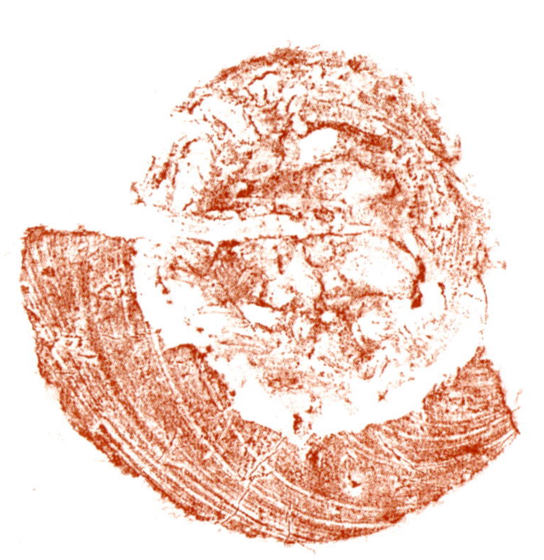

TG27H83③：8

当径15.2、当心径5.5、边轮宽0.8、缘深0.8、边轮厚2.6、当厚1.6厘米
筒瓦残长6、残径11、厚1.9厘米

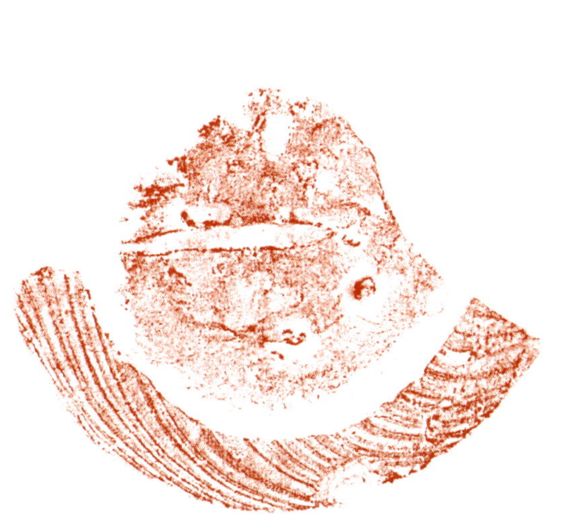

T40Z28：1

当复原径17.2、当心径6.2、边轮宽0.9、当厚1.4厘米

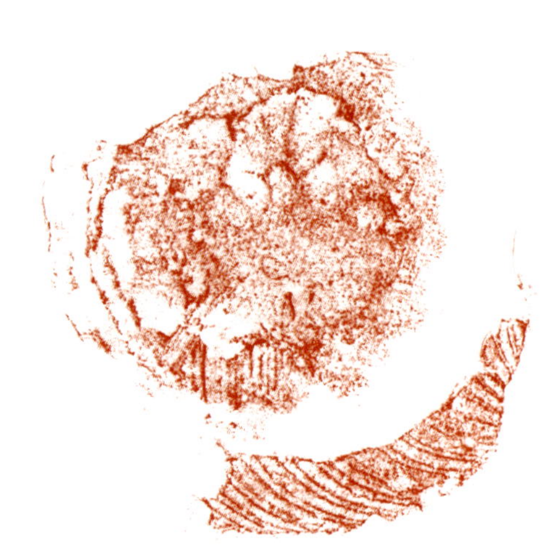

81CY六号址T1H1：12

当复原径15.9、当心复原径5.8、边轮宽0.9、缘深0.4、边轮厚2.1、当厚1.9厘米

81CY六号址T1H2：17

当径15.4、当心径5.5、边轮宽0.8、缘深0.1、边轮厚2.2、当厚2.4厘米
筒瓦残长21.3、径15.6、厚2厘米

TG40⑦：100

当复原径15.3、当心径4.8、边轮宽1.5、缘深0.8、边轮厚2.7、当厚2厘米

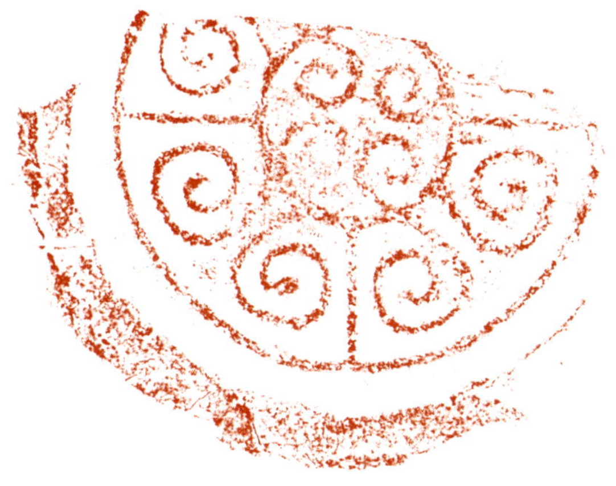

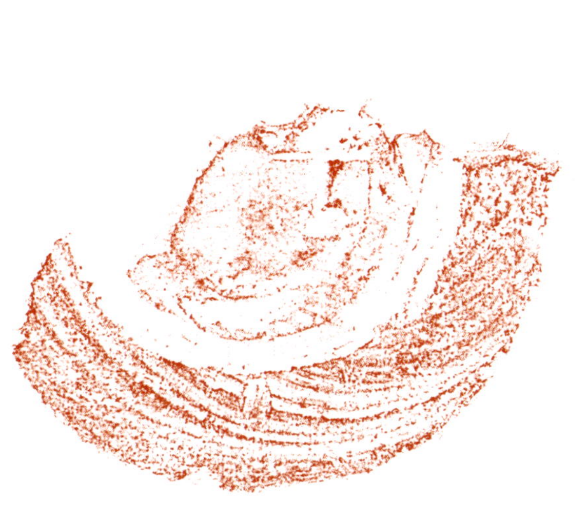

TG40⑦：23

当径16.4、当心径7、边轮宽1.1、缘深0.5、边轮厚3.5、当厚1.2厘米
筒瓦残长18.7、残径16.5、厚1.5厘米

81CY六号址T1H1：24

当复原径15、当心径6.7、边轮宽1、缘深0.2、边轮厚1.9、当厚1.7厘米

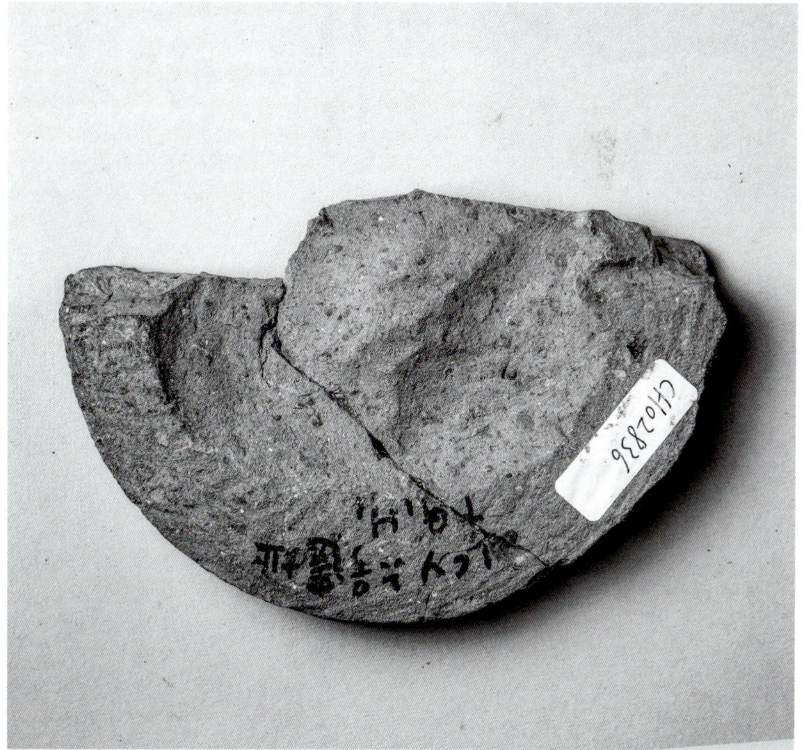

81CY六号址：5

当复原径16.7、当心复原径7.1、边轮宽1.2、缘深0.7、边轮厚2.4、当厚0.9厘米

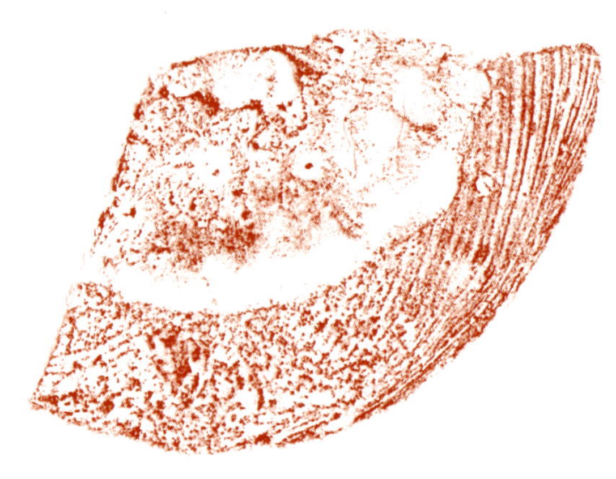

81CY六号址T1H1：26

当复原径16.3、当心复原径6.9、边轮宽0.8、缘深0.3、边轮厚3、当厚1.6厘米

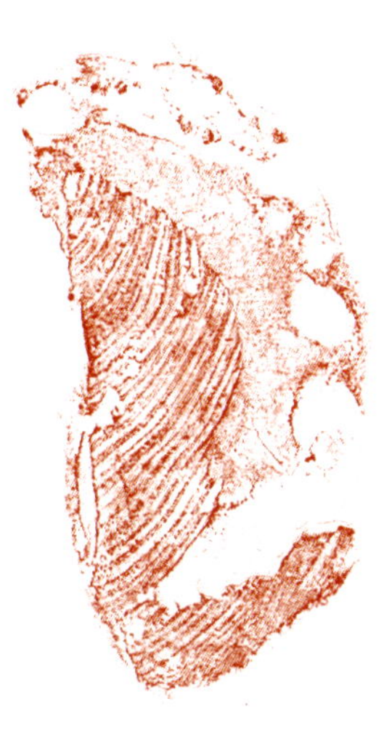

秦汉栎阳城：27

当复原径14.3、当心复原径6、边轮宽0.6、缘深0.4、边轮厚2、当厚1.5厘米

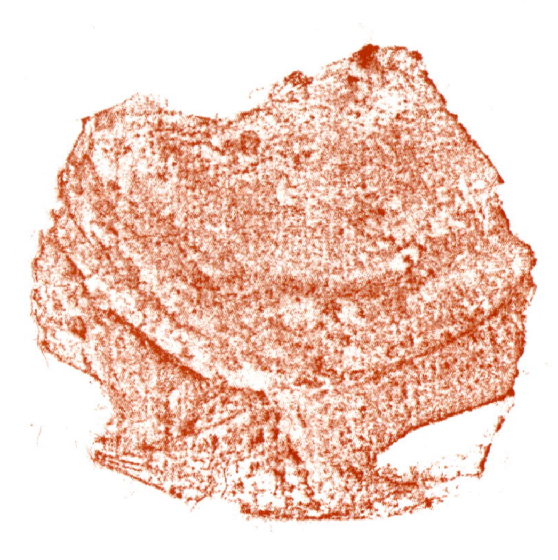

TG7②：1

当残长12.5、宽12.4、当心径7、当厚1.8厘米

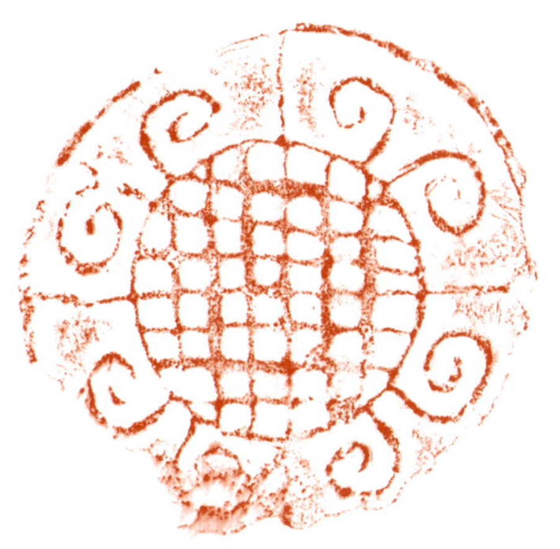

TG40⑦：50

当复原径16、当心复原径5.5、边轮宽1.3、缘深1、当厚1.4厘米
筒瓦残长18.5、径16.5、厚2.1厘米

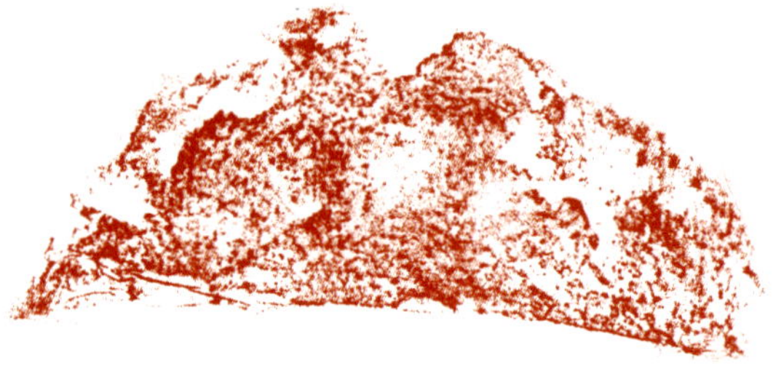

TG30二号台基南⑤：5

当径15.2、当心径5.1、边轮宽1、缘深0.9、边轮厚2.6、当厚1.3厘米
筒瓦残长9.3、径15.5、厚1.9厘米

TG40四号台基南扩方⑦：74

当径15.5、当心径5.3、边轮宽1、缘深0.9、边轮厚2.5、当厚1.6厘米
筒瓦残长11、径15.9、厚1.5厘米

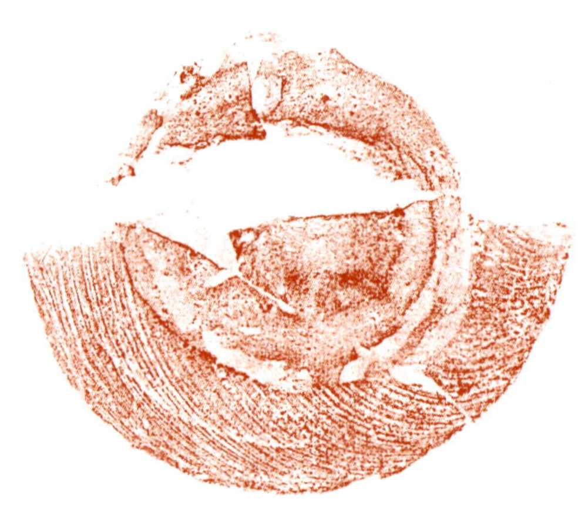

TG40⑦：19

当径16、当心径5.2、边轮宽1.3、缘深0.7、边轮厚3、当厚1.1厘米
筒瓦残长18.4、径16.2、厚1.8厘米

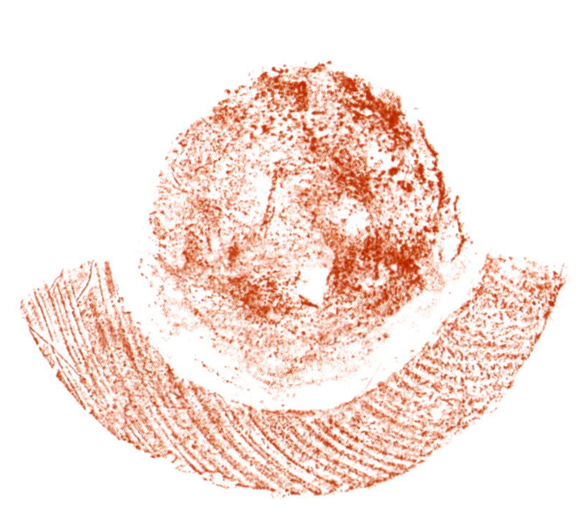

TG30二号台基南⑤：1

当径15.4、当心径5.1、边轮宽1.1、缘深0.7、边轮厚2.5、当厚1.6厘米

筒瓦残长13.8、径16、厚2厘米

TG34H96：3

当径15.6、当心径5.2、边轮宽1、缘深0.8、边轮厚2.5、当厚1.7厘米
筒瓦残长6.2、残径13、厚2厘米

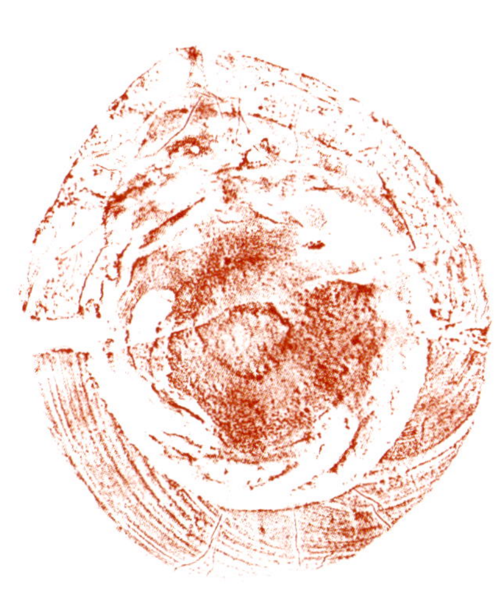

81CY六号址T1H1：3

当复原径15.6、当心径4.6、边轮宽0.9、缘深0.8、边轮厚2.9、当厚1.5厘米

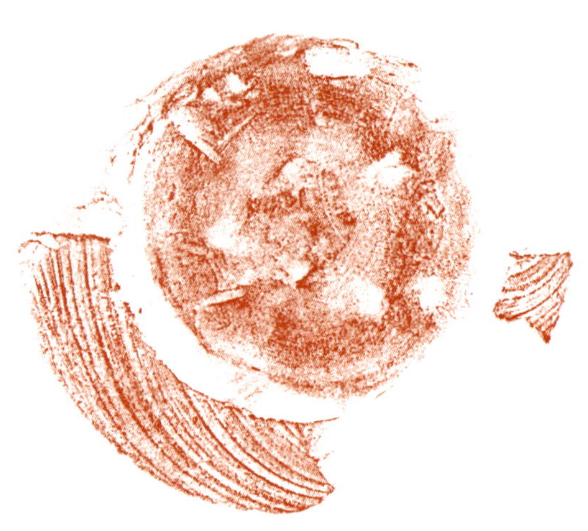

TG27H79：1

当复原径15.3、当心径5.1、边轮宽1.1、缘深0.7、边轮厚2.6、当厚1.5厘米

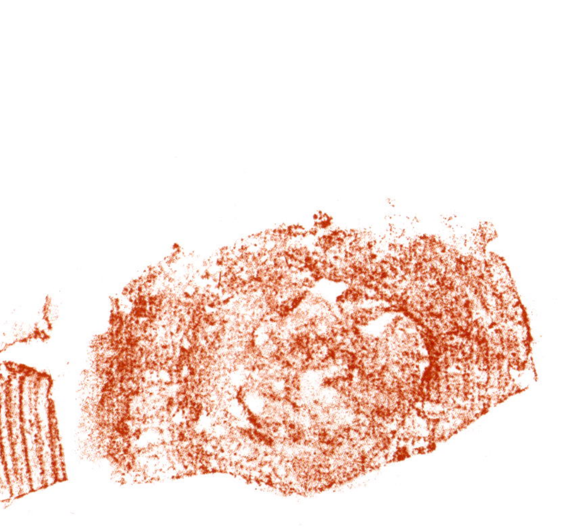

TG27H83②：10

当复原径15.6、当心复原径5、边轮宽1.2、缘深0.9、当厚1.4厘米

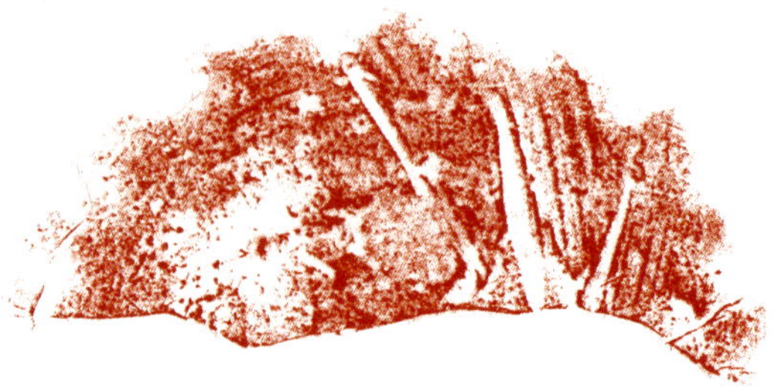

TG40⑦：55

当复原径15.9、当心径5.3、边轮宽1.2、缘深0.9、当厚1.4厘米

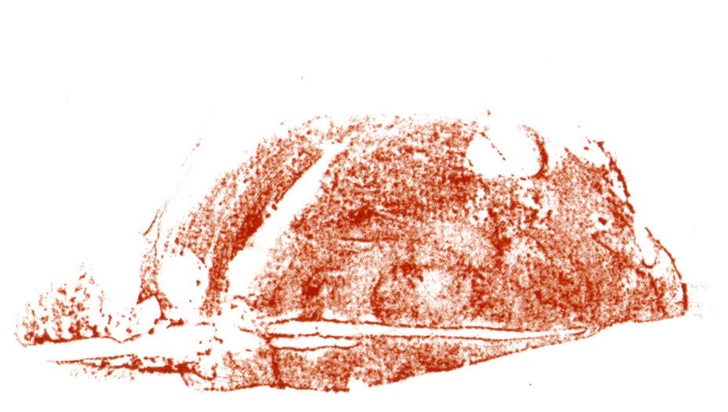

81CY六号址T1H1：7

当复原径15.4、当心复原径5.2、边轮宽0.7、缘深0.9、边轮厚2.9、当厚1.5厘米

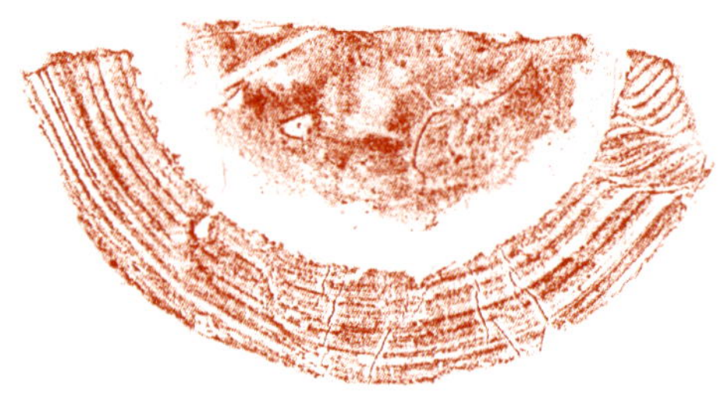

81CY六号址T1H1：23

当复原径14.5、当心复原径5、边轮宽0.9、缘深0.9、边轮厚2.5、当厚1.2厘米

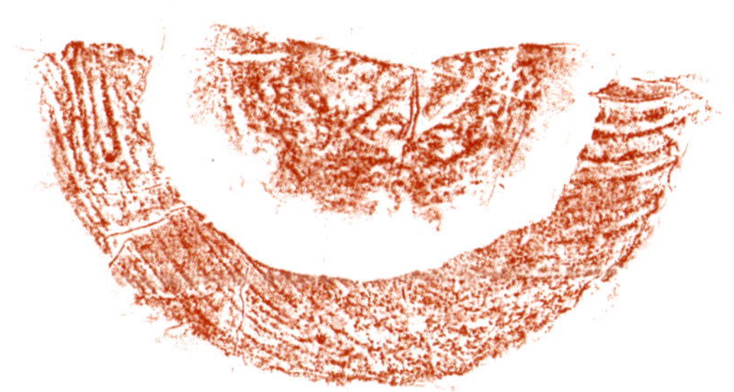

TG40⑦：22

当复原径15.9、当心复原径5.3、边轮宽1、缘深0.9、边轮厚3.1、当厚1.9厘米

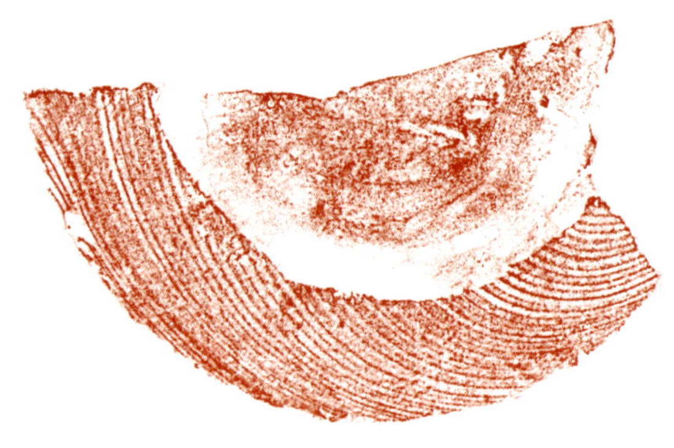

TG29一号台基北⑤：4

当复原径15.8、边轮宽0.9、缘深0.8、当厚2.2厘米
筒瓦残长17、径16、厚2厘米

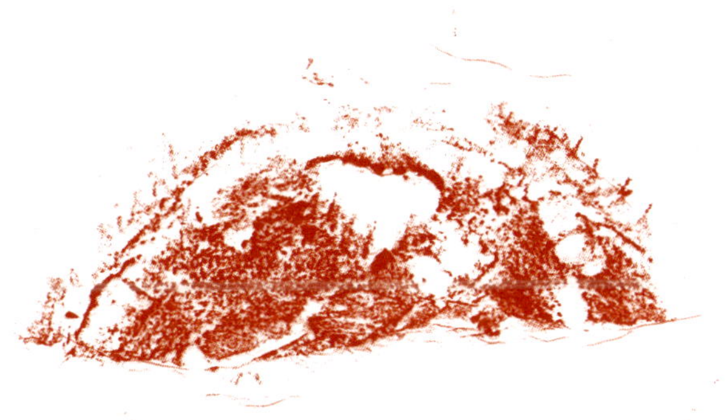

TG27H83②：61

当复原径15.3、当心复原径4.9、边轮宽1.1、缘深0.9、边轮厚2.1、当厚1.3厘米

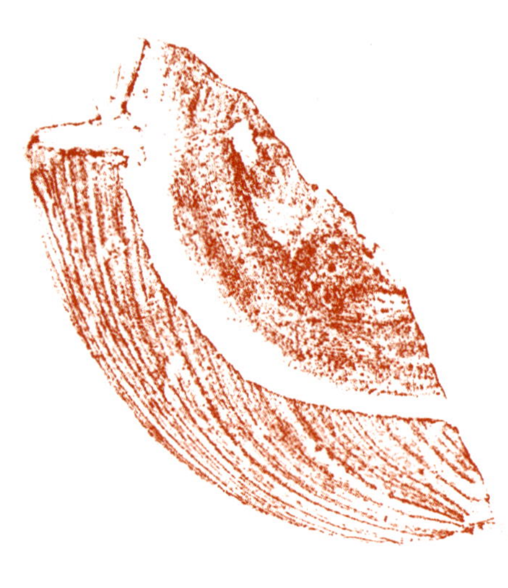

TG40⑦：49

当复原径16.2、当心复原径5.6、边轮宽1.4、缘深0.7、当厚1.2厘米
筒瓦残长17.7、径16.6、厚1.4厘米

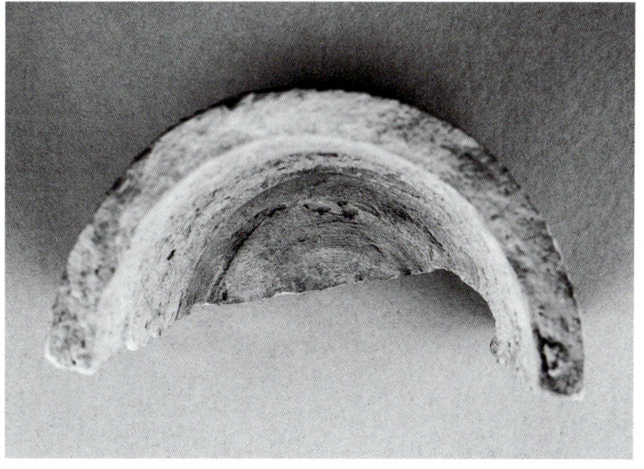

TG40⑦：51

当复原径15.5、当心复原径5.1、边轮宽1.2、缘深0.8、当厚1.4厘米
筒瓦残长18.8、径16.5、厚1.8厘米

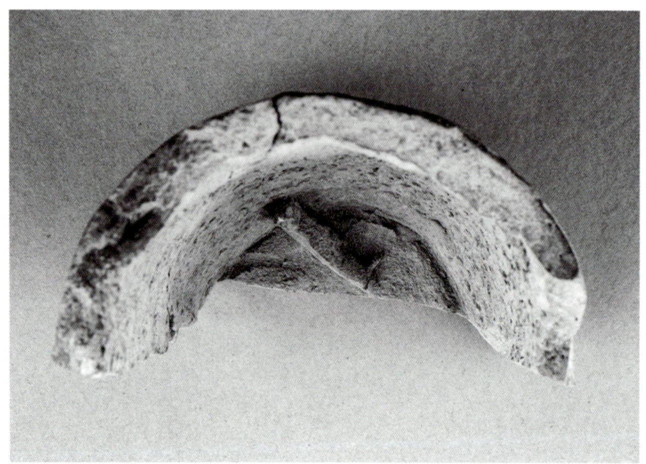

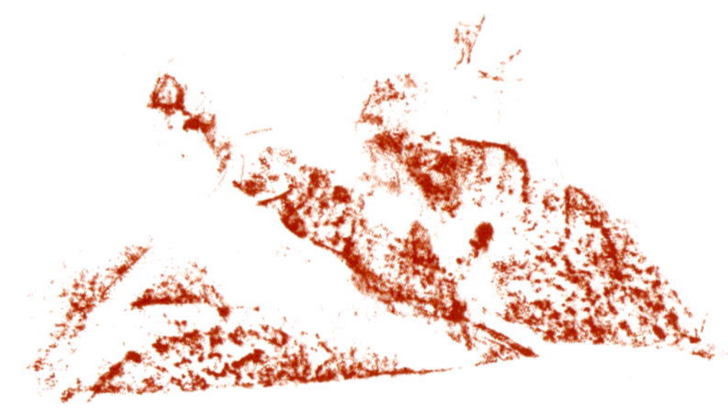

TG27H83②：62

当复原径15.3、当心复原径5.1、边轮宽0.8、缘深0.6、边轮厚1.6、当厚0.9厘米

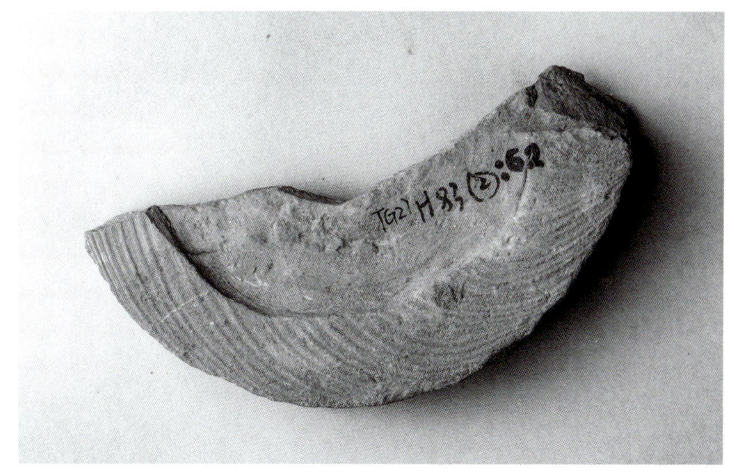

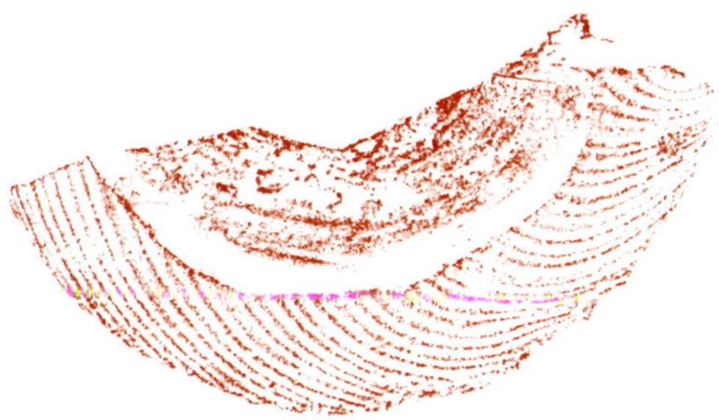

TG41H168：7

当径15.4、当心径4.9、边轮宽1.2、缘深0.7、边轮厚2.6、当厚1.4厘米
筒瓦残长8.9、残径12.5、厚1.8厘米

TG40⑦：30

当复原径15.8、当心复原径5.3、边轮宽1.2、缘深0.9、边轮厚2.5、当厚1厘米

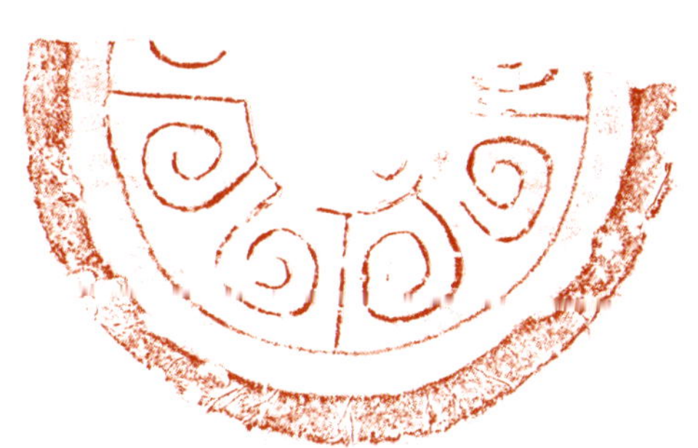

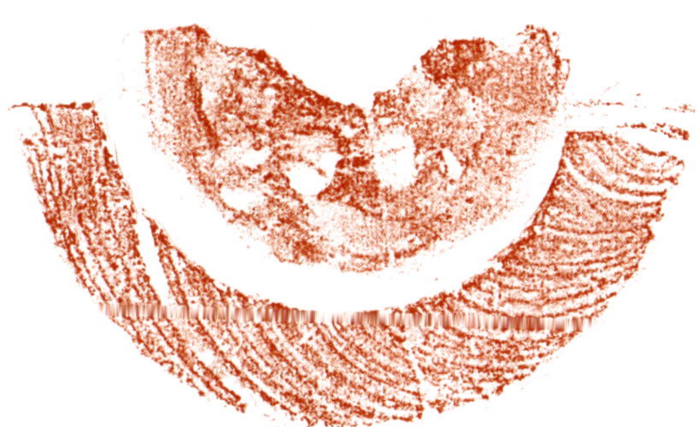

TG40铺石遗迹：13

当块长9、宽5.6、当心复原径6.2、当厚1.3厘米

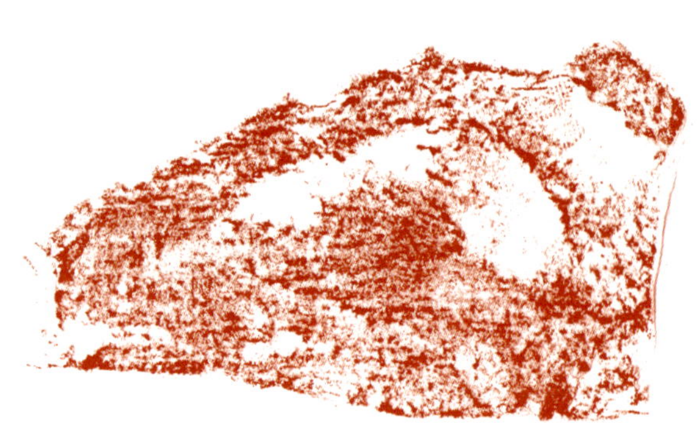

TG51⑧：5

当复原径13、当心径4.8、当厚2厘米

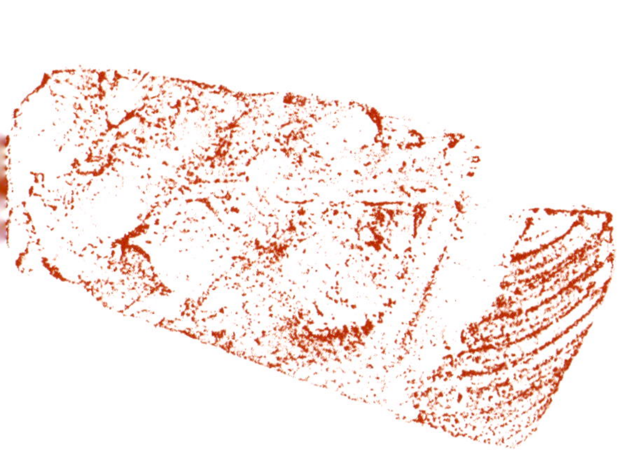

TG27H83③：49

当复原径15.2、边轮宽0.8、缘深0.8、边轮厚2、当厚1.6厘米

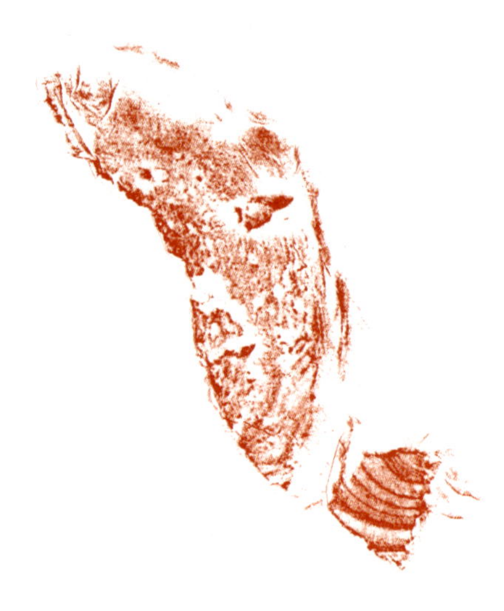

80CY玉保屯七队采集：19

当复原径15.2、当心复原径4、边轮宽1、缘深1、边轮厚2.5、当厚1.3厘米

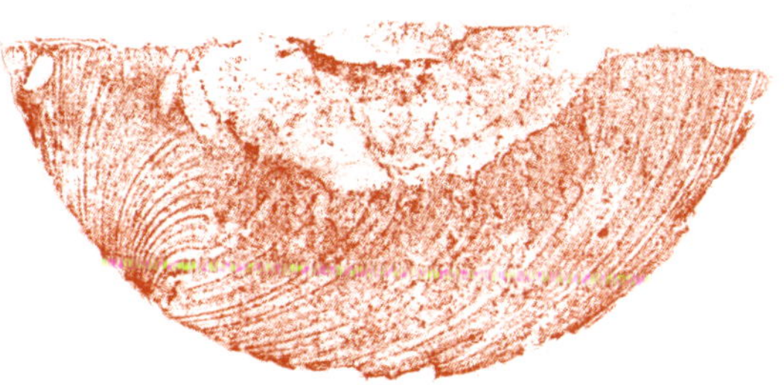

寨子采集：1

边轮1、沿深0.4、边轮厚2.7、当心径4.4厘米

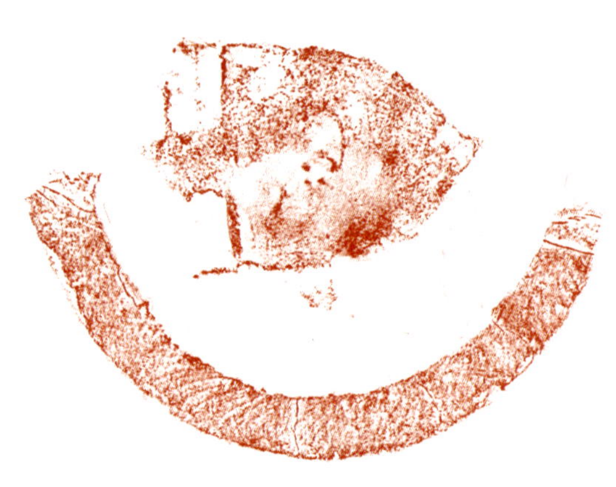

新丰吴中村：4

当残块长13.4、宽9.2、当复原径15.3、当心复原径3.3、缘深0.5、边轮厚1.5、当厚2厘米

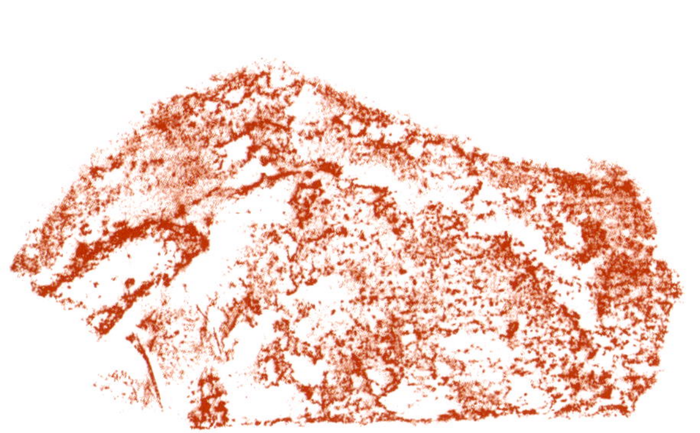

81CY太陵T1：8

当复原径15.2、当心径6.8、边轮宽1.2、缘深0.4、边轮厚2.1、当厚1.8厘米

TG34H96：20

当复原径15、当心径4.6、边轮宽0.9、缘深0.4、边轮厚0.9、当厚1.4厘米

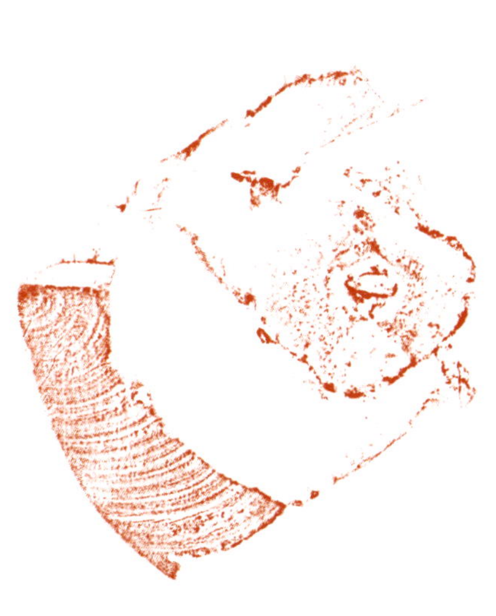

81CY太陵T1：14

当径15.7、当心径5.4、边轮宽1.3、缘深0.7、边轮厚2.4、当厚1.2厘米

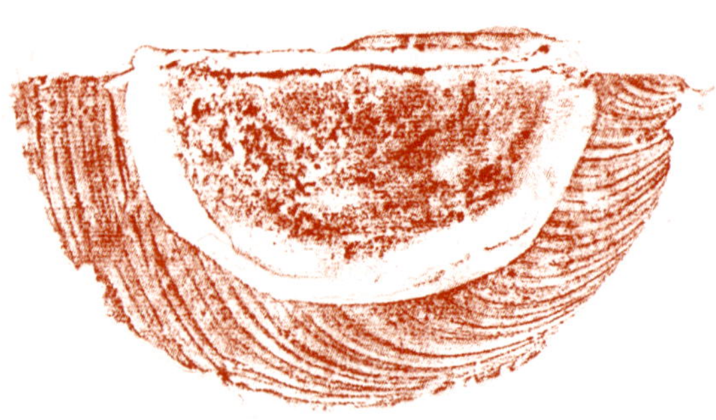

81CY太陵采集：2

当复原径15.6、当心复原径4.3、边轮宽1、缘深0.9、边轮厚2.9、当厚1.3厘米

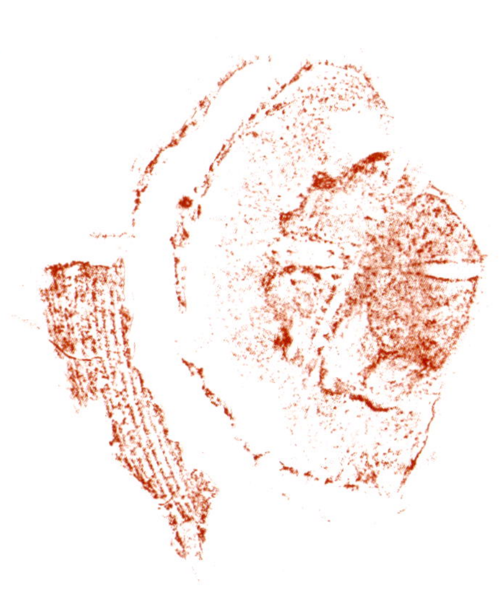

TG34H96：7

当复原径15.3、当心复原径4.6、边轮宽1、缘深0.6、边轮厚2.3、当厚1.4厘米

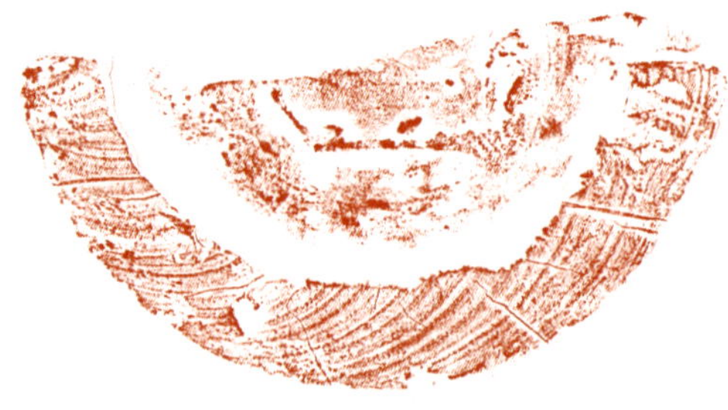

81CY太陵采集：3

当复原径15.5、当心复原径4.1、边轮宽0.8、缘深0.7、边轮厚1.6、当厚1.3厘米

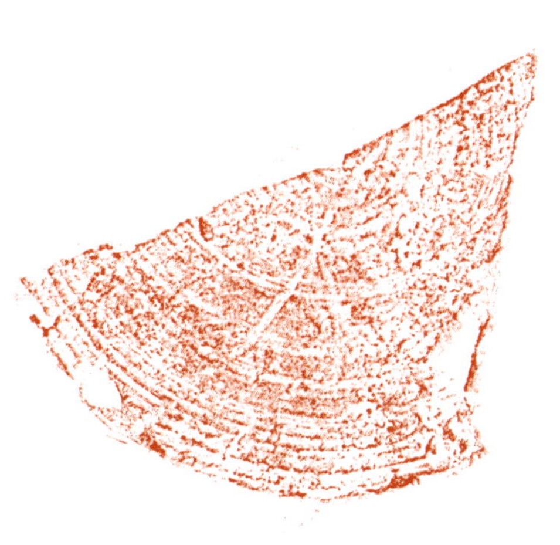

TG27H83③：50

当复原径14.9、当心复原径5.3、边轮宽0.9、缘深0.8、边轮厚3.1、当厚1.2厘米

1964年Ⅲ式瓦当（第8号）

当径15.4、当心径5.4、边轮宽0.9厘米

1964年Ⅲ式瓦当（第11号）

当径11.4、当心径4.8、边轮宽1.2厘米

葵纹瓦当

TG40⑦：101

当残块长13.3、宽7.6、当心复原径6.2、当厚1.4厘米

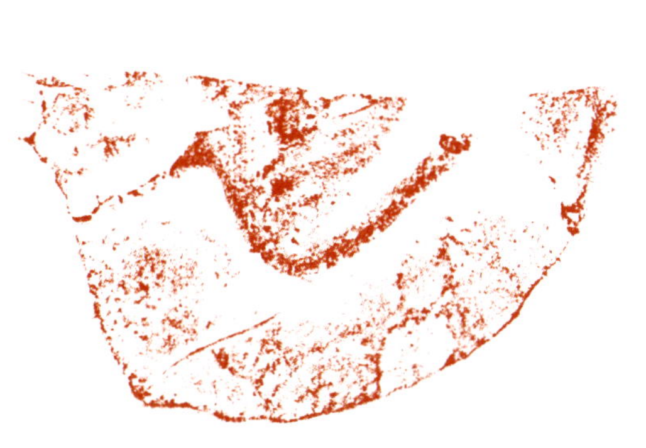

81CY太陵T1：8

当复原径15.2、当心径6.9、边轮宽0.9、缘深0.5、边轮厚2.5、当厚1.9厘米

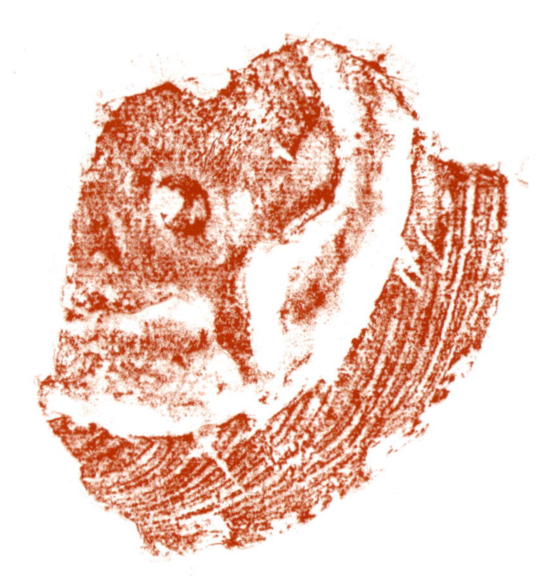

81CY联党大队采集：8

当复原径14.9、当心径6.9、边轮宽0.7、缘深0.5、边轮厚1.7、当厚1.2厘米

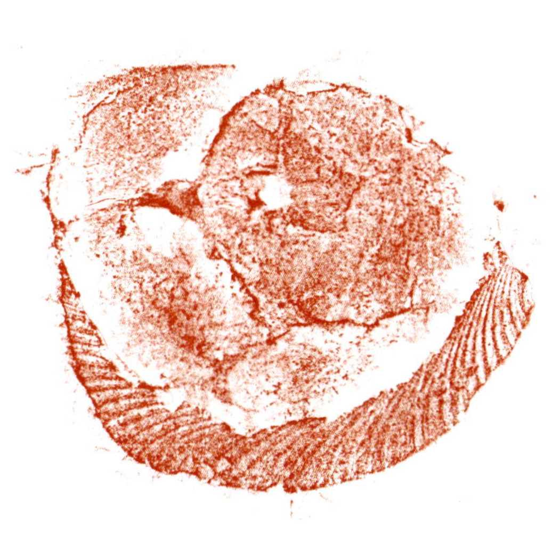

81CY玉保八队九号址采集：39

当径14.9、当心径7.2、边轮宽0.7、缘深0.3、边轮厚1.8、当厚1.2厘米

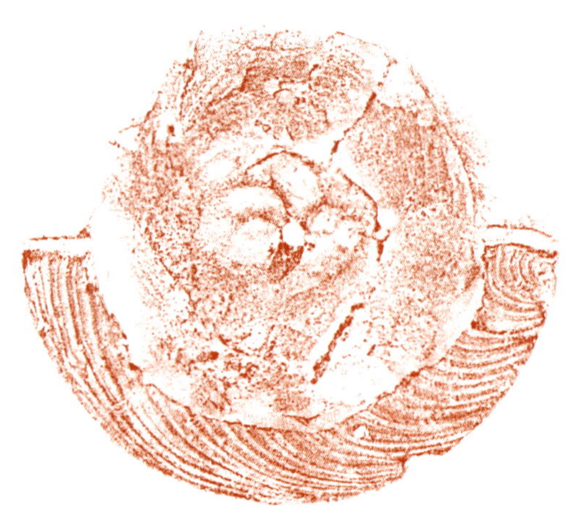

80CY五号址采集：4

当复原径14.9、当心径7.4、边轮宽0.6、缘深0.4、边轮厚1.8、当厚1.7厘米

81CY四号址采集：5

当复原径15、当心复原径6.6、边轮宽0.7、缘深0.5、边轮厚1.6、当厚1.3厘米

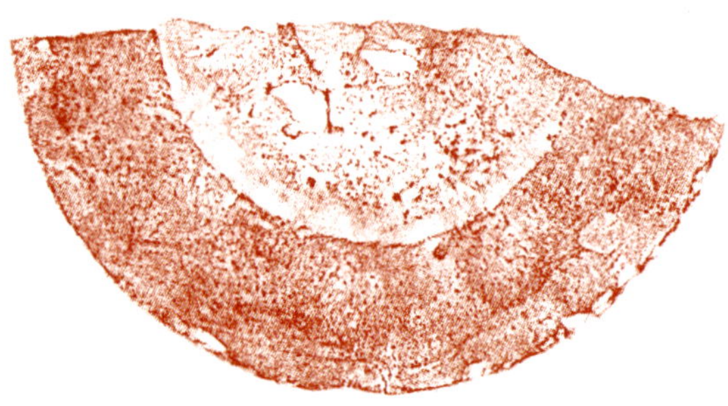

TG41⑦：11

当复原径14.9、当心径6.8、边轮宽0.7、缘深0.4、边轮厚1.4、当厚1.4厘米

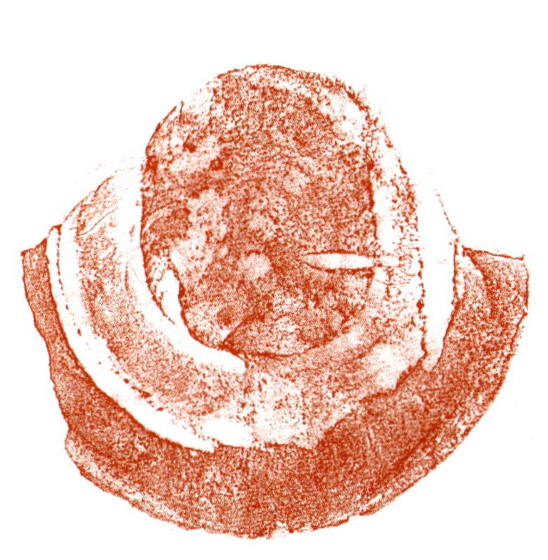

81CY玉保大队采集：38

当径14.7、当心径6.9、边轮宽0.6、缘深0.5、边轮厚2、当厚1.8厘米

筒瓦残长17.5、径14.7、厚2.2厘米

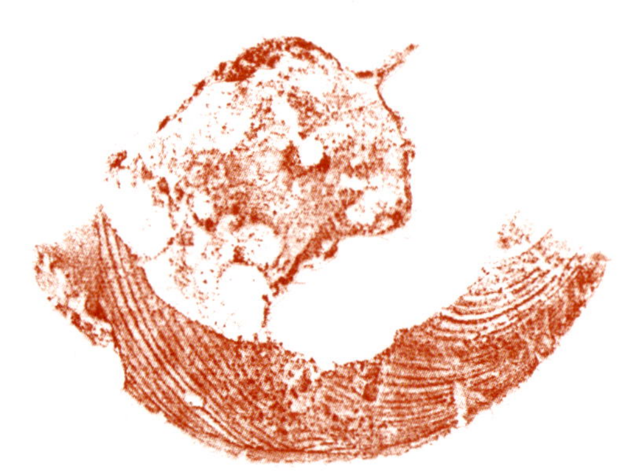

秦汉栎阳城采集：2

当复原径16、当心径7.1、边轮宽0.8、缘深0.7、当厚1.7厘米

81CY九号址采集：2

当复原径15、当心径6.8、边轮宽0.5、缘深0.4、边轮厚1.7、当厚1.7厘米

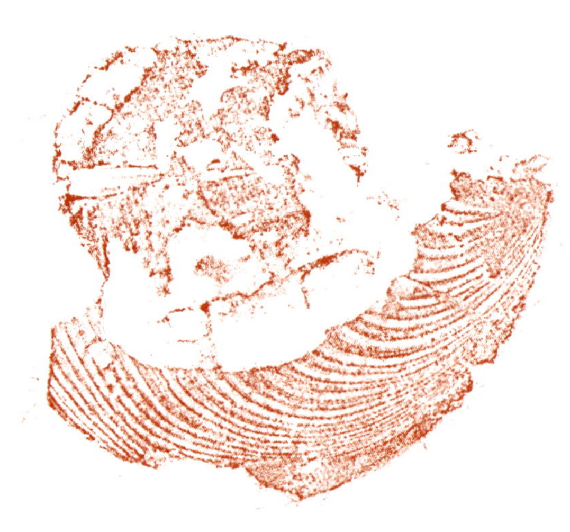

80CY六号址采集：28

当复原径14.8、当心复原径7、边轮宽0.6、缘深0.5、边轮厚2.3、当厚1.5厘米

TG6⑧：16

当复原径14、当心复原径7.4、边轮宽0.7、缘深0.3、边轮厚1.8、当厚1厘米

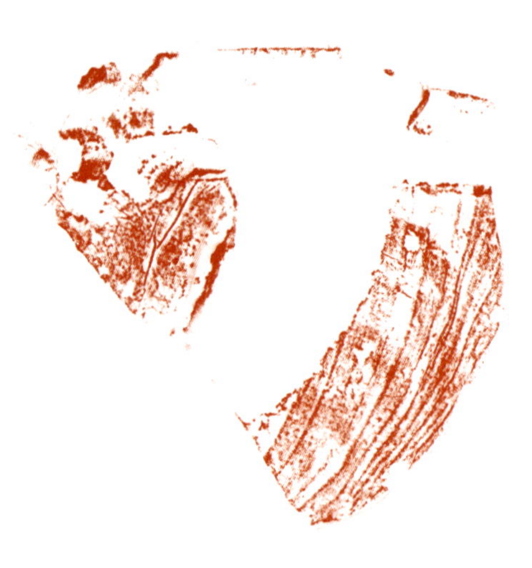

80CY玉保六队采集：18

当复原径14.3、当心复原径6.8、边轮宽0.7、缘深0.6、边轮厚1.6、当厚1.4厘米

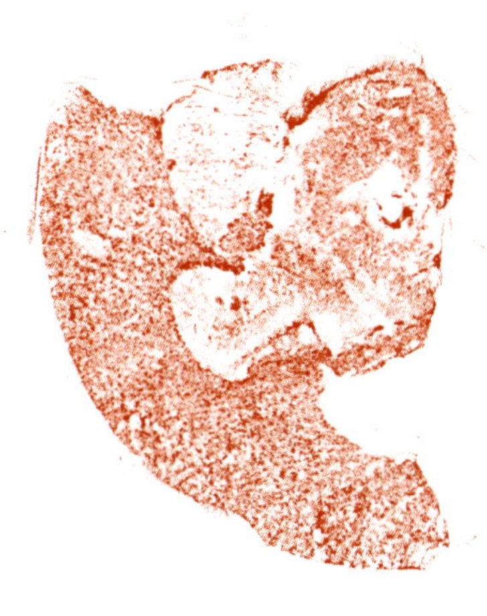

81CY太陵采集：18

当块长8.7、宽5.8、边轮宽0.7、缘深0.4、边轮厚1.7、当厚1.3厘米
当块所连筒瓦残长6.5、残径9.3、厚1.7厘米

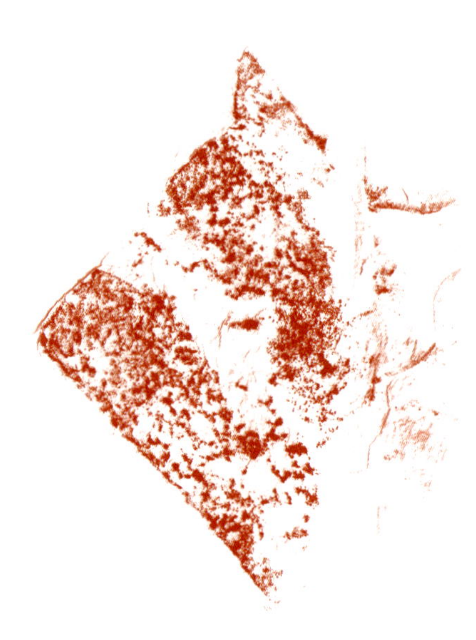

秦汉栎阳城：28

当复原径16、当心复原径5.9、边轮宽0.9、缘深0.4、边轮厚1.7、当厚0.9厘米

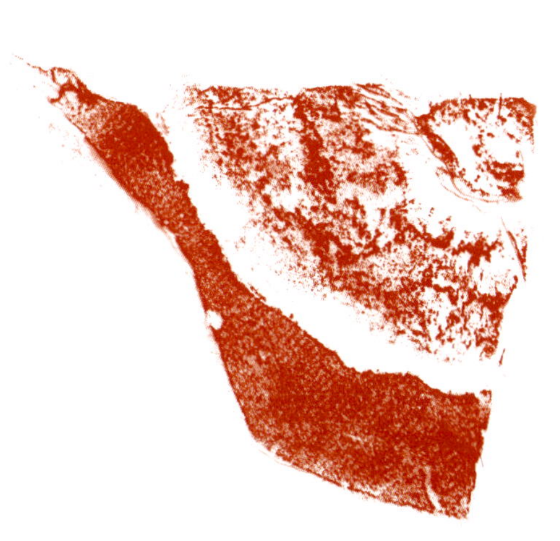

80CY五号址采集：5

当复原径15.7、当心复原径6.7、边轮宽0.7、缘深0.6、当厚1.5厘米
筒瓦残长5.5、残径9.5、厚1.8厘米

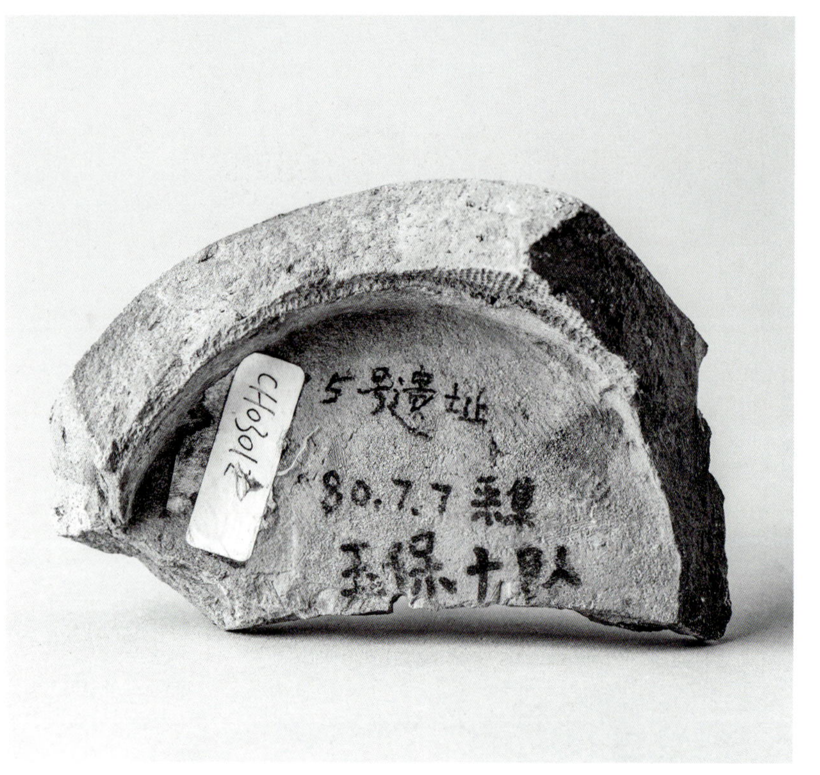

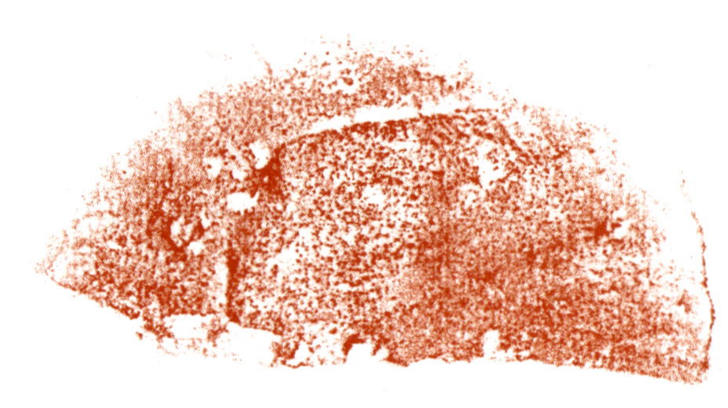

80CY五号址采集：3

当复原径15.2、当心径6.8、边轮宽0.6、缘深0.5、边轮厚1.7、当厚1.4厘米

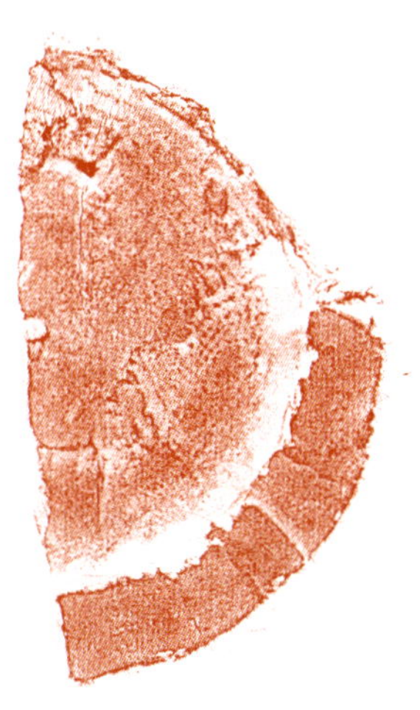

81CY太上皇陵采集：7

当残块长11.2、宽9.8、当心径6.4、当厚1.1厘米

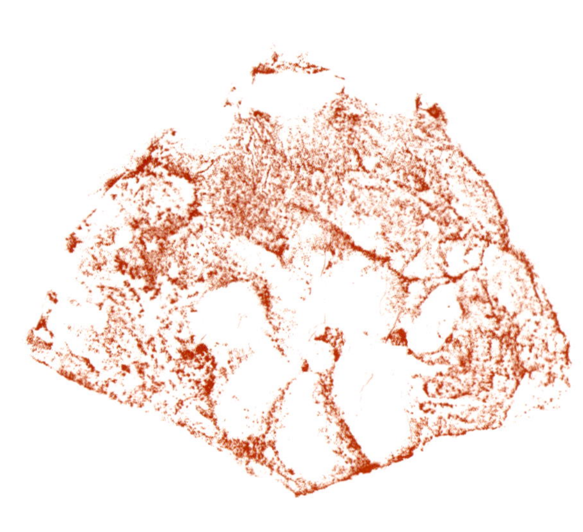

80CY玉保七队采集：22

当复原径15.1、当心径6.8、边轮宽0.7、缘深0.4、边轮厚2.1、当厚1.1厘米
筒瓦残长5、残径8.5、厚1.5厘米

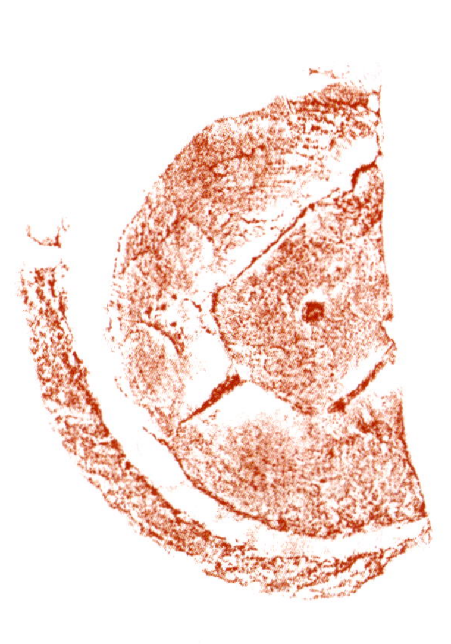

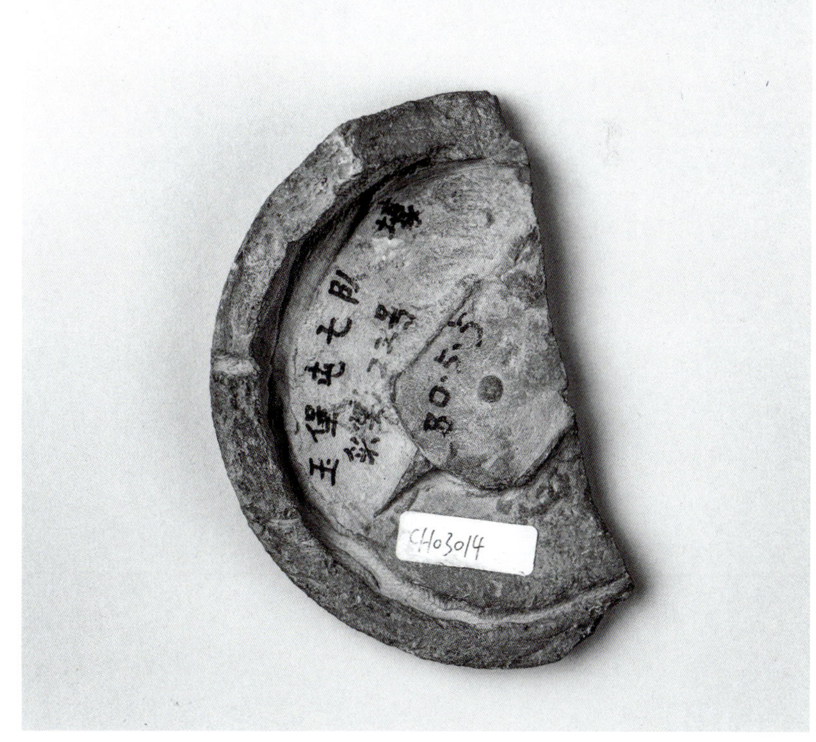

81CY玉保屯采集：21

当复原径15.3、当心径6.5、边轮宽0.6、缘深0.7、边轮厚1.7、当厚1.2厘米

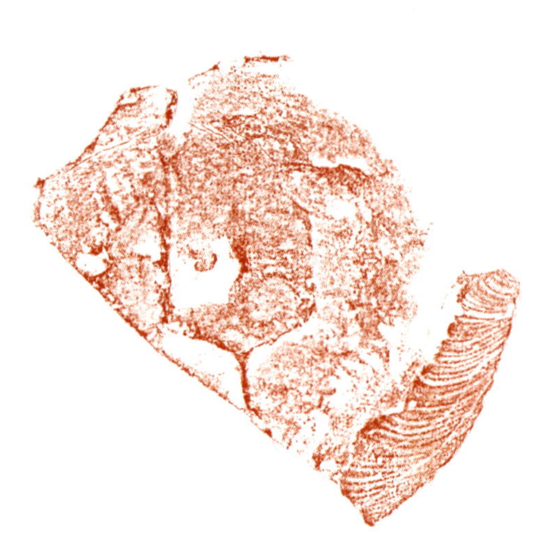

TG11⑤：11

当径15.2、当心径5.9、边轮宽1.2、缘深0.6、边轮厚2、当厚1.8厘米

筒瓦残长16.6、径15.5、厚2.3厘米

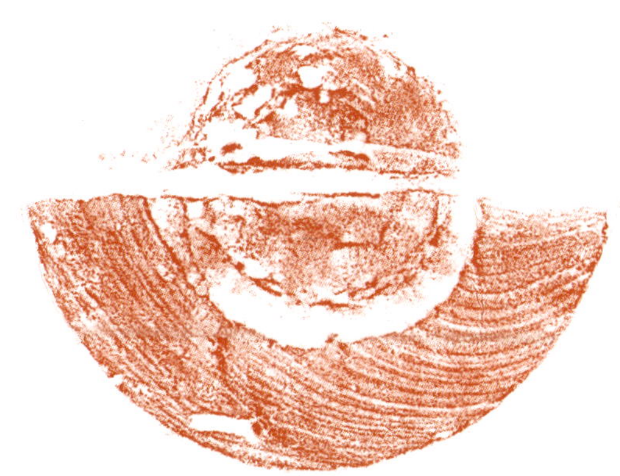

81CY六号址T1H1：1

当径15.3、当心径5.9、边轮宽1.2、缘深0.7、边轮厚1.9、当厚2厘米
筒瓦残长12.5、径15.5、厚2厘米

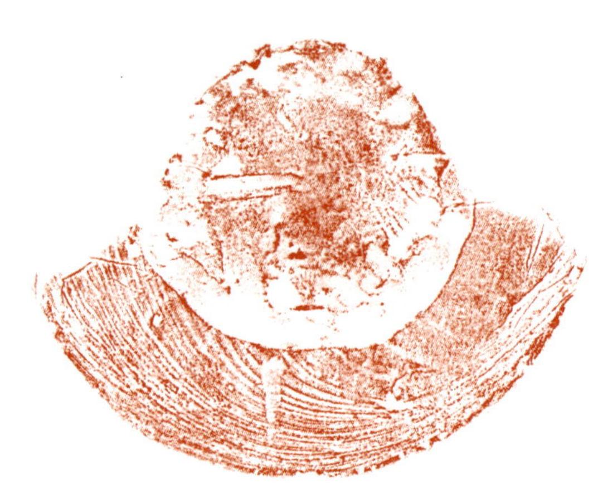

80CY玉保九队采集：31

当复原径14.5、当心径6.6、边轮宽0.8、缘深0.5、边轮厚1.6、当厚1.2厘米

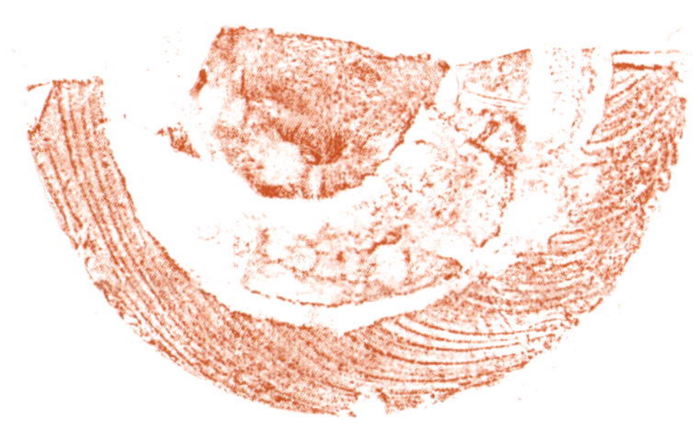

81CY六号址T1H1：21

当径15、当心径6.1、边轮宽1.1、缘深0.6、当厚1.1厘米
筒瓦残长19.5、径16、厚2.1厘米

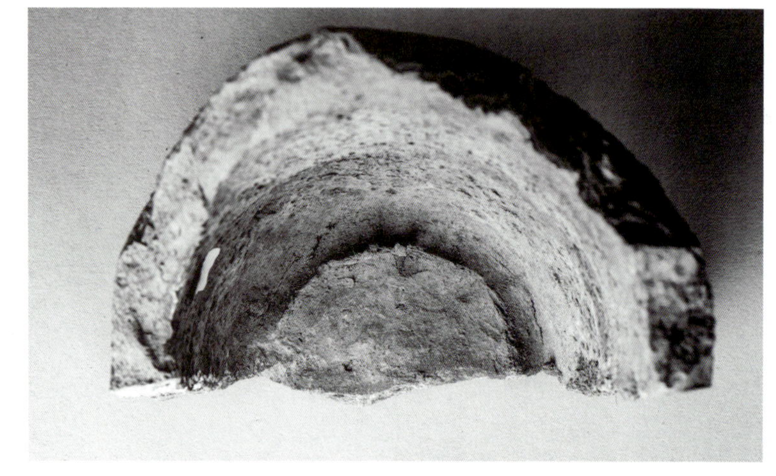

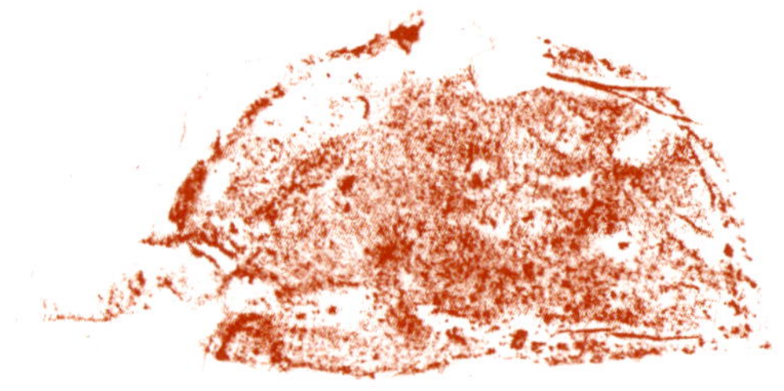

81CY六号址T1H1：25

当复原径14.5、当心径5.9、边轮宽1.1、缘深0.6、当厚1.1厘米
筒瓦残长15.4、径15.1、厚2厘米

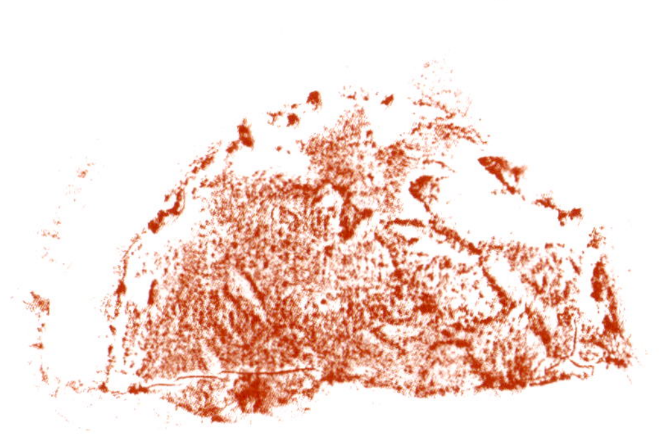

80CY一号址T1T2③：1

当径15.1、当心径5.3、边轮宽1.1、缘深0.5、边轮厚1.7、当厚1厘米

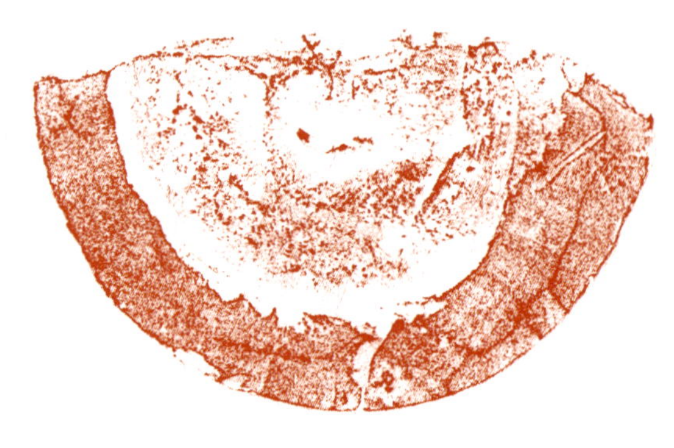

80CY一号址T1T2H2：2

当复原径14.7、当心复原径5.9、边轮宽0.9、缘深0.5、边轮厚1.6、当1厘米

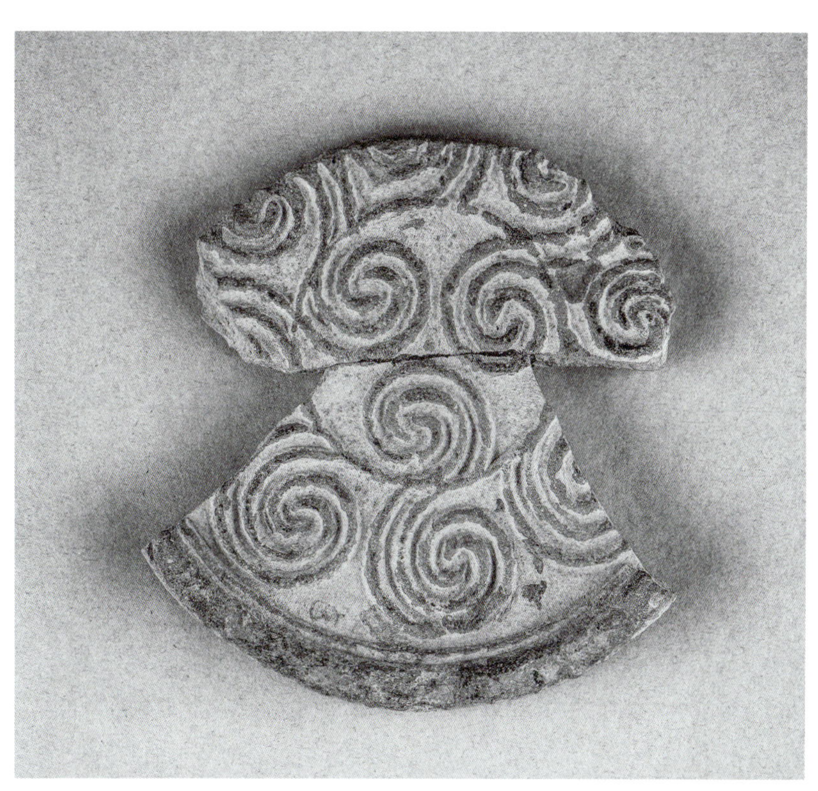

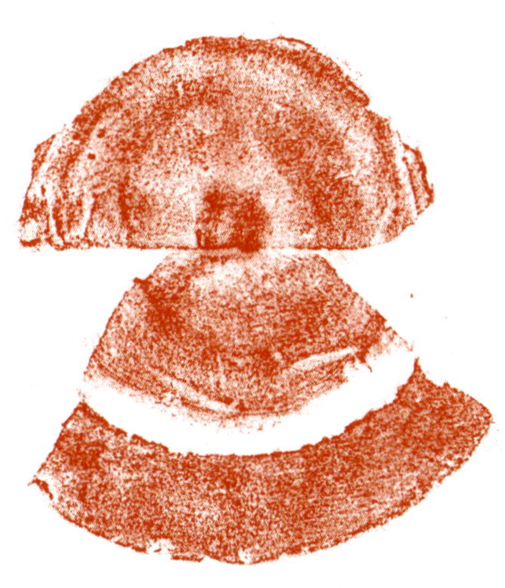

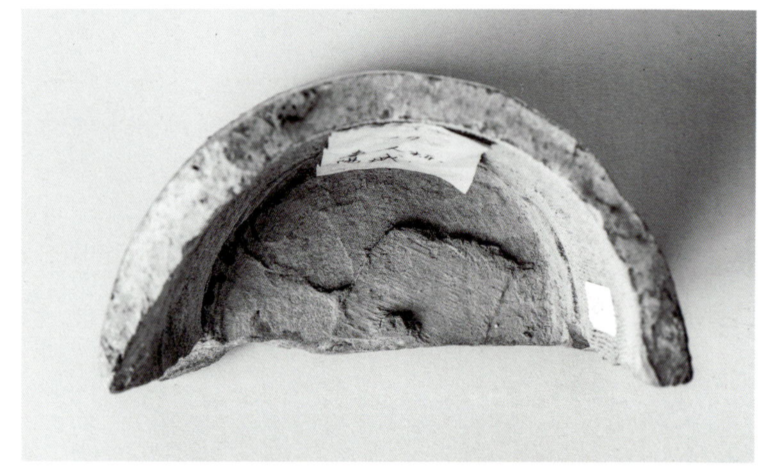

80CY五号址采集：1

当径14.2、当心径5.8、边轮宽0.9、缘深0.9、当厚1.2厘米
筒瓦残长17.4、径15.1、厚1.7厘米

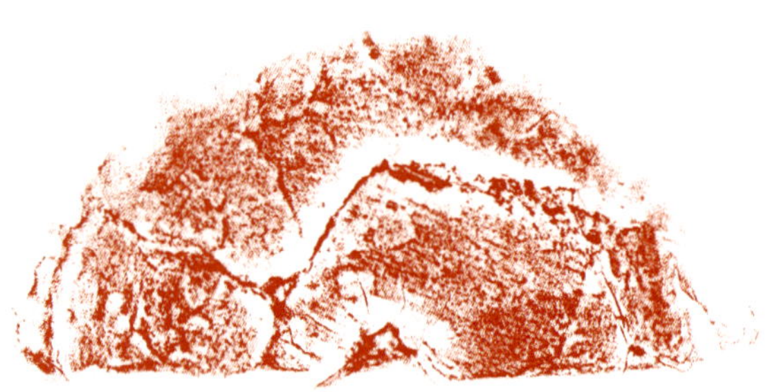

TG34⑦：7

当径14.6、当心径6.4、边轮宽1、缘深0.9、边轮厚2.5、当厚1.9厘米
筒瓦残长5.5、径14.3、厚2.3厘米

81CY六号址：2

当复原径14.6、当心径7.2、边轮宽0.6、缘深0.4、边轮厚1.6、当厚1.3厘米

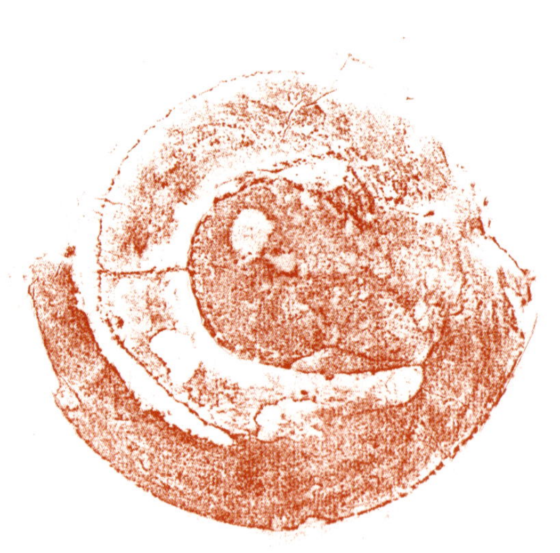

TG43⑥：4

当径14.7、当心径6.9、边轮宽1、缘深0.7、边轮厚2.6、当厚1.4厘米
筒瓦残长5.5、残径7、厚2厘米

81CY六号址T1H1：27

当复原径14.5、当心复原径6.5、边轮宽0.8、缘深0.8、边轮厚3、当厚2.3厘米

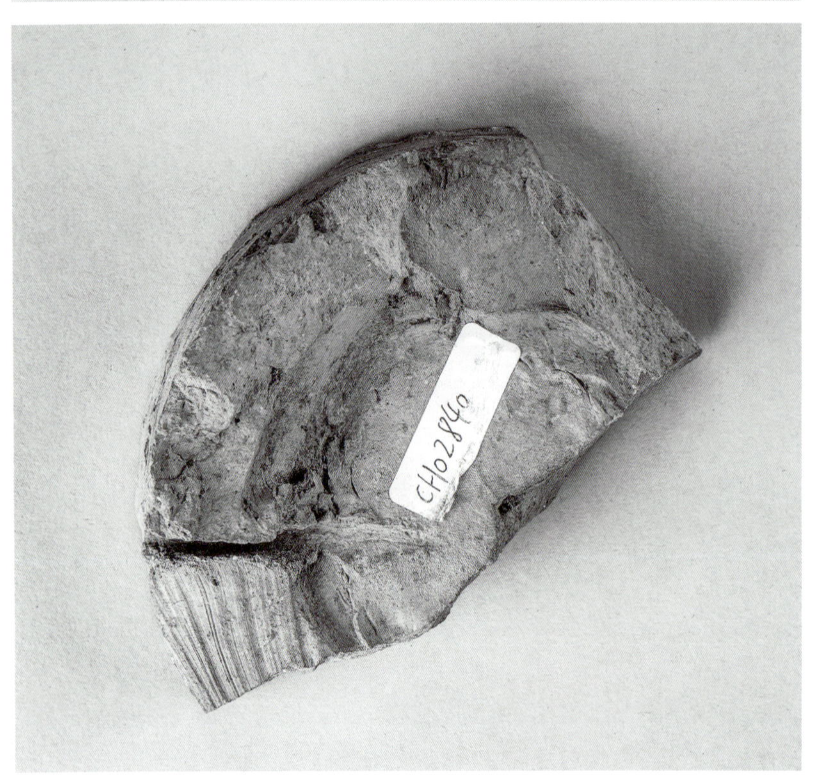

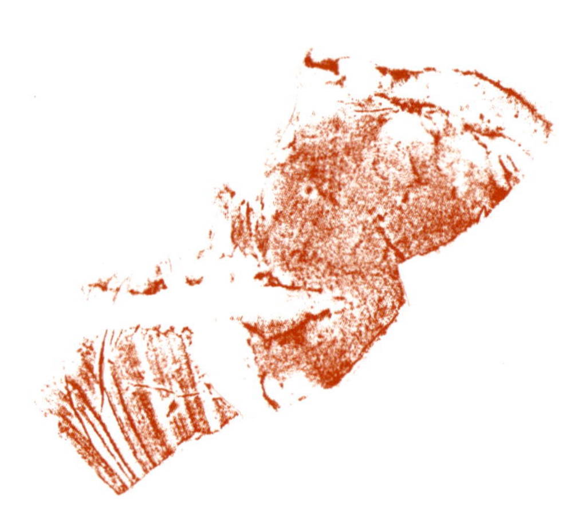

81CY六号址T1H1：4

当残块长11.2、宽11.2、当心径5.9、当厚1.1厘米

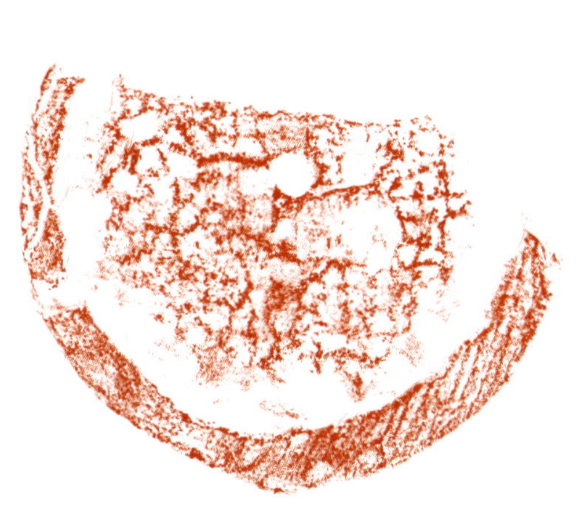

TG44G63①：1

当残径13.5、当心残径6.6、边轮宽0.9、缘深0.5、边轮厚2、当厚1.3厘米

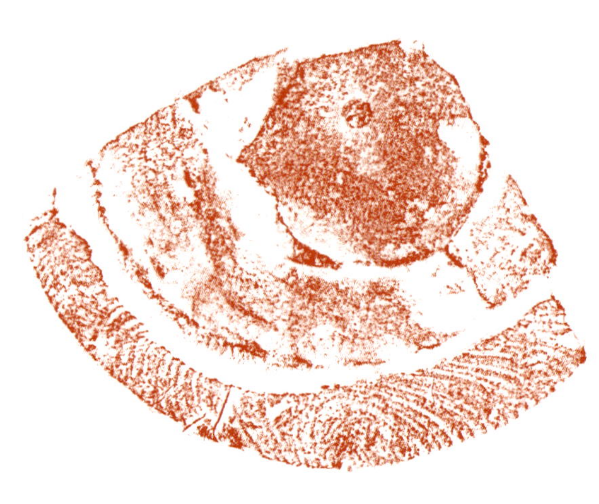

81CY九号址：1

当复原径14.5、当心复原径7.2、边轮宽0.6、缘深0.4、当厚1.2厘米
筒瓦残长13.8、径14.4、厚1.4厘米

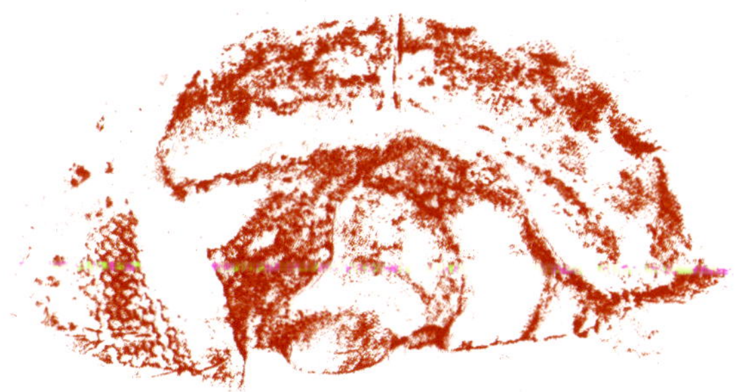

81CY六号址T1H1：22

当复原径13.7、当心复原径6.2、边轮宽0.9、缘深0.8、边轮厚2.5、当厚2.4厘米

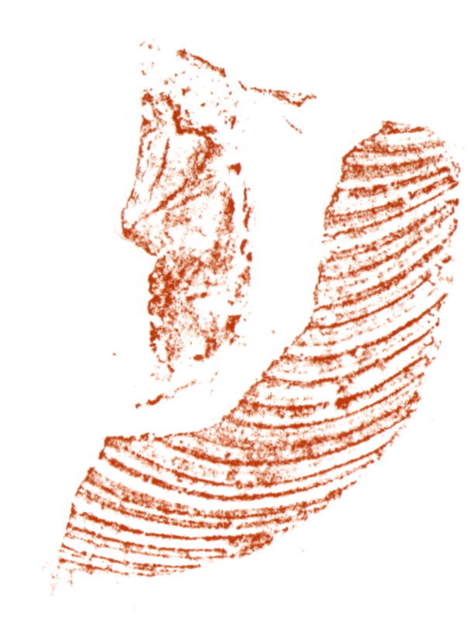

TG41⑦：13

当复原径15.2、当心复原径5.9、边轮宽1.1、缘深0.5、当厚1.5厘米
筒瓦残长10、径15.5、厚2.5厘米

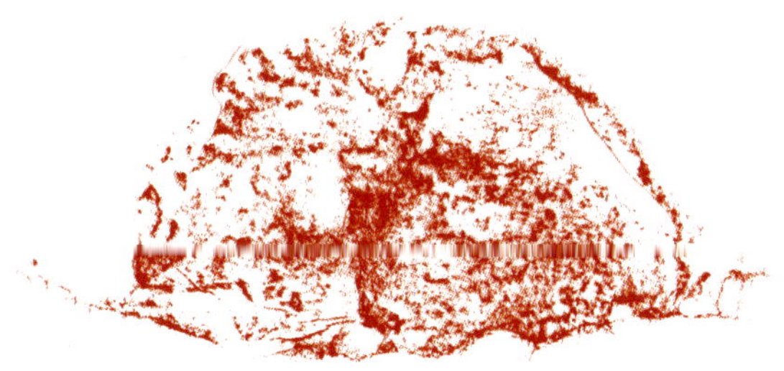

80CY采集：23

当复原径13.9、当心复原径7.1、边轮宽0.6、缘深0.5、当厚1.3厘米

筒瓦残长12.3、径14.3、厚1.4厘米

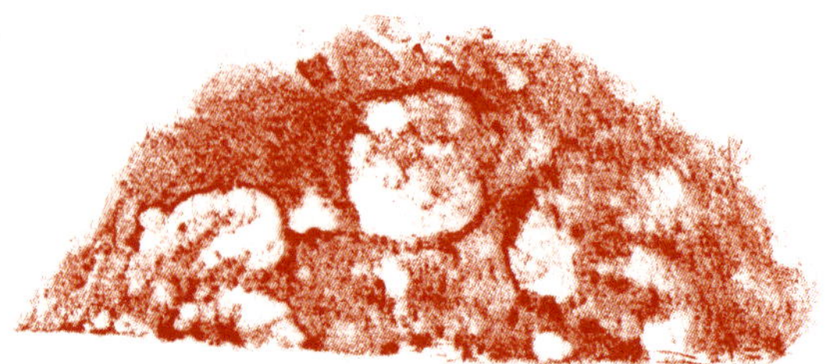

TG6J1：7

当复原径14.5、当心复原径6.3、边轮宽0.8、缘深0.4、当厚1.1厘米

新丰李家村：1

当残块长7.6、宽6.7、当心复原径7.9、当厚1.6厘米

TG6J1：2

当复原径15.4、当心复原径6.9、边轮宽0.9、缘深0.6、边轮厚1.8、当厚1.1厘米

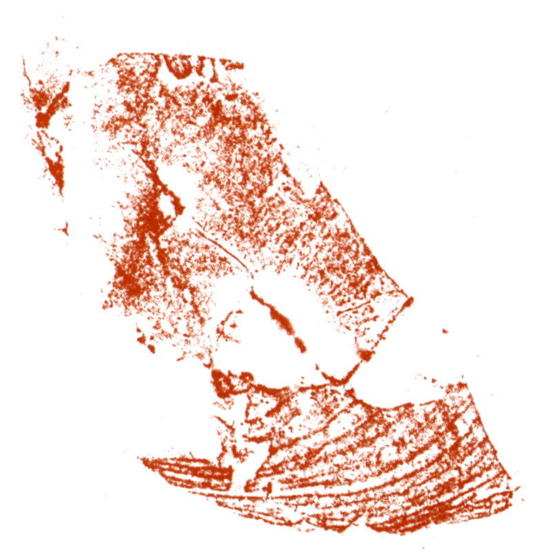

TG51L25：10

当复原径13.8、边轮宽0.6、缘深0.3、边轮厚1.6、当厚1厘米

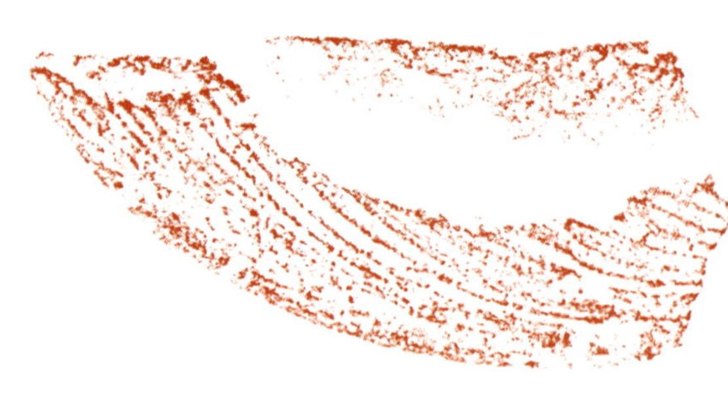

80CY南门址T4⑤：4

当复原径14.7、边轮宽1、缘深0.6、当厚1.6厘米
筒瓦残长7、残径15.2、厚1.7厘米

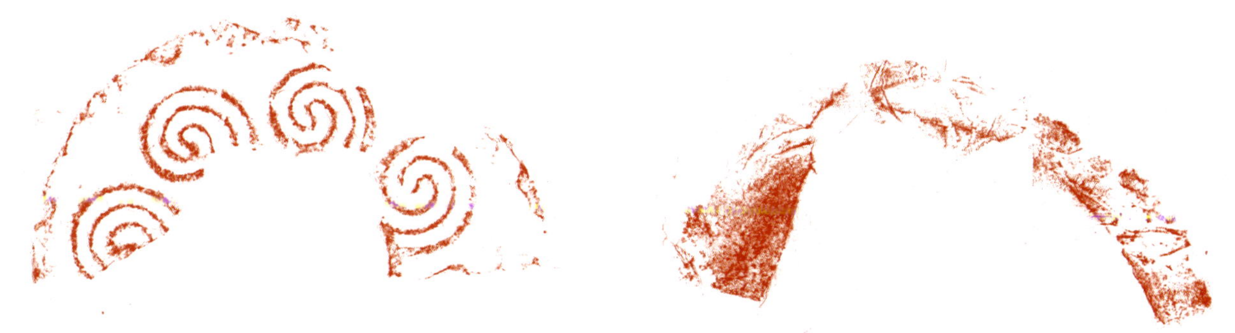

TG49H186：15

当复原径13.4、当心径6.5、边轮宽0.9、缘深0.4、边轮厚0.7、当厚1厘米
筒瓦残长8、残径14.5、厚1.8厘米

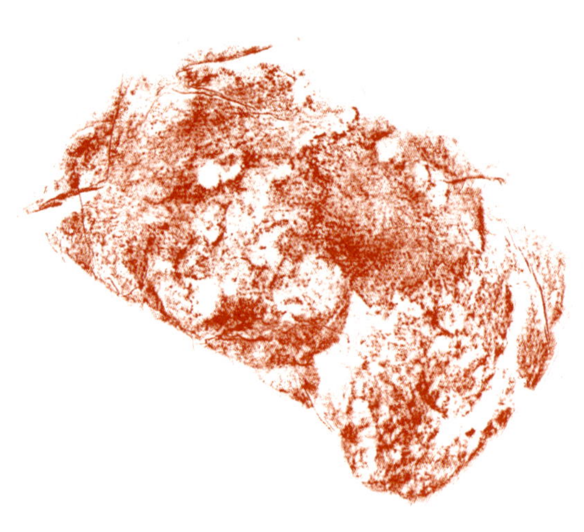

TG40H196：1

当径12.9、当心径6.9、边轮宽0.9、缘深0.6、边轮厚3、当厚2.5厘米
筒瓦残长14、径14.1、厚1.5厘米

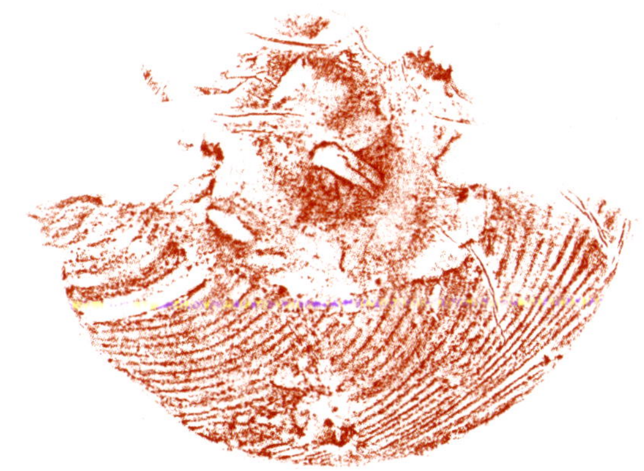

TG48夯土④：1

当复原径13.7、当心复原径6.7、边轮宽0.9、缘深0.3、边轮厚2.2、当厚0.9厘米

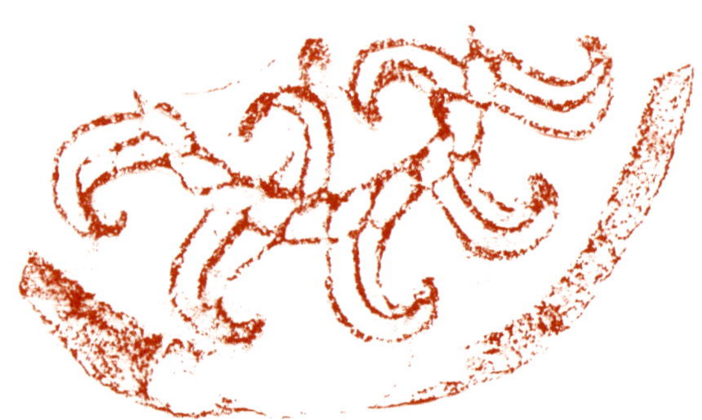

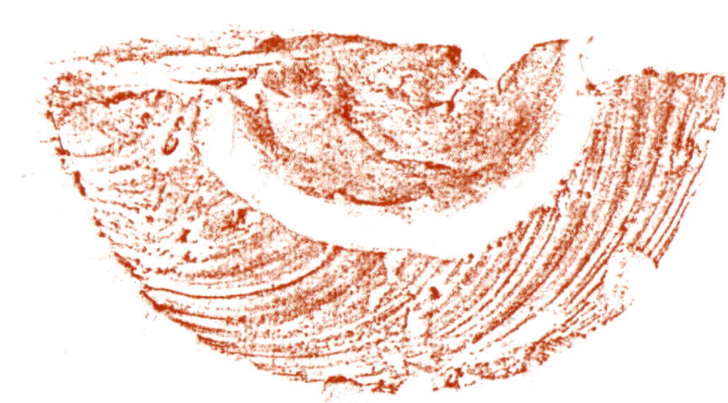

TG27H83④：14

当复原径12.8、当心复原径6.5、边轮宽0.8、缘深0.6、边轮厚2、当厚1.4厘米

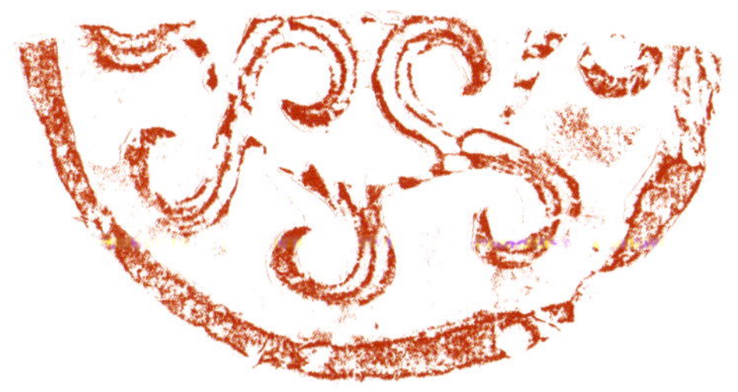

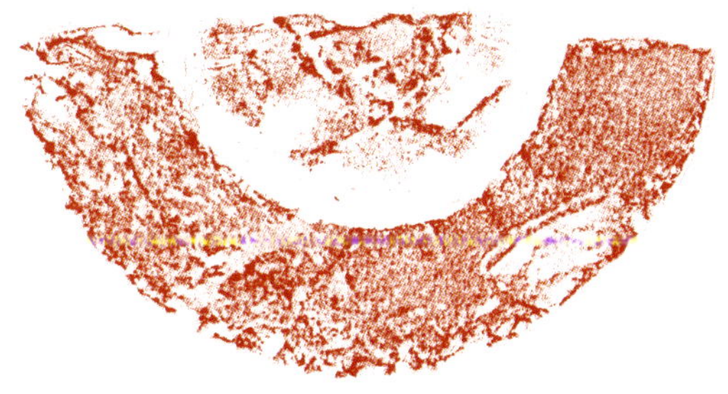

TG27H87：27

瓦当残块长8.9、宽7.6、当心复原径6.4、当厚1厘米

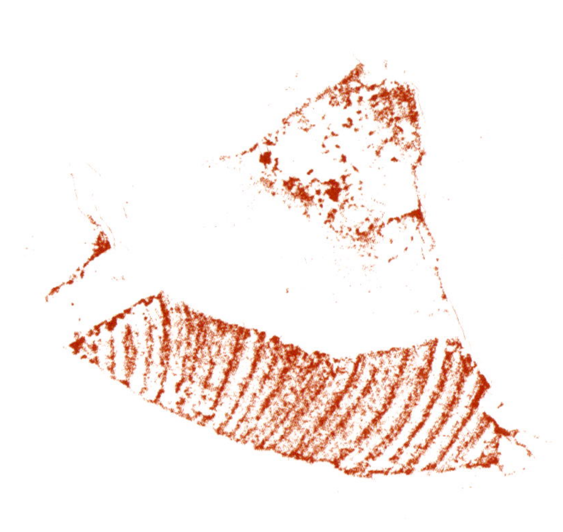

TG48夯土⑦：1

当复原径14.9、当心径6.8、边轮宽1.4、缘深0.6、边轮厚2.1、当厚0.9厘米
筒瓦残长6.8、径15.4、厚1.7厘米

TG40⑦：57

当径16.8、当心径9.6、边轮宽1、缘深0.4、边轮厚2.8、当厚1.1厘米
筒瓦残长8.1、残径12.3、厚1.9厘米

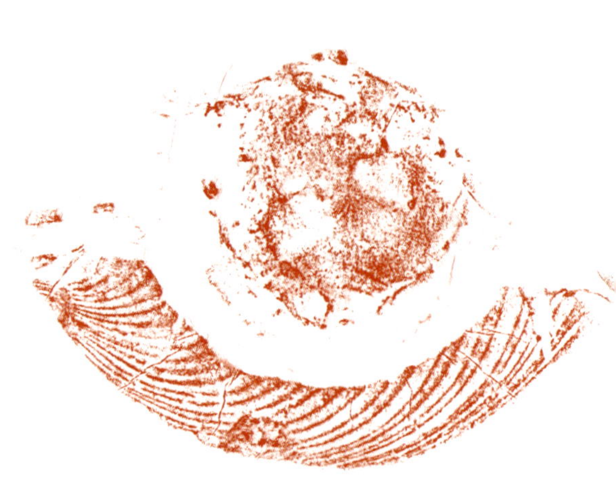

TG11H51④：1

当径13.8、当心径6.9、边轮宽1.1、缘深0.7、边轮厚2.4、当厚1.4厘米
筒瓦残长15、径15.2、厚2.2厘米

TG11H51④：5

当复原径13.5、当心复原径6.9、边轮宽1.3、缘深0.4、边轮厚2.4、当厚0.8厘米
筒瓦残长10、残径11、厚2.4厘米

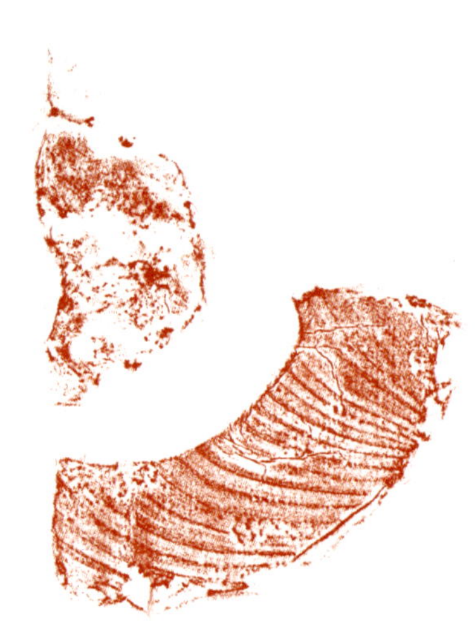

TG27H87：26

当复原径13、当心复原径6.3、边轮宽0.8、缘深0.5、边轮厚2.4、当厚1.7厘米

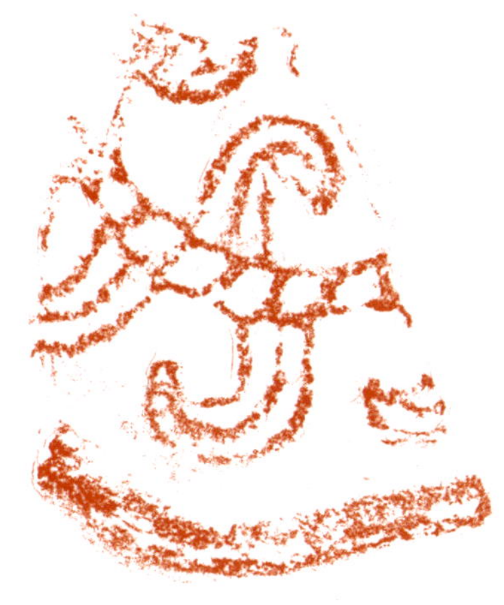

TG40四号台基南扩方⑦：79

当复原径15.6、当心复原径8.7、边轮宽1.2、缘深0.5、边轮厚1.7、当厚1.2厘米

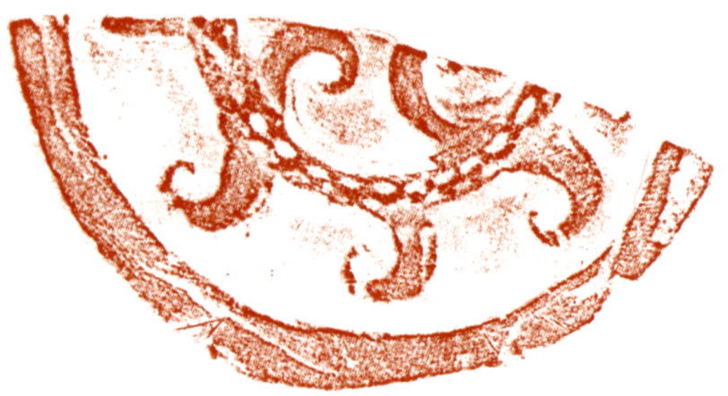

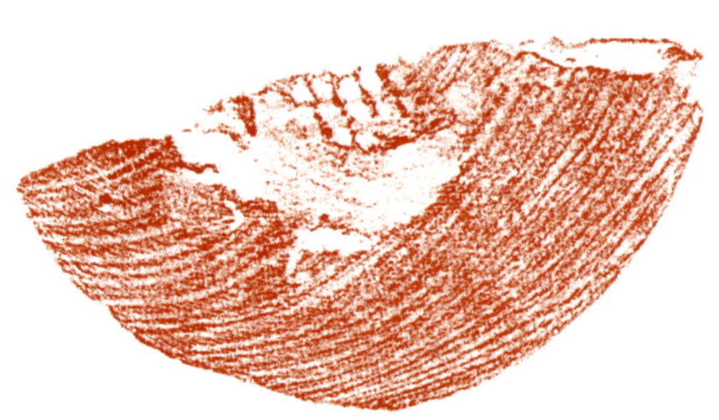

TG40⑤：11

当径13.2、当心径8.4、边轮宽1.2、缘深0.3、边轮厚1.6、当厚0.9厘米

筒瓦残长13、径13.8、厚1.5厘米

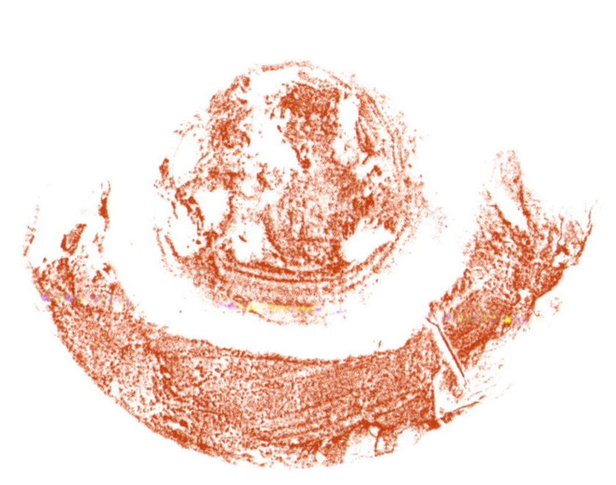

TG36②：2

当复原径12.9、当心复原径8.3、边轮宽0.9、缘深0.2、边轮厚1.6、当厚1.3厘米

TG41H168：34

当复原径13.1、当心复原径8.4、边轮宽1.3、缘深0.2、边轮厚1.9、当厚0.7厘米

TG40四号台基F2：65

当径14.4、当心径7.6、边轮宽1.2、缘深0.3、边轮厚2.2、当厚1.3厘米
筒瓦残长8、残径12.2、厚2厘米

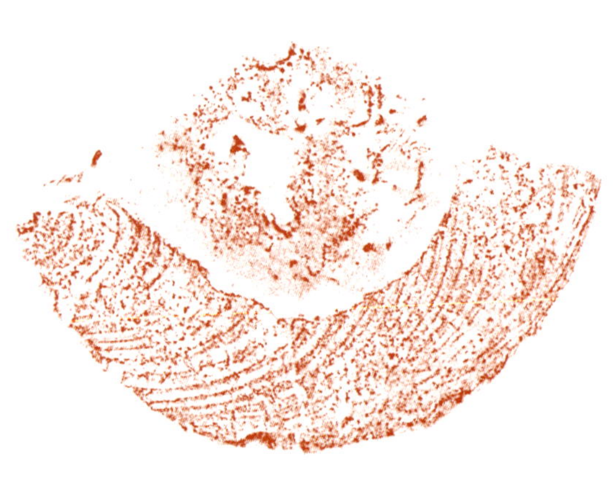

TG27H83③：5

当径13、当心径7.1、边轮宽0.9、缘深0.3、边轮厚1.3、当厚1厘米

TG11⑤：20

当复原径12.9、当心复原径7.4、边轮宽0.9、缘深0.6、当厚1.2厘米
筒瓦残长8、残径13、厚1.9厘米

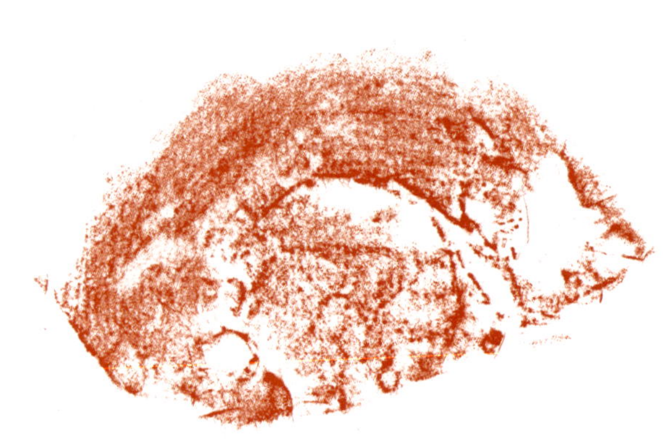

TG41⑥：35

当复原径13、边轮宽0.9、缘深0.3、边轮厚1.5、当厚0.8厘米

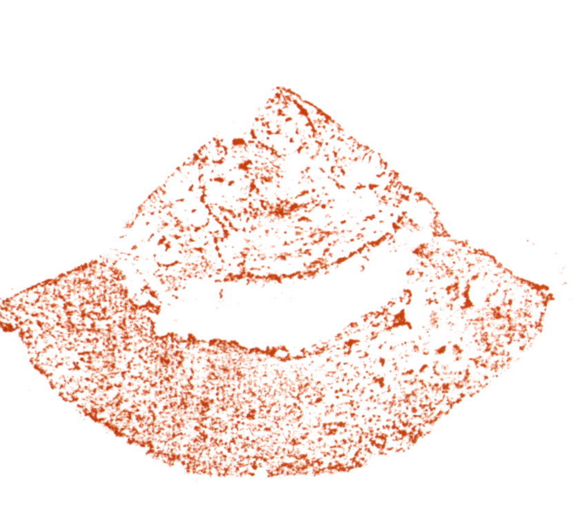

TG37A⑪：9

当块长8.3、宽4.6、当心复原径7.4、当厚1.3厘米

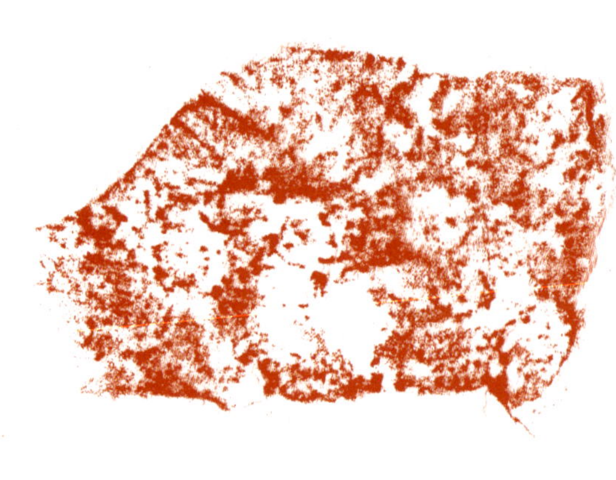

TG41H168：3

当复原径13、当心复原径8.6、边轮宽1、缘深0.5、当厚1.2厘米
筒瓦残长13.2、径12.6、厚1.5厘米

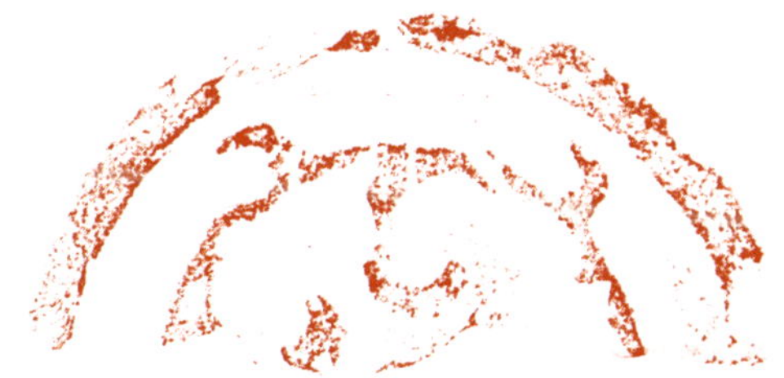

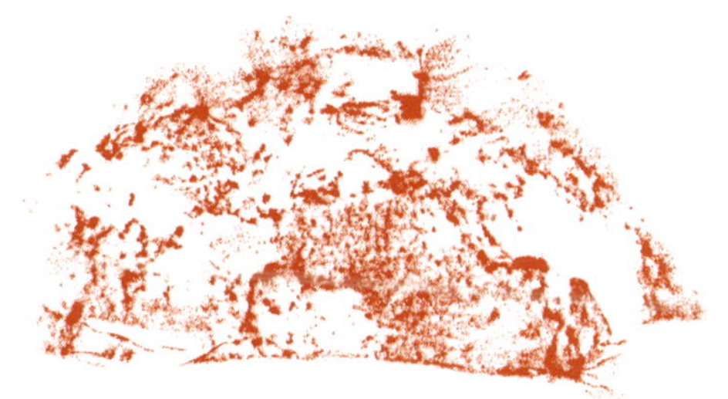

TG41J6：6

当复原径13.1、当心复原径8.4、边轮宽0.9、缘深0.3、当厚0.6厘米
筒瓦残长12.3、残径11.3、厚1.5厘米

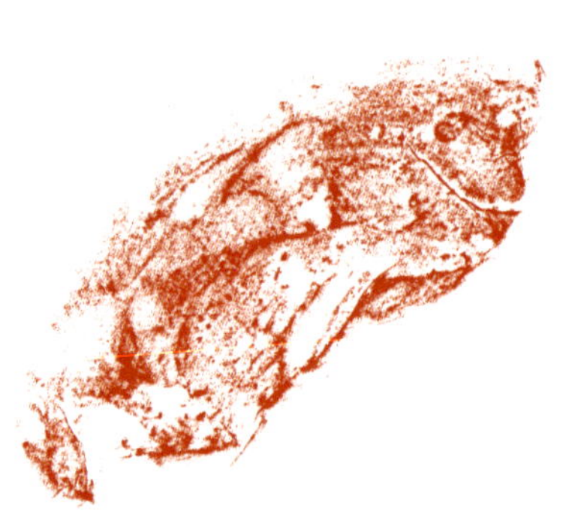

80CY三号址T1：1

当复原径14.7、当心复原径6.9、边轮宽0.6、缘深0.3、边轮厚1.7、当厚2厘米

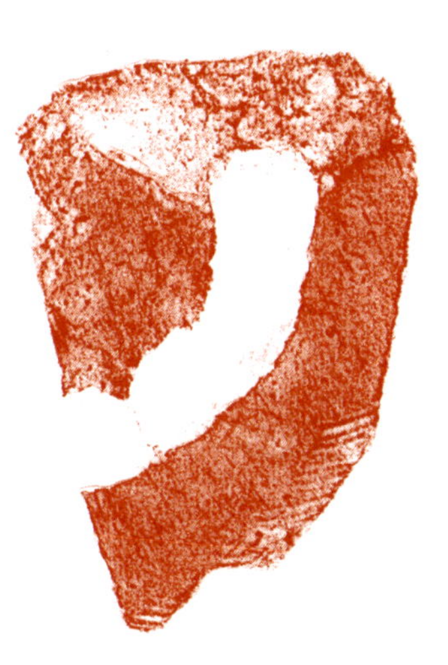

TG11H51④：2

当复原径13.6、当心复原径6.4、边轮宽0.8、缘深0.6、边轮厚3.6、当厚1.6厘米
筒瓦残长9、残径10、厚2厘米

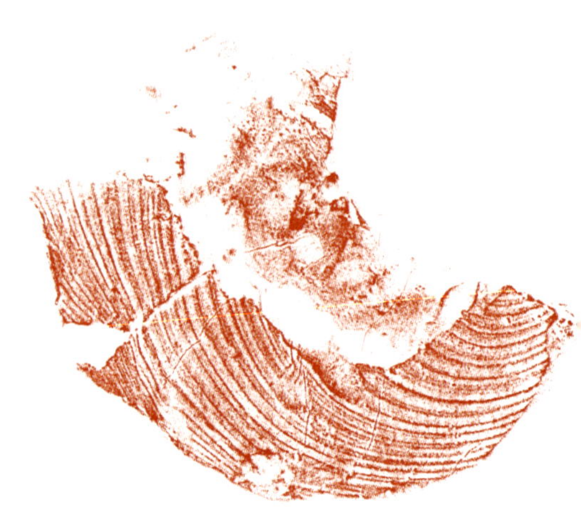

TG40H205①：1

当径14.8、当心径6.8、边轮宽1.1、缘深0.3、边轮厚2.5、当厚1.7厘米
筒瓦残长7.3、径13.9、厚2厘米

81CY六号址：4

当径13.5、当心径4.4、边轮宽0.5、缘深0.4、边轮厚1.5、当厚1厘米

筒瓦残长5.3、残径13、厚1.4厘米

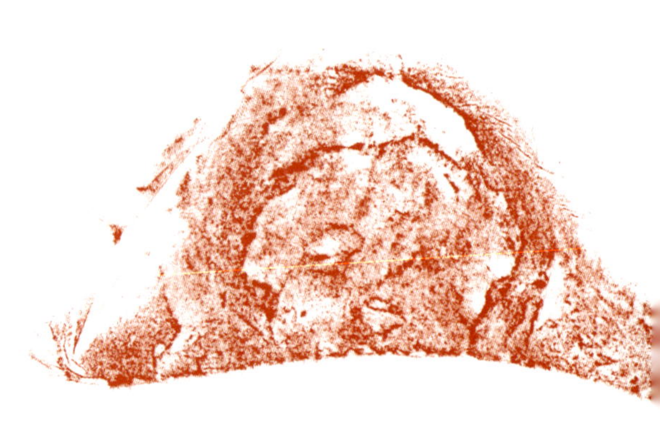

80CY五号址采集：7

当复原径14.7、当心复原径4.3、边轮宽0.8、缘深0.4、边轮厚1.4、当厚1.4厘米

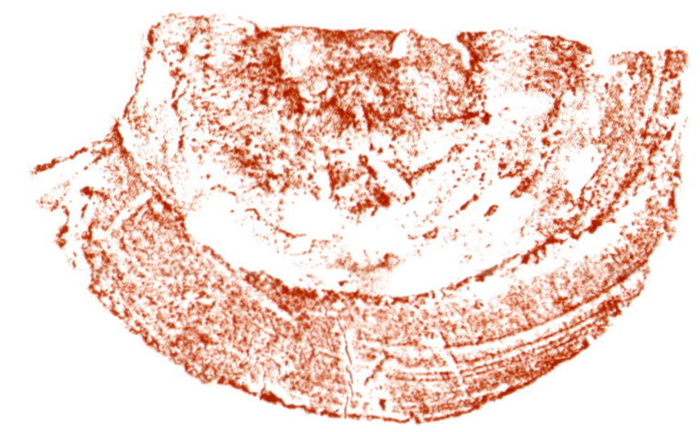

TG11⑤：4

当径14.7、当心径5.4、边轮宽0.8、缘深0.4、边轮厚1.6、当厚1.5厘米

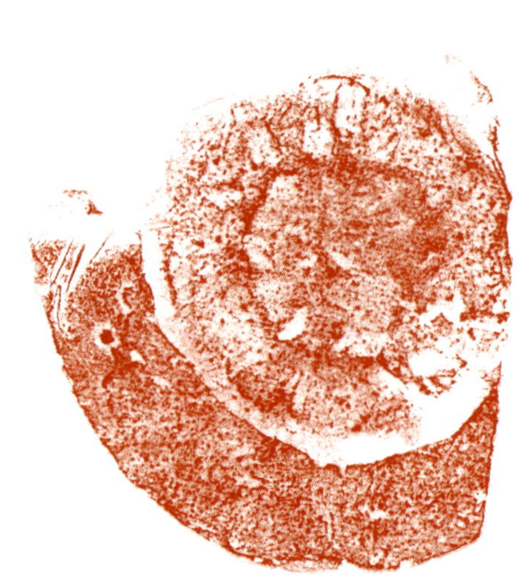

TG41J6：15

当复原径13.4、当心复原径6.6、边轮宽0.6、缘深0.4、边轮厚1.9、当厚1.5厘米

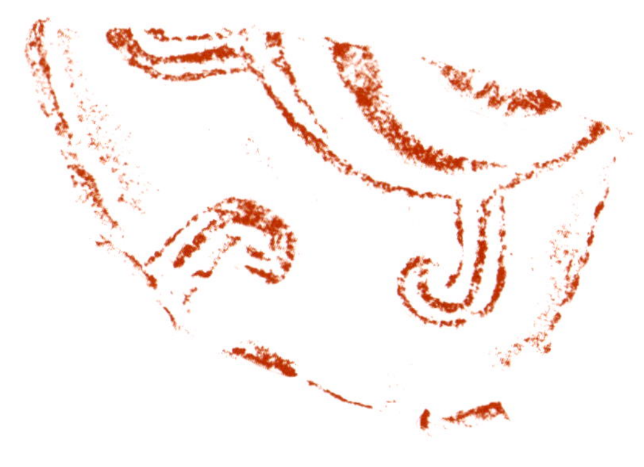

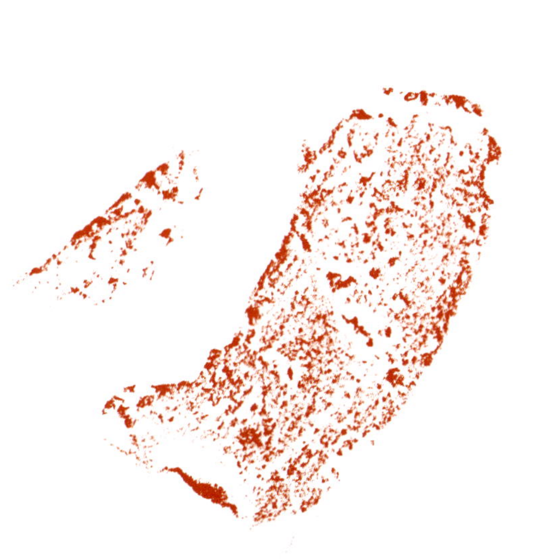

TG40H205①：2

当复原径15.4、当心复原径4.9、边轮宽0.8、缘深1、边轮厚2.4、当厚1.6厘米

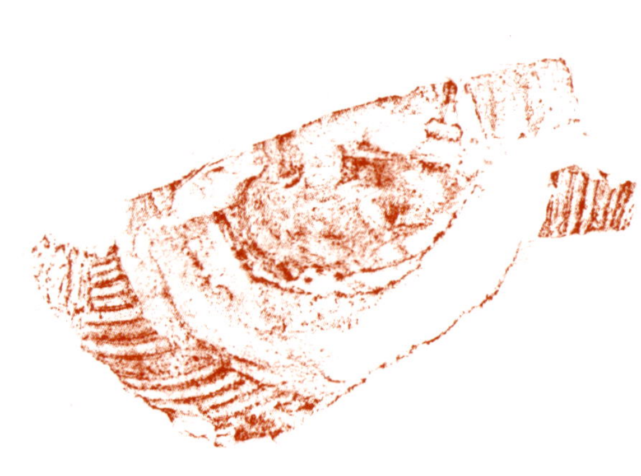

81CY玉保菜地北采集：46

当复原径15.6、当心复原径5.5、边轮宽1.2、缘深0.6、边轮厚2.3、当厚1.7厘米

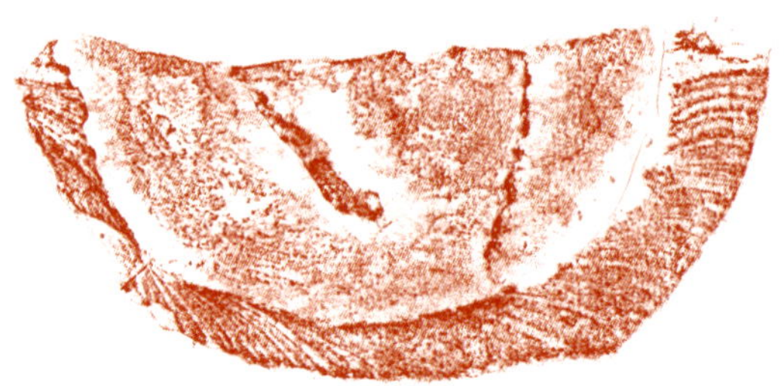

TG40四号台基F4：78

当复原径14.8、当心复原径7.6、边轮宽0.7、缘深0.2、当厚1.5厘米
筒瓦残长5.5、残径14、厚2.5厘米

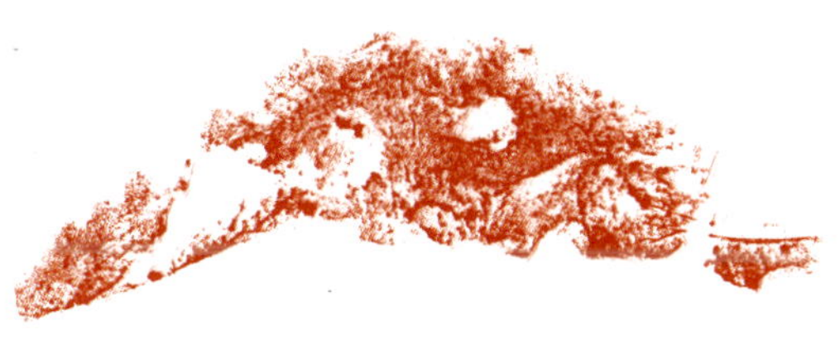

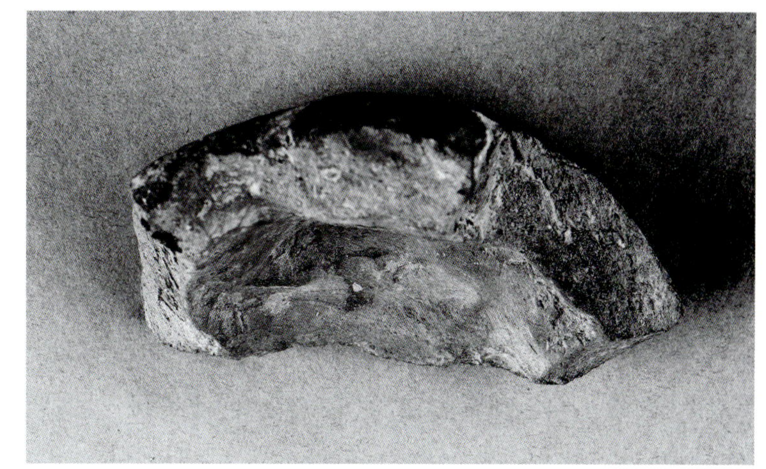

TG27H87：25

当复原径11.7、边轮宽0.9、缘深0.4、当厚1厘米
筒瓦残长8、残径7.5、厚1.8厘米

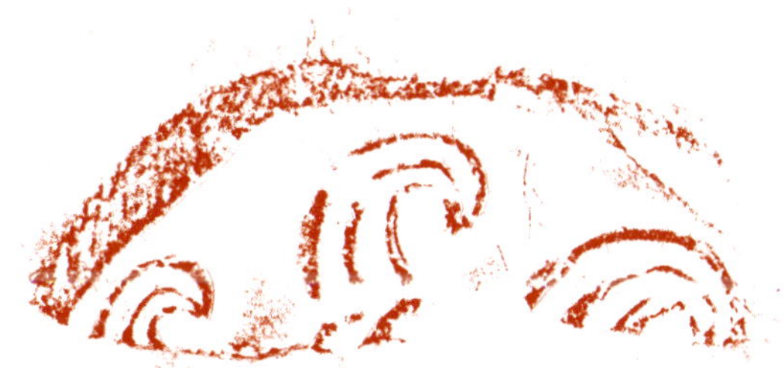

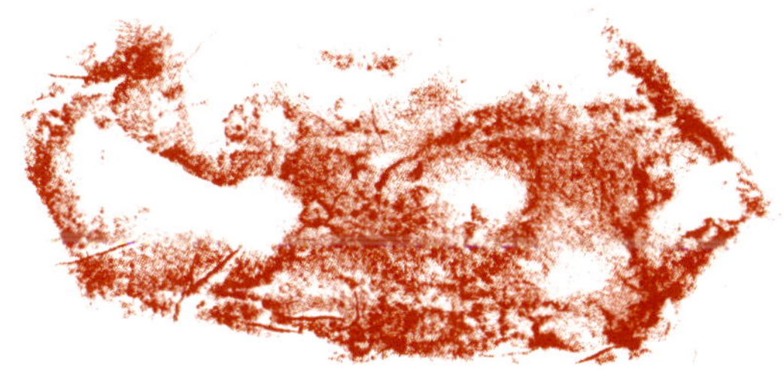

TG40四号台基南扩方⑦：77

当复原径15.2、当心复原径8.5、边轮宽1、缘深0.4、边轮厚1.6、当厚1厘米

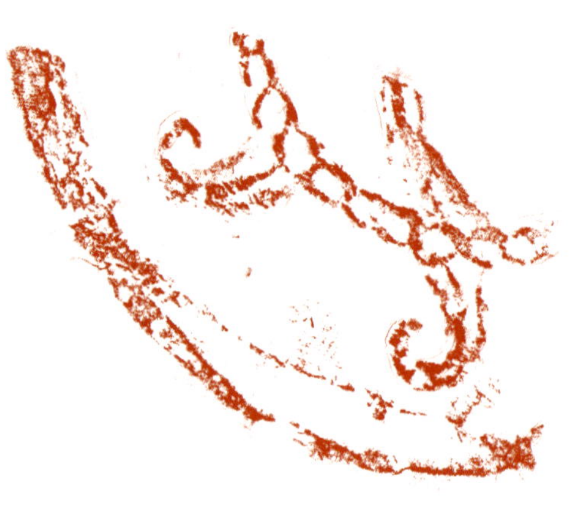

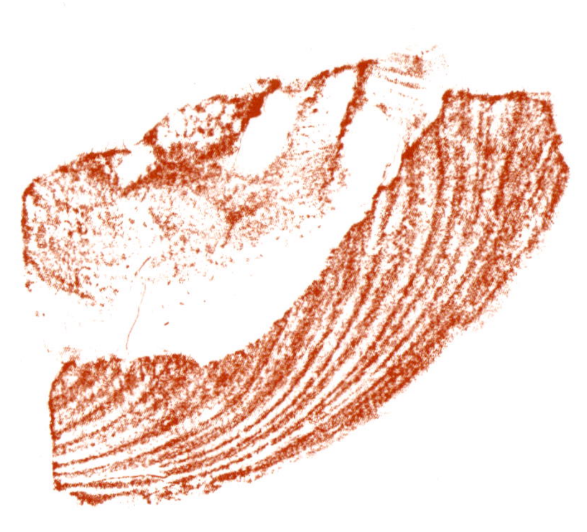

TG40M56墓道：27

当复原径13.3、边轮宽0.7、缘深0.5、当厚1厘米

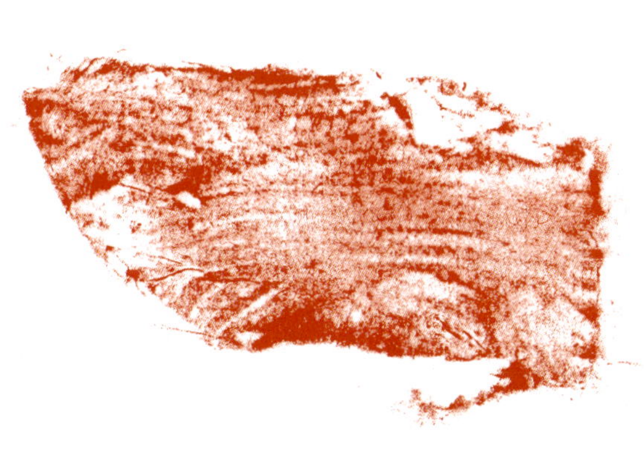

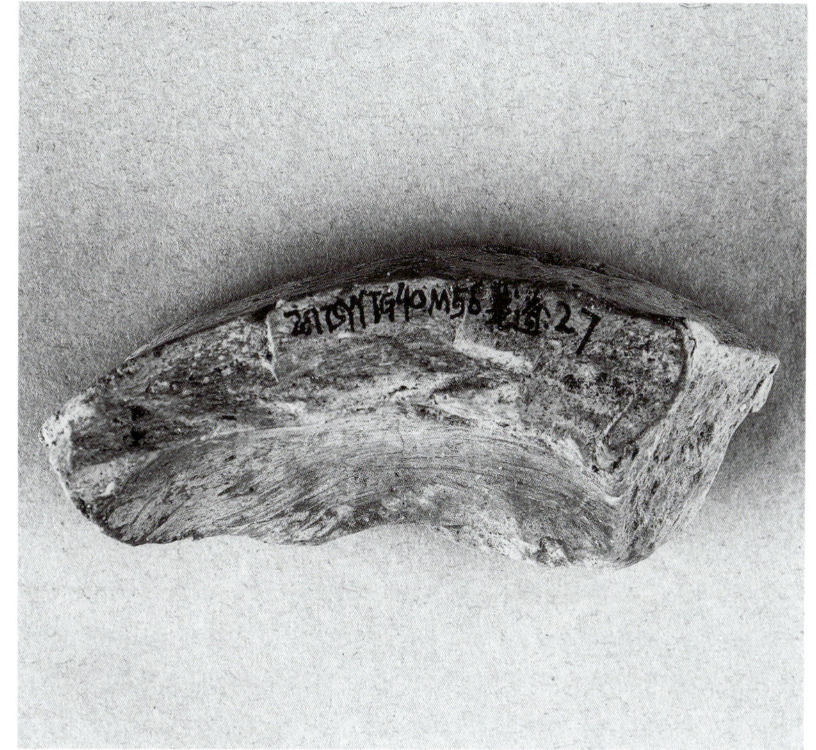

1964年 I 式瓦当（第1号）

当径14.8、当心径6.4、边轮宽1.6厘米

1964年 II 式瓦当（第2号）

当径15.2、当心径6.4、边轮宽0.7厘米

1964年 II 式瓦当（第3号）

当径16、当心径6.4、边轮宽1厘米

1964年Ⅱ式瓦当（第4号）

当径14.5、当心径5.9、边轮宽0.7厘米

1964年Ⅱ式瓦当（第5号）

当径15.4、当心径6.4、边轮宽0.7厘米

1964年Ⅱ式瓦当（第6号）

当径15.4、当心径6.4、边轮宽1.4厘米

蘑菇纹瓦当

TG30二号台基北⑤：11

当径15.9、当心径6.2、边轮宽1、缘深0.5、边轮厚2.2、当厚1.4厘米

TG36B三号台基南⑤：67

当复原径15.2、当心径4.6、边轮宽1.1、缘深0.5、边轮厚2.1、当厚0.9厘米

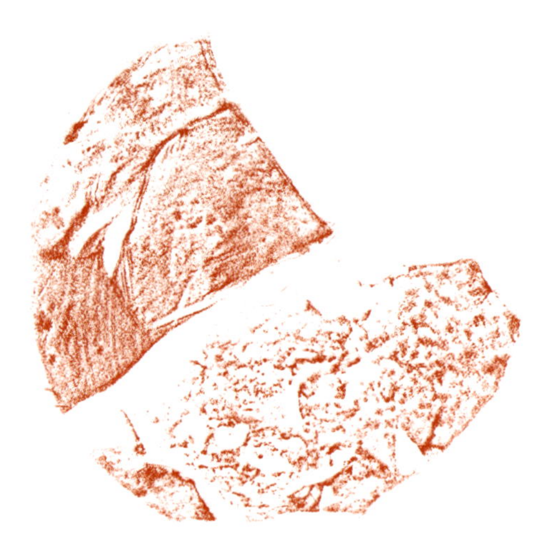

TG41⑦：18

当径16.6、当心径5、边轮宽1.2、缘深0.7、边轮厚2.1、当厚1.3厘米

TG41⑥：10

当径16.4、当心径4.8、边轮宽1.2、缘深0.5、边轮厚2.8、当厚1.3厘米

TG41⑦：4

当径16.5、当心径4.8、边轮宽1、缘深0.6、边轮厚2.2、当厚1.5厘米
筒瓦残长16.1、残径13、厚1.7厘米

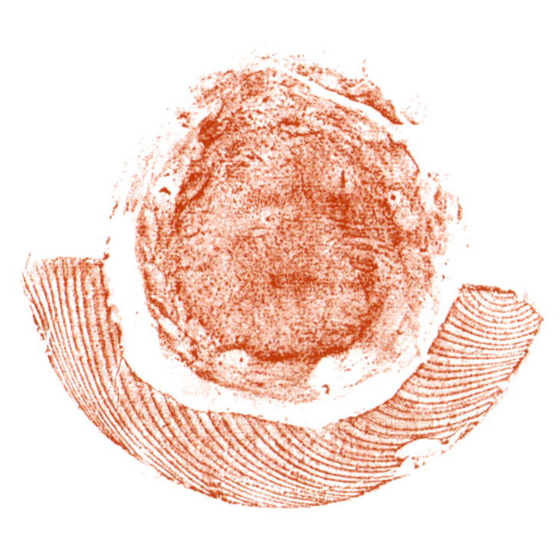

TG41⑥：6

当径16.1、当心径5.2、边轮宽1.1、缘深0.7、边轮厚2.5、当厚0.8厘米
筒瓦残长20.6、径16.2、厚1.3厘米

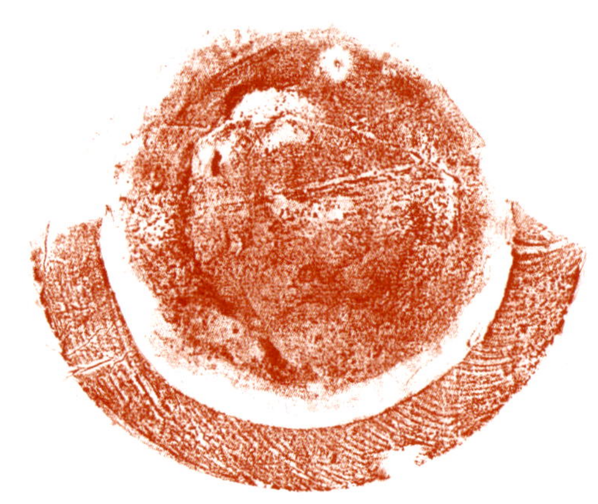

TG40⑦：42

当径16.6、当心径5.3、边轮宽1.1、缘深0.7、边轮厚2.8、当厚1.7厘米

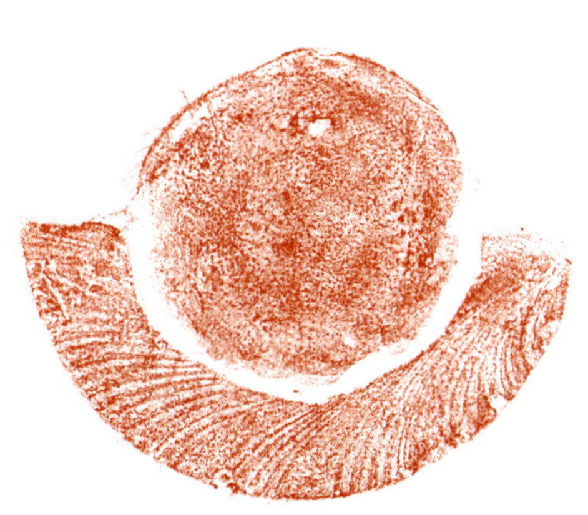

TG40⑦：31

当径16.4、当心径4.9、边轮宽1.1、缘深0.5、边轮厚2.4、当厚1.7厘米
筒瓦残长12.3、径16.1、厚1.1厘米

TG40⑦：45

当径16.6、当心径5.2、边轮宽1、缘深0.7、边轮厚2.7、当厚1.3厘米
筒瓦残长20.3、径16.6、厚1.3厘米

TG40⑦：8

当径16.6、当心径4.7、边轮宽1.4、缘深0.5、边轮厚2.3、当厚1.1厘米
筒瓦残长6、径16.1、厚1.9厘米

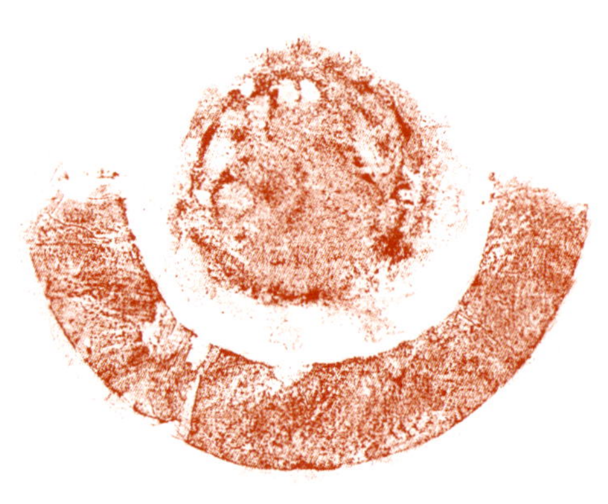

TG40⑦：14

当复原径16、当心径5.5、边轮宽1.2、缘深0.6、边轮厚2.6、当厚1.3厘米

筒瓦残长12.3、残径14、厚1.8厘米

TG36B三号台基南⑤：68

当径16.1、当心径4.8、边轮宽1、缘深0.4、边轮厚2.5、当厚1.8厘米

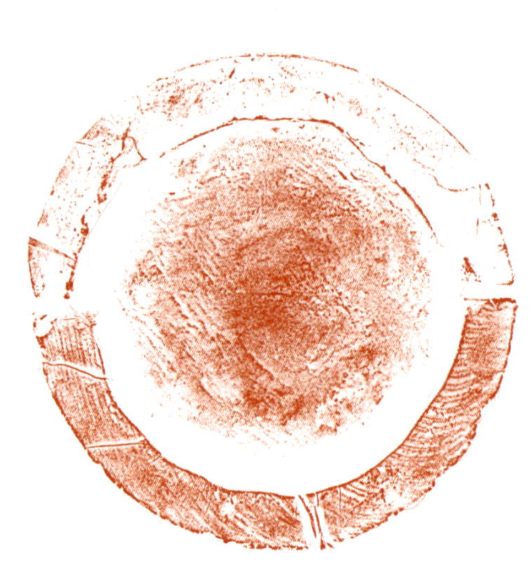

TG36B三号台基南⑤：64

当径16.5、当心径4.7、边轮宽1.1、缘深1、边轮厚2.4、当厚1.5厘米
筒瓦残长18.1、残径14.5、厚1.3厘米

TG36B三号台基南⑤：36

当径15.6、当心径4.6、边轮宽1.2、缘深0.6、边轮厚1.8、当厚1.4厘米

TG36B三号台基南⑤：57

当径16.8、当心径5.7、边轮宽1.2、缘深0.8、边轮厚2.3、当厚1.3厘米
筒瓦残长13.5、径16.5、厚1.4厘米

TG11⑤：10

当径16.4、当心径5.7、边轮宽1.2、缘深0.8、边轮厚2.1、当厚1.5厘米

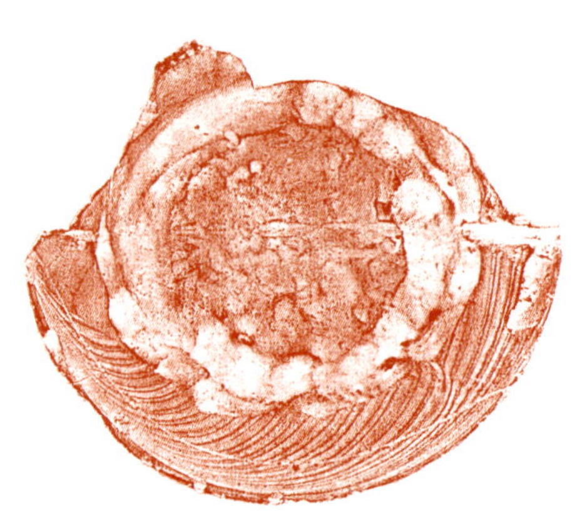

TG11⑤：8

当径15.5、当心径4.6、边轮宽1、缘深0.4、边轮厚2、当厚1.1厘米
筒瓦残长18.2、残径14.5、厚2厘米

TG41⑦：26

当径16.1、当心径5.2、边轮宽1.2、缘深0.7、边轮厚2.5、当厚1.2厘米
筒瓦残长14.8、径16.2、厚1.4厘米

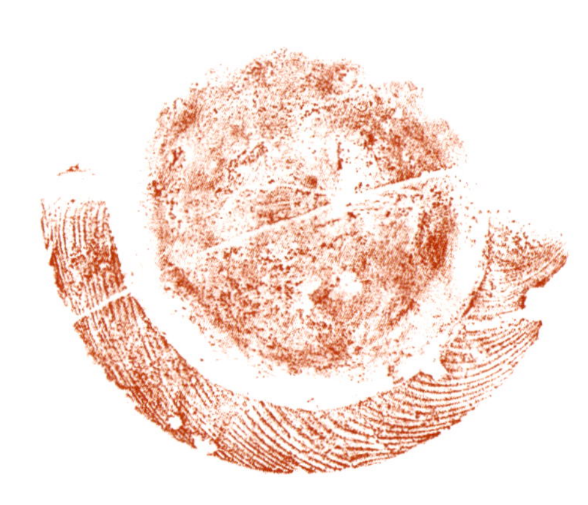

TG43⑦：33

当径16.2、当心径5.2、边轮宽1.3、缘深0.6、边轮厚2.1、当厚0.8厘米
筒瓦残长34.5、径17.4、厚1.6厘米

TG43⑦：30

当径16.8、当心径5.4、边轮宽1.、缘深0.7、边轮厚2.4、当厚1.6厘米

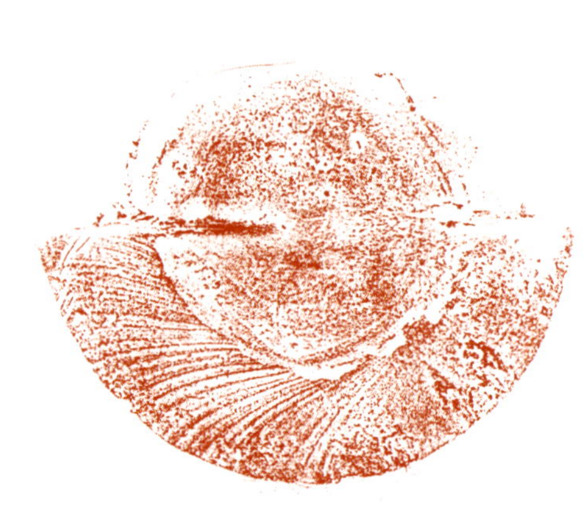

TG43⑦：20

当径16.5、当心径5.1、边轮宽1.3、缘深0.8、边轮厚2.4、当厚1.3厘米

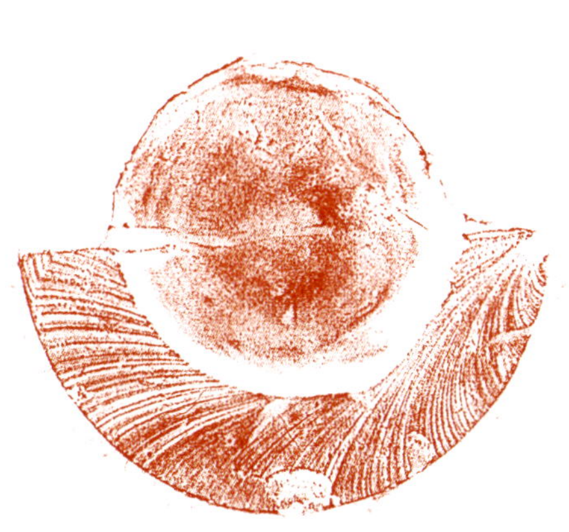

TG43⑦：9

当径16.9、当心径4.8、边轮宽1.3、缘深0.6、边轮厚2.1、当厚1.5厘米

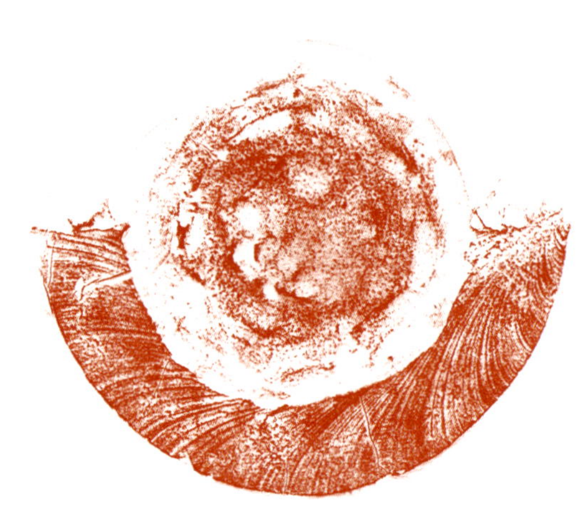

TG41G79：1

当径16.9、当心径5.7、边轮宽1.3、缘深0.7、边轮厚2.6、当厚1.1厘米

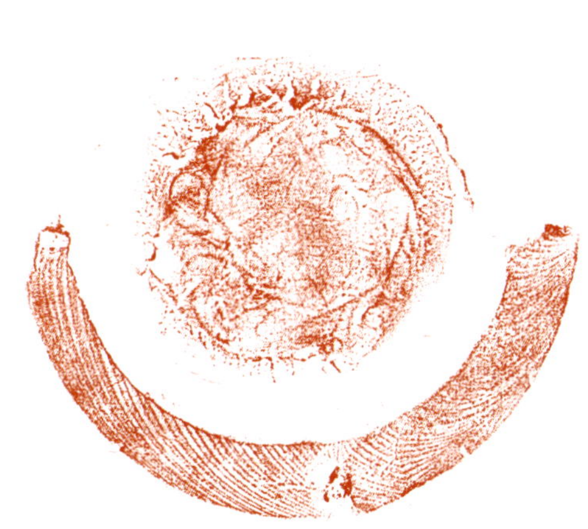

TG43⑦：2

当径15.7、当心径4.7、边轮宽1.1、缘深0.6、边轮厚2.1、当厚1.6厘米
筒瓦残长8.5、径15.5、厚1.7厘米

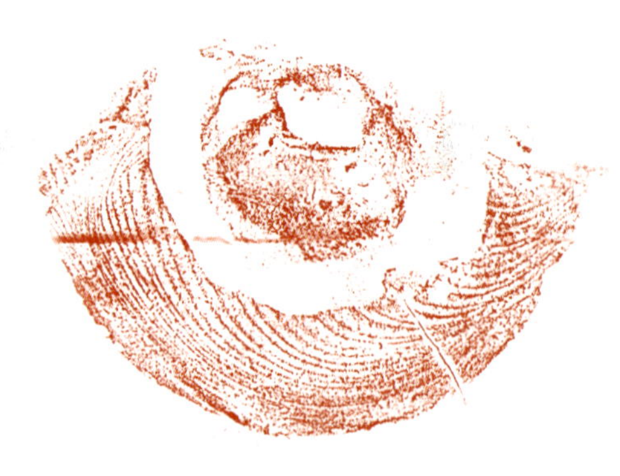

TG43⑦：13

当径16.7、当心径5.6、边轮宽1.2、缘深0.6、边轮厚2、当厚1.3厘米

TG41H170：1

当径17、当心径5.8、边轮宽1.5、缘深0.7、边轮厚2.5、当厚1.3厘米

TG43⑥：6

当径16.7、当心径5.1、边轮宽1.1、缘深0.6、边轮厚2.5、当厚1.8厘米

TG41⑦：20

当径17.2、当心径5.7、边轮宽1.3、缘深0.7、边轮厚2.2、当厚1.5厘米
筒瓦残长23、径16.6、厚1.3～1.8厘米

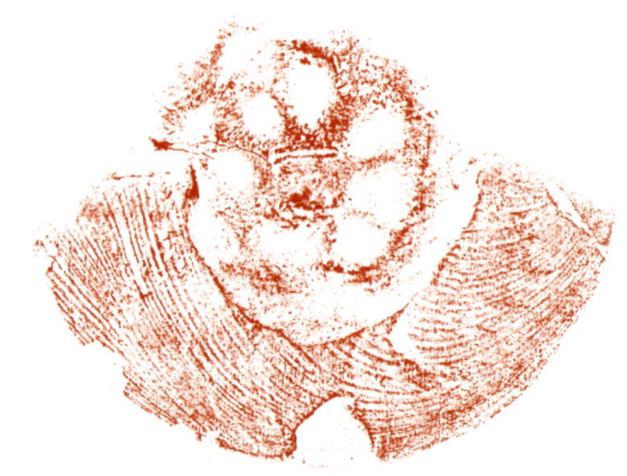

TG41⑦：9

当径16.1、当心径4.9、边轮宽1.2、缘深0.5、边轮厚2.5、当厚1.8厘米
筒瓦残长8.6、径16.4、厚1.6厘米

TG41⑦：14

当径16.2、当心径5.1、边轮宽1.2、缘深0.4、边轮厚2.2、当厚1.7厘米
筒瓦残长22.7、径15.8、厚1.5厘米

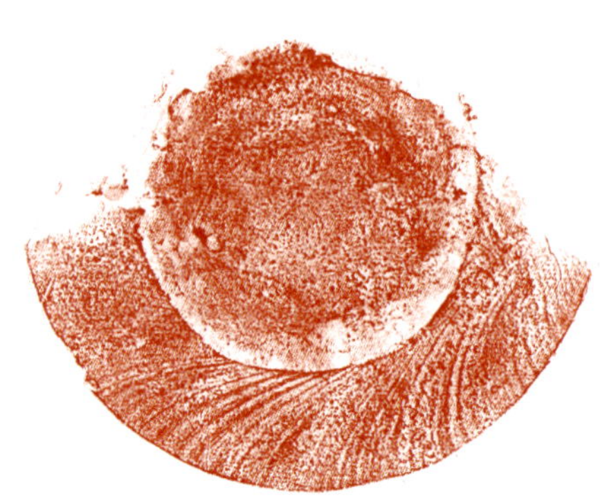

TG41⑦：15

当径16.5、当心径4.9、边轮宽1、缘深0.6、边轮厚2.5、当厚1.9厘米
筒瓦残长6、残径14、厚1.5厘米

TG41⑦：21

当径16.5、当心径4.7、边轮宽1.2、缘深0.7、边轮厚2.3、当厚1.1厘米

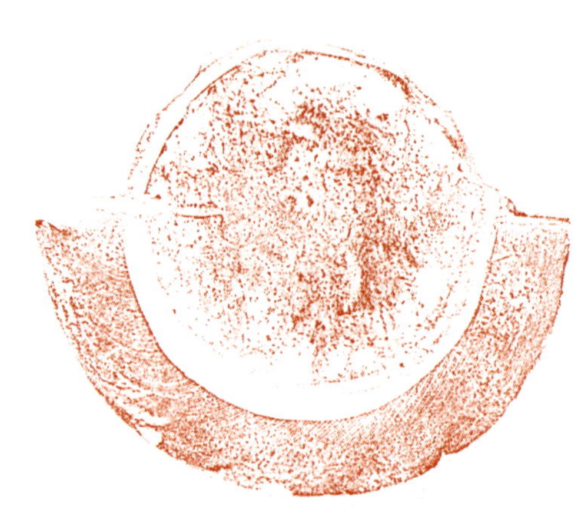

TG51⑭：1

当径16.2、当心径4.6、边轮宽1.1、缘深0.3、边轮厚2.3、当厚1.7厘米

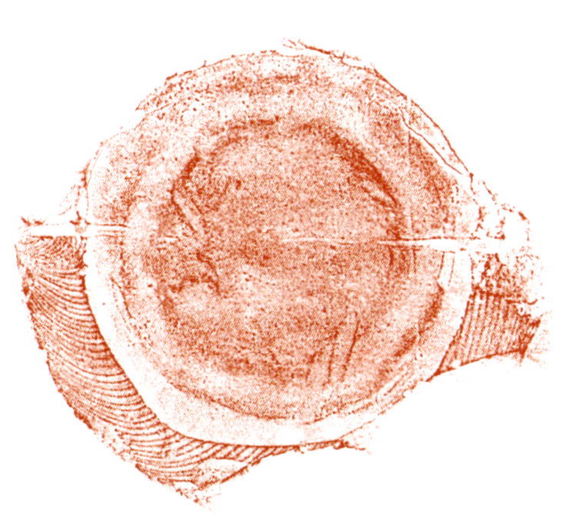

TG47⑥：1

当径16.4、当心径4.7、边轮宽1.1、缘深0.6、边轮厚2.3、当厚1.7厘米

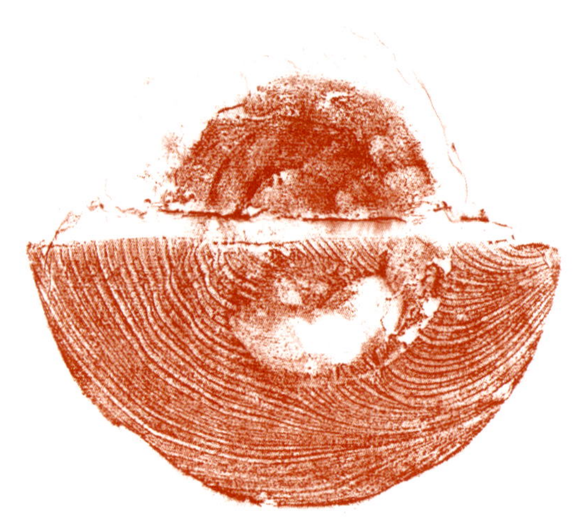

TG43三号台基F2：6

当复原径15.7、当心径4.7、边轮宽1.3、缘深0.4、边轮厚1.8、当厚1.5厘米

TG46⑤：1

当径16.9、当心径4.9、边轮宽1.4、缘深0.7、边轮厚2.2、当厚1.6厘米

TG43⑦：19

当径16.7、当心径5.3、边轮宽1.3、缘深0.6、边轮厚2.5、当厚1.7厘米
筒瓦残长6.7、残径12.5、厚1.8厘米

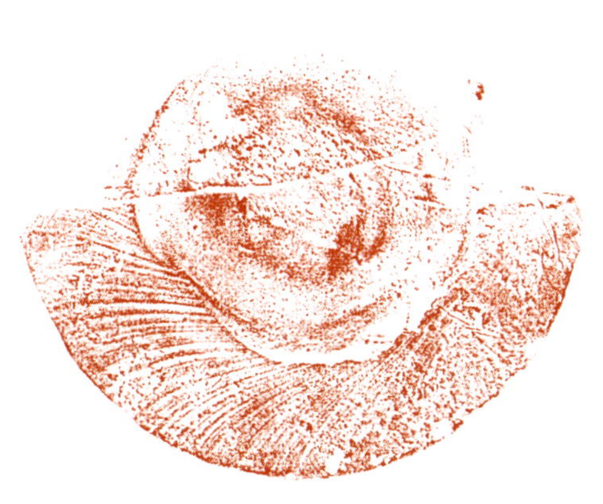

TG41⑥：5

当径17、当心径5、边轮宽1.1、缘深0.6、边轮厚1.9、当厚1.5厘米

筒瓦残长13.7、径16.8、厚1.6厘米

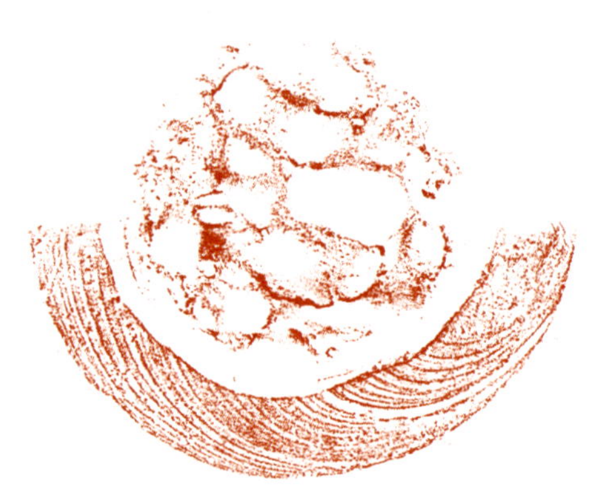

TG41⑥：12

当径16.6、当心径4.9、边轮宽1.1、缘深0.6、边轮厚2.7、当厚1.3厘米
筒瓦残长9、残径12、厚1.6厘米

TG43⑥：5

当复原径16、当心径5.2、边轮宽1.2、缘深0.7、边轮厚2.3、当厚1.3厘米

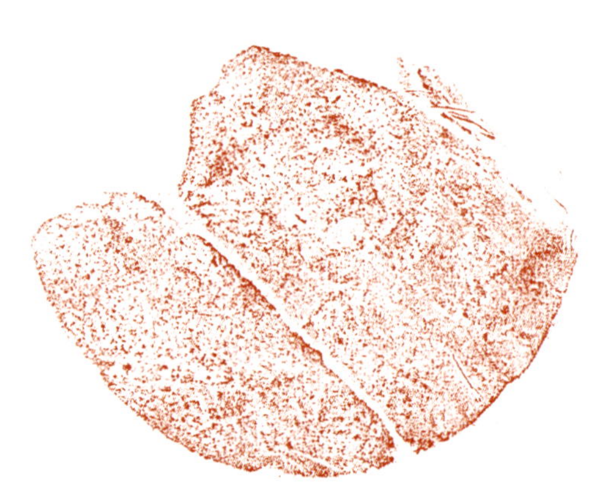

TG41⑥：9

当残块长13.1、宽7.4、当心复原径4.9、当厚1.1厘米

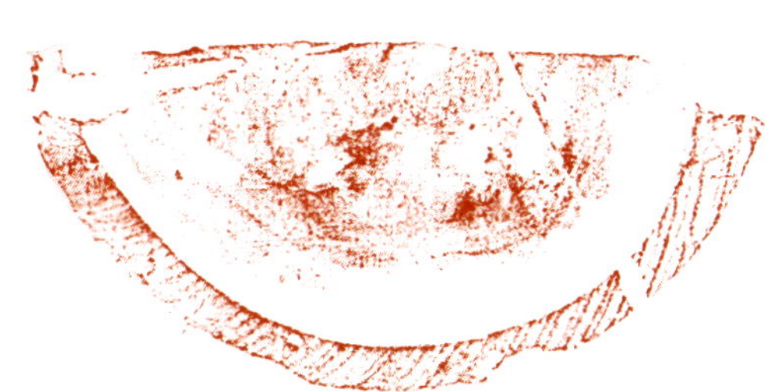

TG40⑦：37

当径16.5、当心径5.1、边轮宽1.3、缘深0.8、边轮厚2.5、当厚1厘米

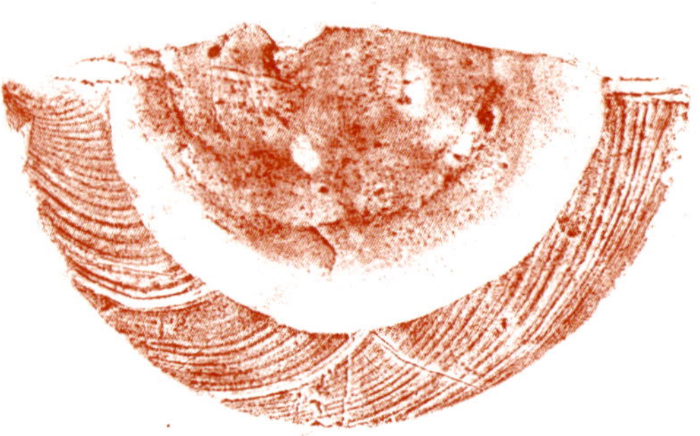

TG40⑦：16

当径16.7、当心径5.7、边轮宽1.1、缘深0.6、当厚1.5厘米
筒瓦残长25、径16.2、厚1.2厘米

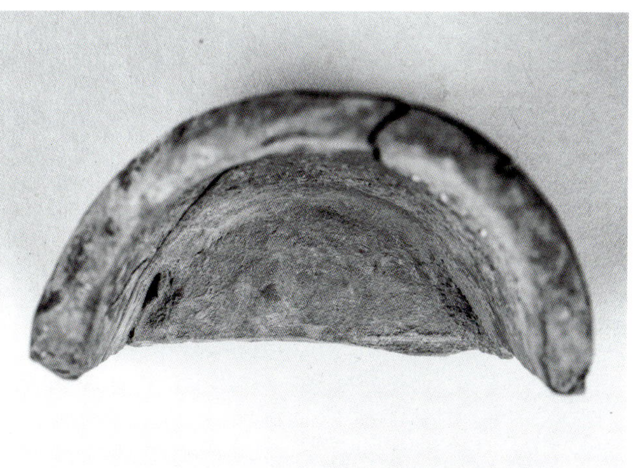

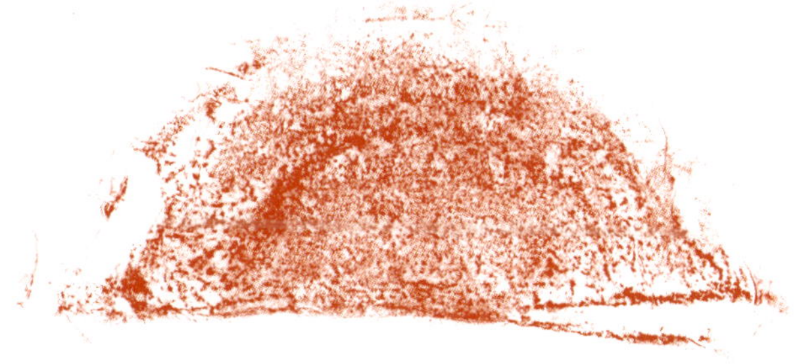

TG40⑦：17

当径16.3、当心径5.3、边轮宽1.1、缘深0.7、边轮厚2.3、当厚1.2厘米
筒瓦残长8.8、残径13、厚1.6厘米

TG40④d：3

当复原径17、当心径5.1、边轮宽1.2、缘深1、边轮厚2.2、当厚1.1厘米

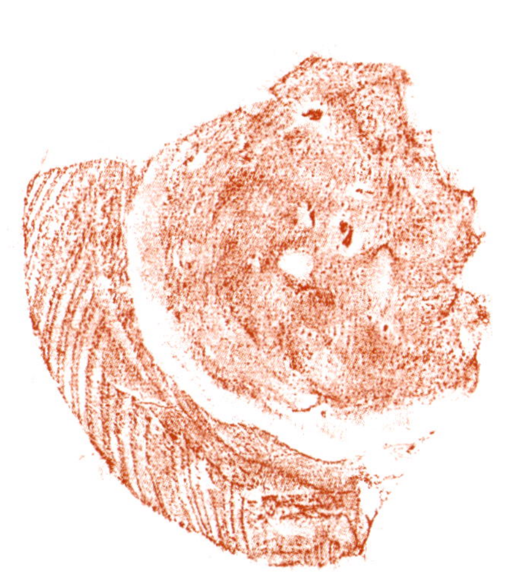

TG36L16：1

当残块长7.8、宽6.6、当心径4.8、当厚1.4厘米

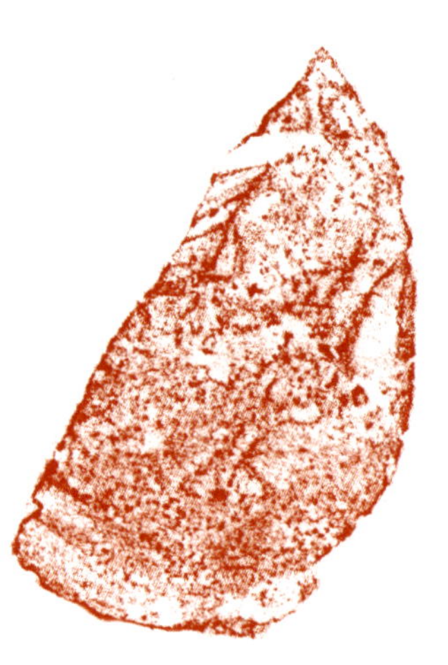

TG36B三号台基南⑤：61

当复原径16.7、当心复原径5、边轮宽1.4、缘深0.8、当厚1.5厘米
筒瓦残长21.9、径18.3、厚1.5厘米

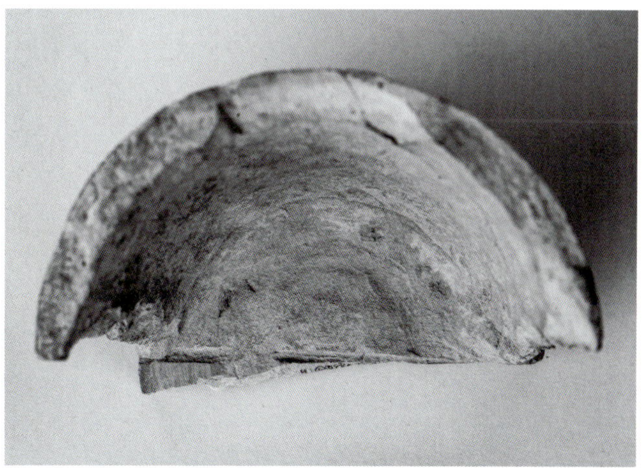

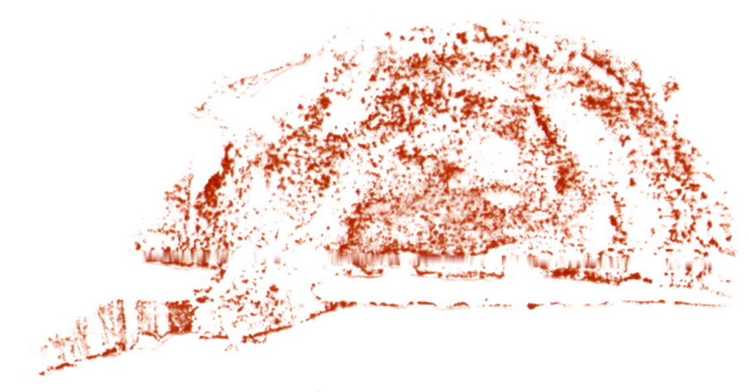

TG36B三号台基南⑤：34

当径16.1、当心径4.9、边轮宽1、缘深0.8、边轮厚1.9、当厚0.9厘米

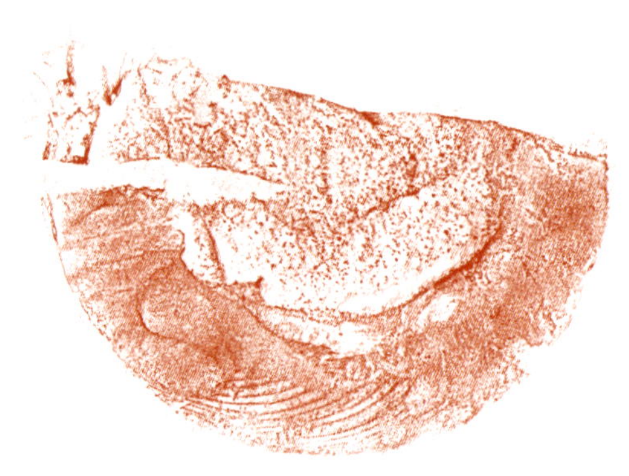

TG36B三号台基南⑤：56

当径16.2、当心径5、边轮宽1.2、缘深0.8、边轮厚2、当厚0.9厘米

TG36B三号台基南⑤：29

当复原径16.5、当心径5.1、边轮宽1.1、缘深0.8、边轮厚2.1、当厚1.3厘米

TG34H97②：3

当复原径15.9、当心径5、边轮宽1.2、缘深0.7、边轮厚2.3、当厚1.3厘米

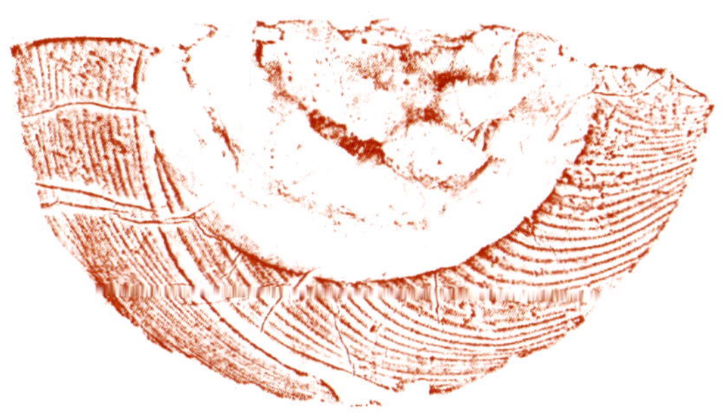

TG11⑤：22

当径16.6、当心径5.1、边轮宽1.2、缘深0.7、边轮厚2.2、当厚1.5厘米

TG11⑤：6

当径15.6、当心径4.6、边轮宽1.2、缘深0.5、边轮厚2.1、当厚1.1厘米
筒瓦残长11.5、残径12.5、厚1.3厘米

TG43⑦：27

当复原径17.1、当心复原径5.8、边轮宽1.7、缘深0.8、边轮厚3、当厚0.8厘米
筒瓦残长9.5、残径16、厚1.3厘米

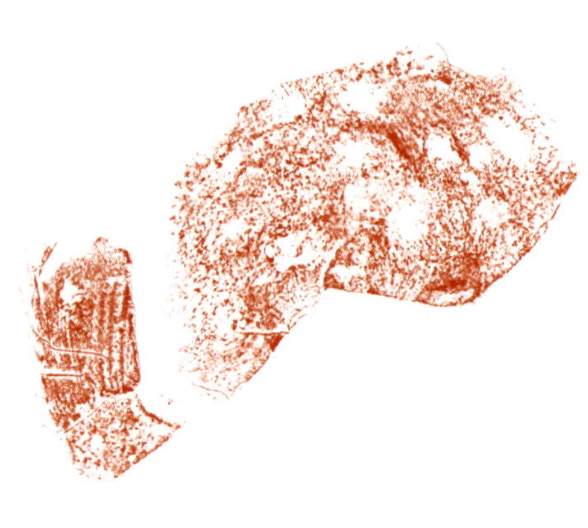

TG43⑦：22

当复原径15.5、当心径5.2、边轮宽1、缘深0.7、边轮厚1.9、当厚1.6厘米

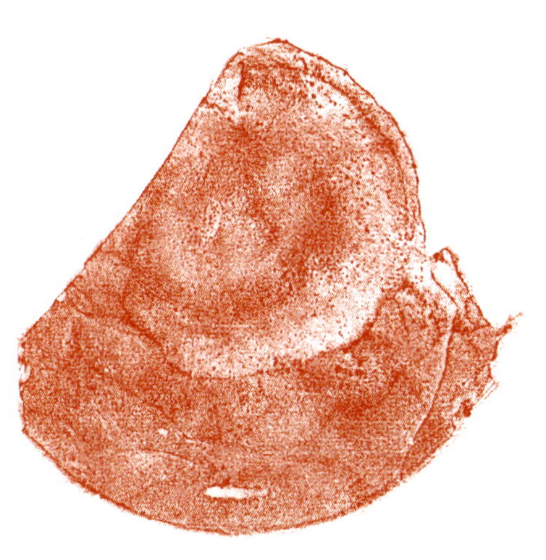

TG43⑦：23

当径17.1、当心径5.9、边轮宽1.3、缘深0.7、边轮厚2.3、当厚1.2厘米
筒瓦残长27、径16.7、厚1.5厘米

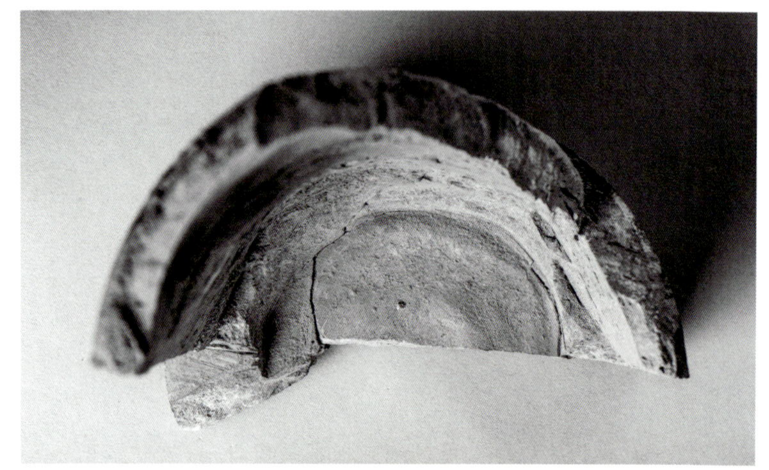

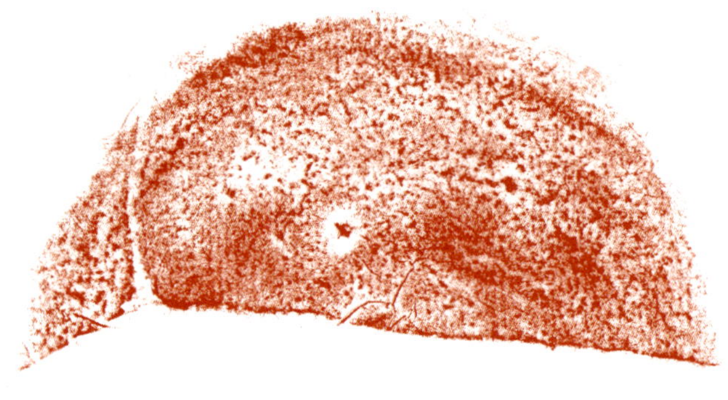

TG41五号台基F1：13

当残块长15.5、宽14.4、当心径7.4、当厚1.8厘米

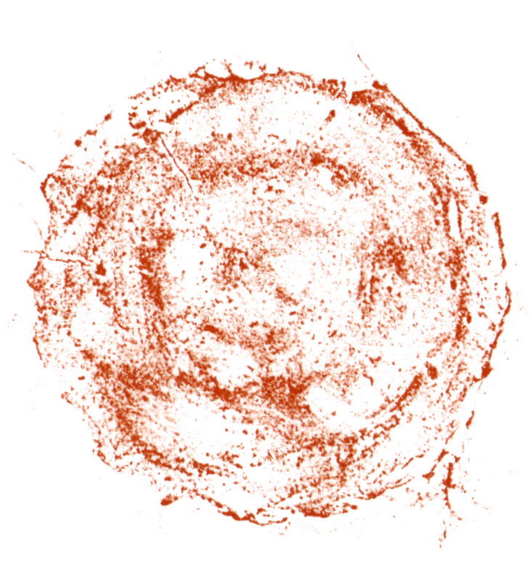

TG43⑦：10

当复原径16.3、当心复原径5.3、边轮宽0.9、缘深0.8、边轮厚2.6、当厚1.2厘米

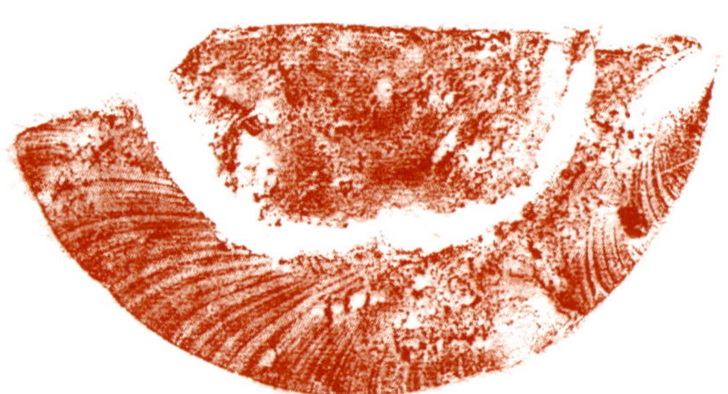

TG41五号台基F1：12

当复原径16.3、当心复原径5.1、边轮宽1.1、缘深0.5、边轮厚2.2、当厚1.7厘米

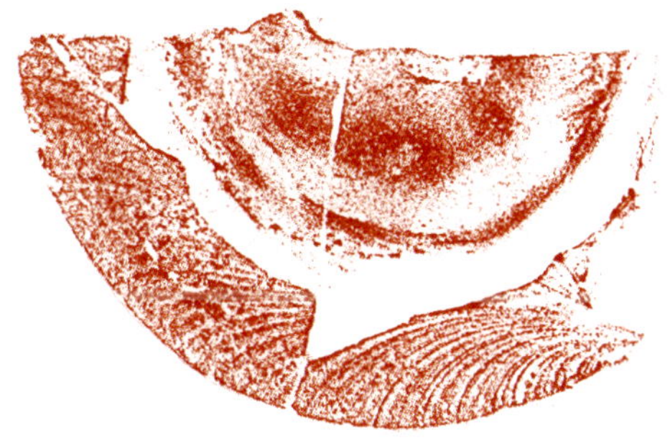

TG41五号台基F4：20

当复原径17.1、当心径4.8、边轮宽1、缘深0.7、边轮厚2.1、当厚1.4厘米

TG41五号台基F1：11

当复原径16.7、当心复原径5.6、边轮宽1.2、缘深0.7、边轮厚1.9、当厚2厘米

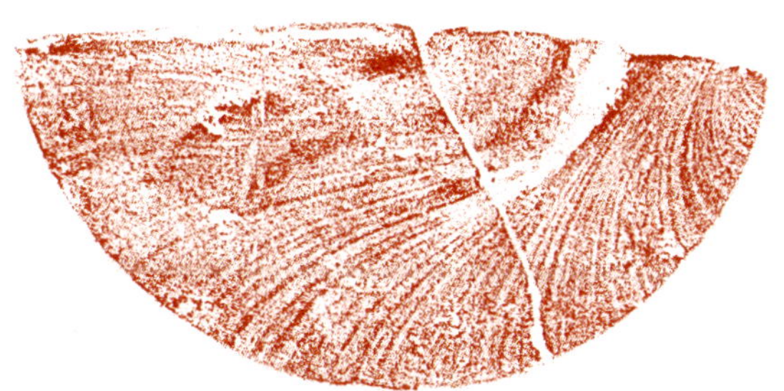

TG43⑥：2

当复原径17.1、当心径5.2、边轮宽1.4、缘深0.9、边轮厚1.9、当厚1.1厘米

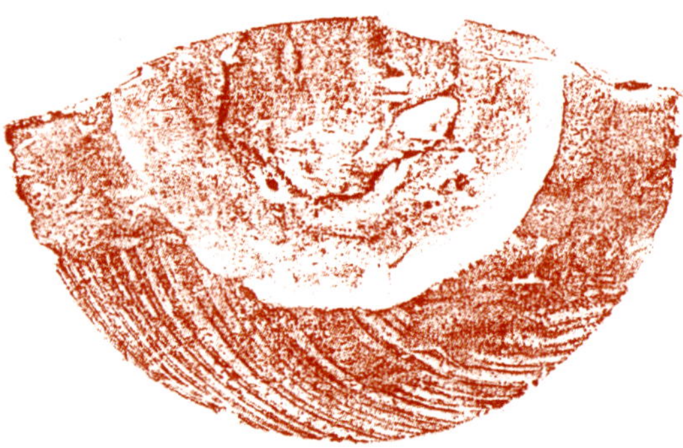

TG41⑦：22

当残块长14.3、宽8.2、当心径4.9、当厚1.7厘米

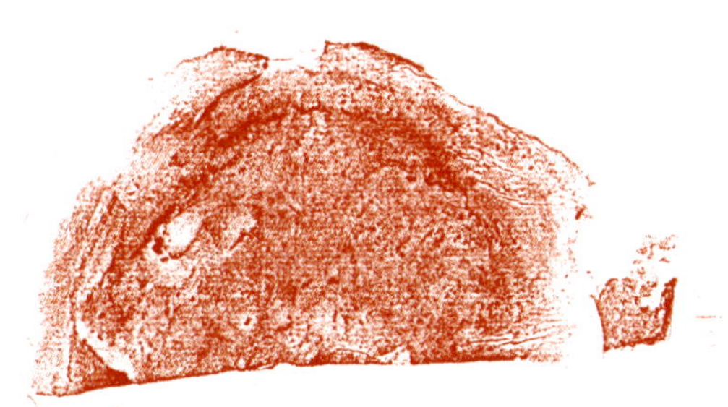

TG51L27：15

当复原径15.1、当心复原径4.6、边轮宽0.9、缘深0.7、边轮厚1.9、当厚1.6厘米

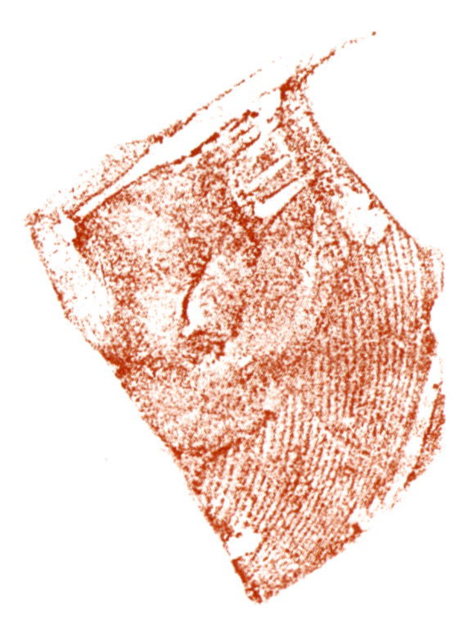

TG46⑥：25

当复原径15.2、当心复原径4.9、边轮宽1、缘深0.7、边轮厚2.4、当厚1.3厘米
筒瓦残长8、残径11、厚1.3厘米

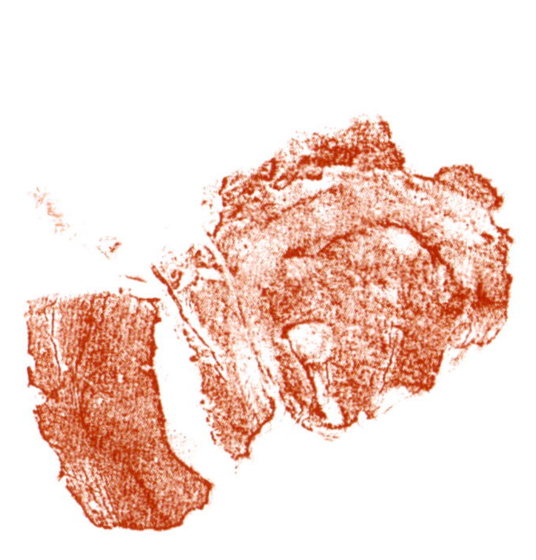

TG46⑥：1

当复原径16.4、当心径6、边轮宽1.1、缘深0.6、边轮厚2.2、当厚1.2厘米

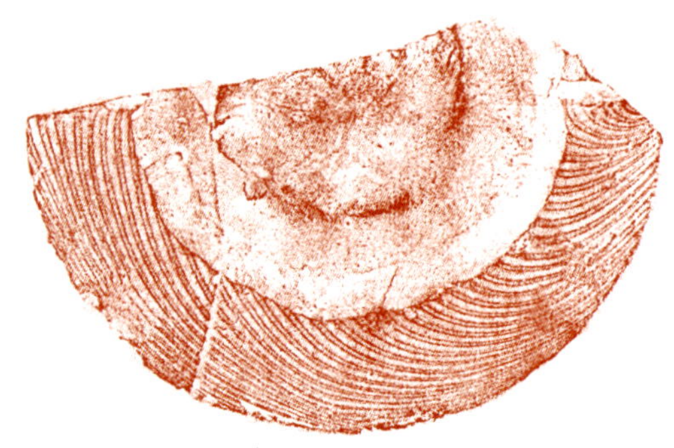

TG47⑥：2

当复原径16.8、当心径5、边轮宽1.1、缘深0.7、边轮厚2、当厚1.5厘米

81CY关东队苇子坑采集：55

当复原径12.9、边轮厚2、当厚0.9厘米

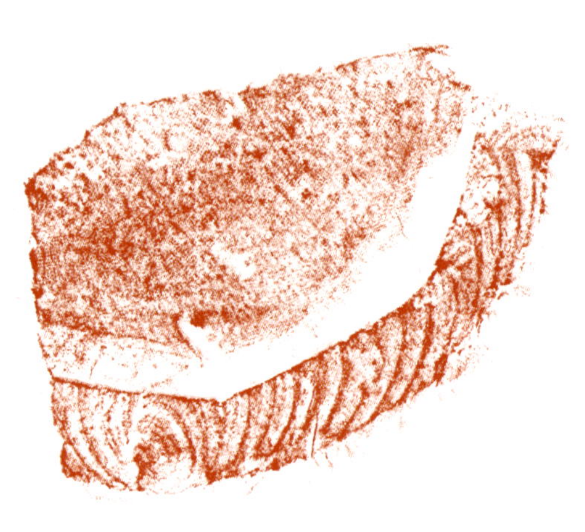

TG40四号台基F3：35

当残块长13.2、宽11.6、当心复原径5.2、当厚1.4厘米

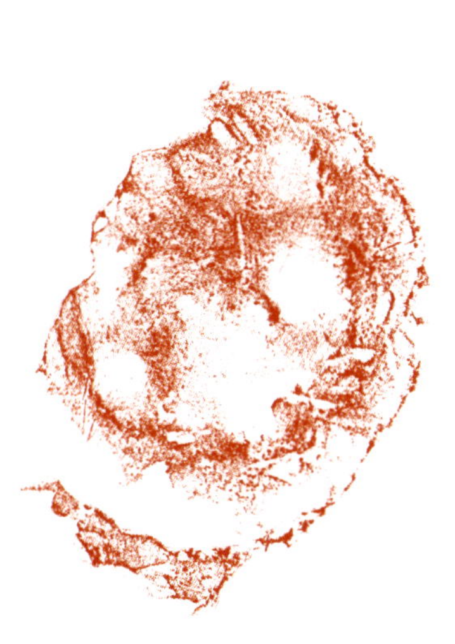

TG40四号台基F4：79

当复原径16.6、当心复原径5.1、边轮宽1.1、缘深0.6、边轮厚2.5、当厚1.5厘米

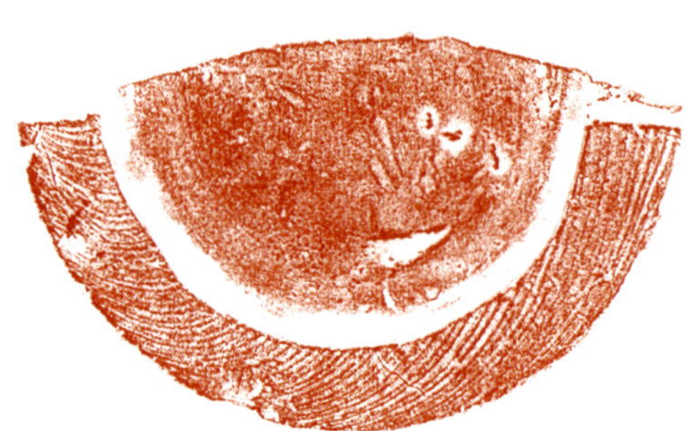

TG40⑦：41

当复原径16.6、当心复原径5、边轮宽1.1、缘深0.5、当厚1.6厘米
筒瓦残长19.9、径16.4、厚1.3厘米

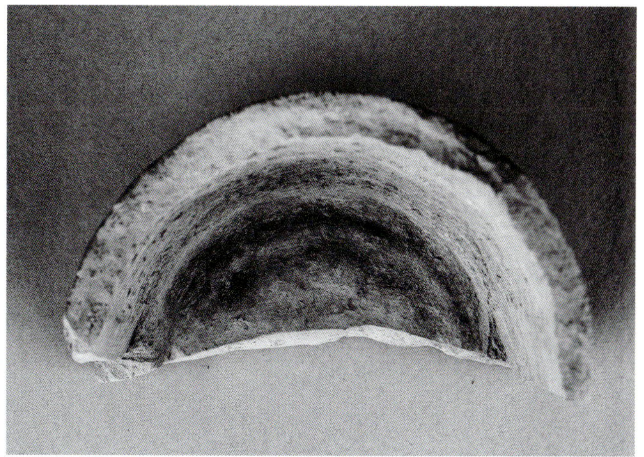

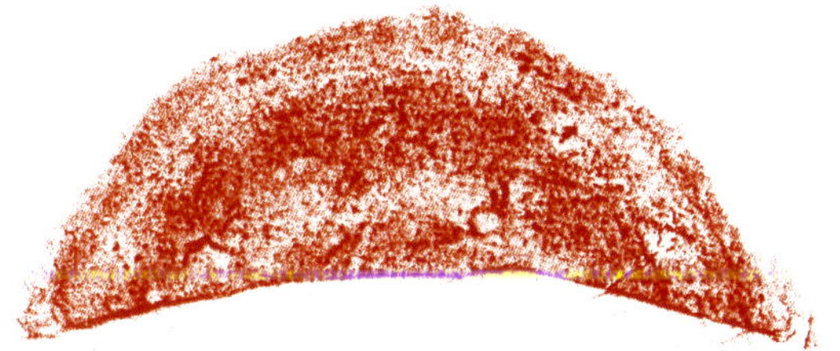

TG40⑤：38

当复原径16.6、当心复原径6、边轮宽1、缘深0.6、边轮厚2.3、当厚1.8厘米

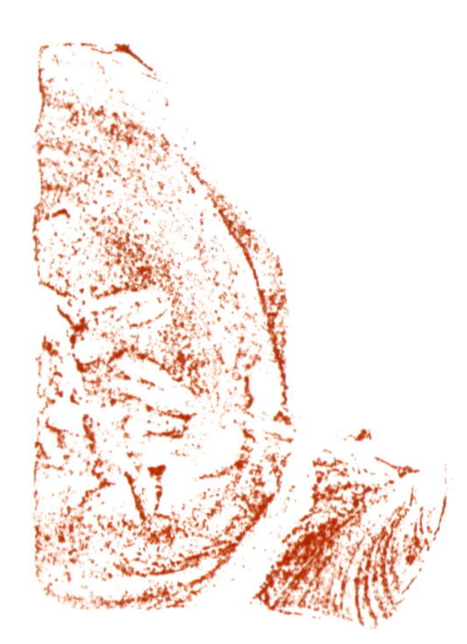

81CY太陵T1：10

当径16.2、当心径5.2、边轮宽1.3、缘深1.1、边轮厚2、当厚1.8厘米

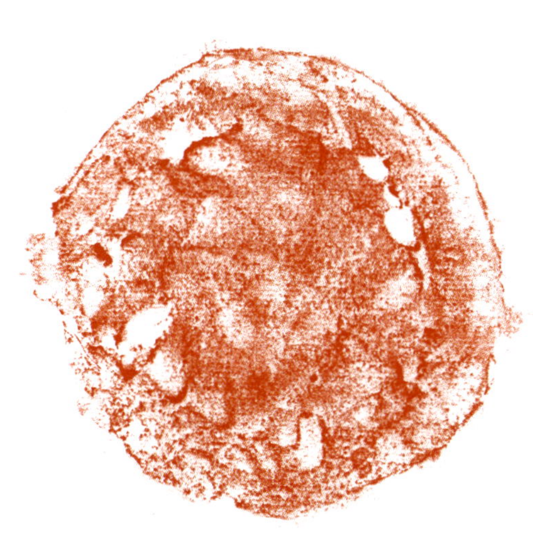

TG40⑦：20

当复原径16.4、当心复原径5.7、边轮宽1.3、缘深0.9、边轮厚2.4、当厚1.3厘米

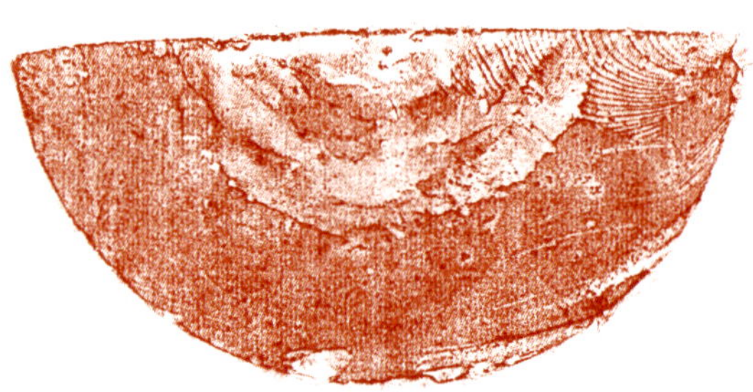

TG27④：8

当残径5.5、当心残径2、边轮宽1.2、缘深0.5、边轮厚2.1、当厚1.1厘米

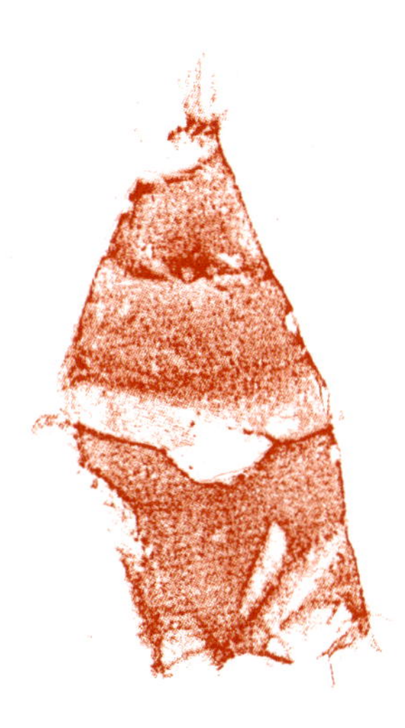

TG11⑤：7

当残径16、当心残径4、边轮宽1、缘深0.9、边轮厚2、当厚1.5厘米

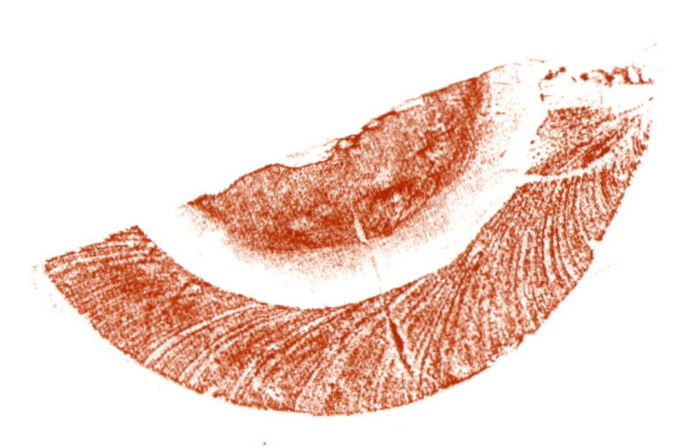

新丰吴中村：2

当残块长6.6、宽6.1、当心复原径5.9、宽6.1、当厚1厘米

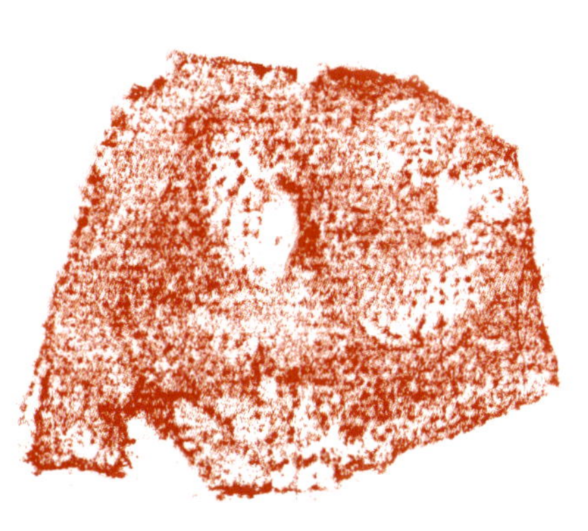

新丰李家村：3

当复原径15.9、当心复原径5.9、边轮宽1、缘深0.5、边轮厚2.2、当厚1.4厘米

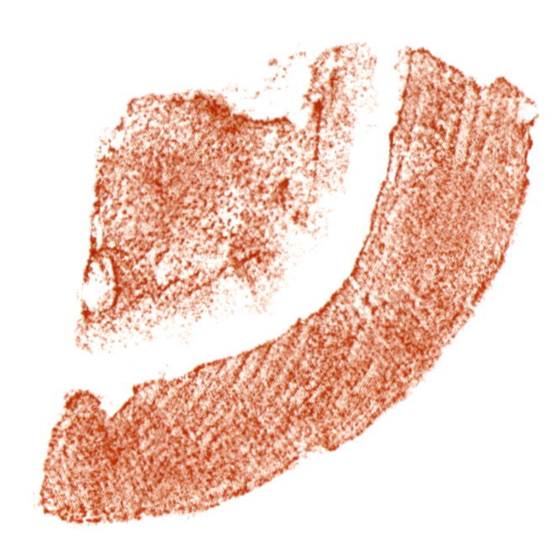

TG7③：9

当复原径15.4、当心复原径5.4、边轮宽0.8、缘深0.8、边轮厚1.8、当厚1.3厘米

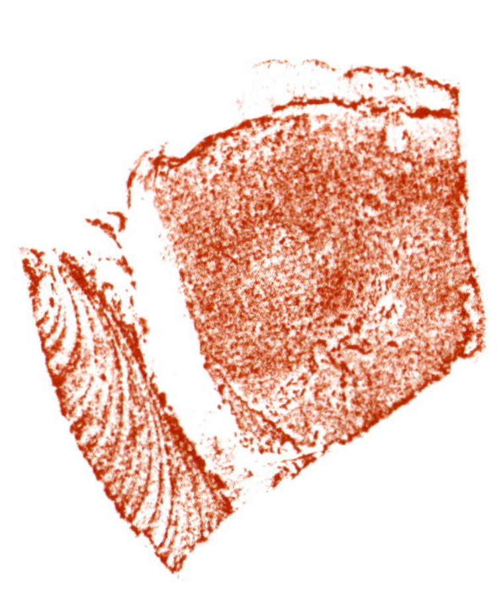

TG6G5：2

当复原径14、当心复原径5.4、边轮宽0.8、缘深0.6、边轮厚1.7、当厚1.1厘米

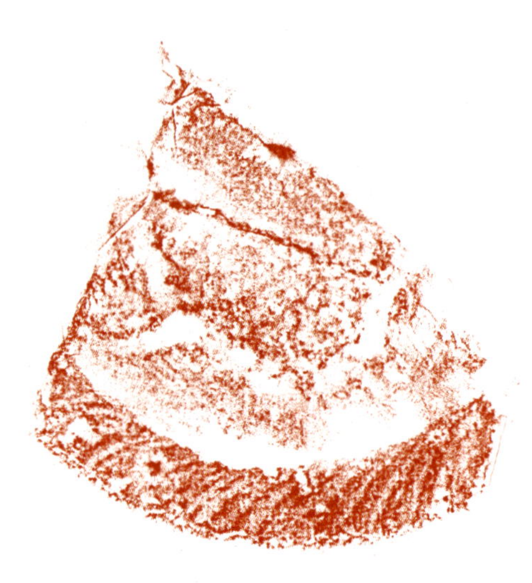

TG43⑦：14

当径16.4、当心径5.2、边轮宽1、缘深1.3、边轮厚2.4、当厚1.5厘米
筒瓦残长4.5、残径14、厚1.1厘米

TG43⑦：12

当径16.5、当心径4.7、边轮宽1.1、缘深0.7、边轮厚2.5、当厚1.4厘米

筒瓦残长22、径17、厚1.2厘米

TG41H170③：3

当径17.1、当心径5.7、边轮宽1.2、缘深0.6、边轮厚2、当厚1厘米
筒瓦残长10.5、残径14、厚1.9厘米

TG43⑦：17

当复原径16.6、当心径5.6、边轮宽1.2、缘深0.8、边轮厚2.1、当厚1.5厘米

TG43⑦：21

当径17.3、当心径5.8、边轮宽1.5、缘深0.8、边轮厚2、当厚1.3厘米

筒瓦残长8.7、残径17、厚1.8厘米

TG36B三号台基南⑤：58

当径17、当心径5.7、边轮宽1.2、缘深0.8、边轮厚2.5、当厚1.3厘米

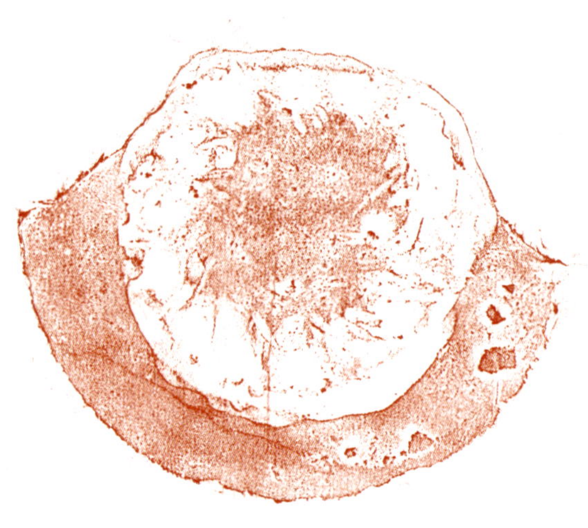

TG36B三号台基南⑤：60

当径16.8、当心径5.6、边轮宽1.2、缘深0.7、边轮厚1.4、当厚1厘米

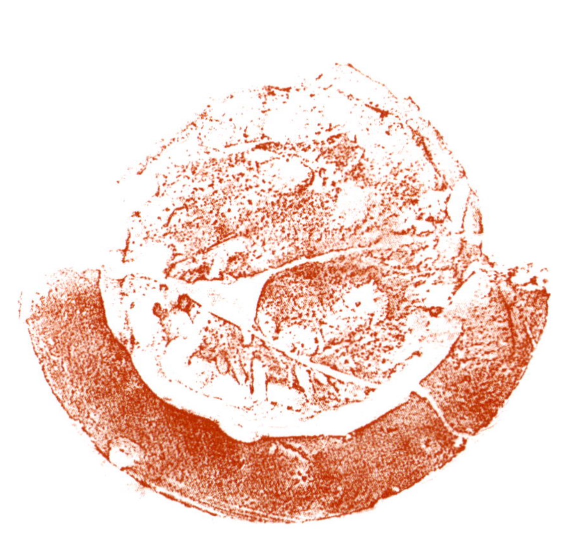

TG36B三号台基南⑤：32

当径16.3、当心径5.9、边轮宽1.2、缘深0.6、边轮厚2.2、当厚1.4厘米

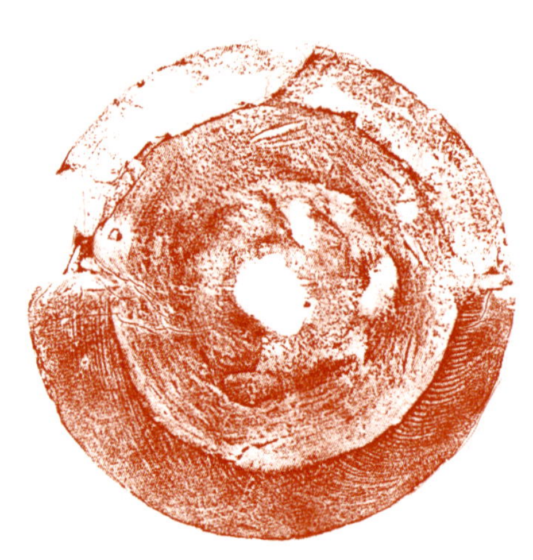

TG36B三号台基南⑤：71

当径16.4、当心径5.5、边轮宽1.2、缘深0.6、边轮厚1.4、当厚1厘米
筒瓦残长11.2、径16、厚1.5厘米

TG36B三号台基南⑤：63

当径16.7、当心径5.8、边轮宽1.2、缘深0.8、边轮厚1.8、当厚1厘米
筒瓦残长13、径16.5、厚1.9厘米

TG36B三号台基南⑤：62

当径16.8、当心径6、边轮宽1.3、缘深0.6、边轮厚2.4、当厚1.4厘米
筒瓦残长26、径16.5、厚1.4厘米

TG36B三号台基南⑤：30

当径16.2、当心径5.6、边轮宽1.1、缘深0.9、边轮厚2、当厚1.1厘米

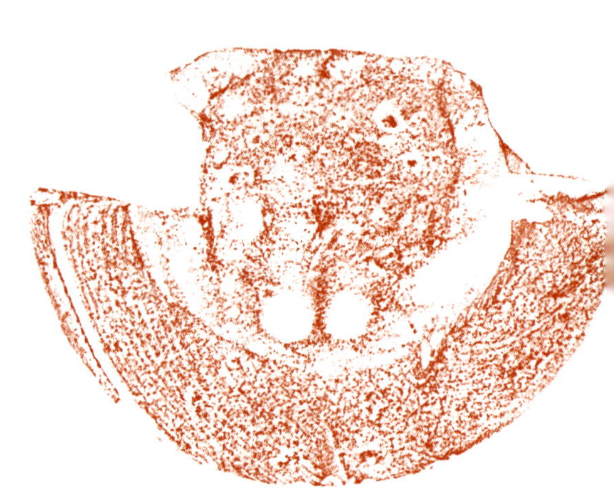

TG43⑦：38

当径16.5、当心径5.7、边轮宽1.3、缘深0.8、边轮厚2.2、当厚1厘米
筒瓦残长25、径16.6、厚1.1～1.4厘米

TG43⑦：37

当径16.7、当心径5.5、边轮宽1.2、缘深0.8、边轮厚2、当厚1.5厘米

TG43⑦：4

当径16.8、当心径5.8、边轮宽1.2、缘深0.9、边轮厚2.1、当厚1.6厘米

筒瓦残长17.5、径16.3、厚1.3厘米

TG43⑦：6

当径16.3、当心径5.8、边轮宽1.2、缘深0.6、边轮厚1.8、当厚1.1厘米
筒瓦残长52、径16.3、厚0.9厘米

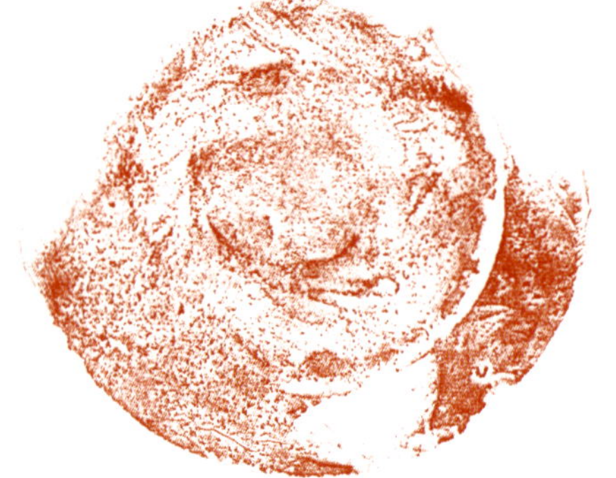

TG43⑥：10

当径16.8、当心径5.7、边轮宽1.2、缘深0.5、边轮厚1.9、当厚1厘米

TG43⑥：3

当径16.2、当心径5.1、边轮宽1.2、缘深0.6、边轮厚2.5、当厚1.3厘米
筒瓦残长8.7、径16、厚1.6厘米

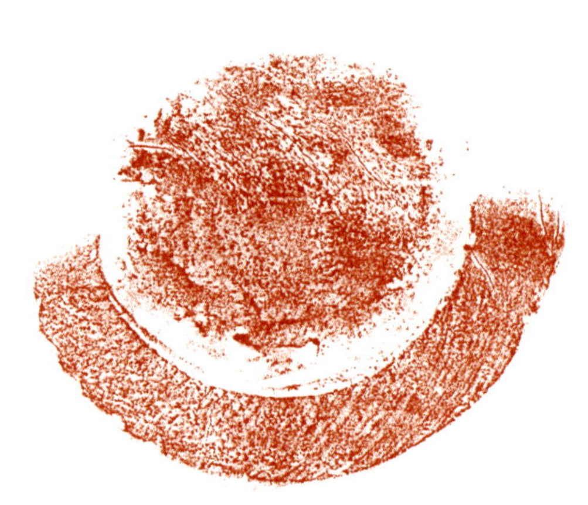

TG40⑦：15

当径15.9、当心径6、边轮宽0.9、缘深0.5、边轮厚1.8、当厚1.4厘米

筒瓦残长19、径15.6、厚1.6厘米

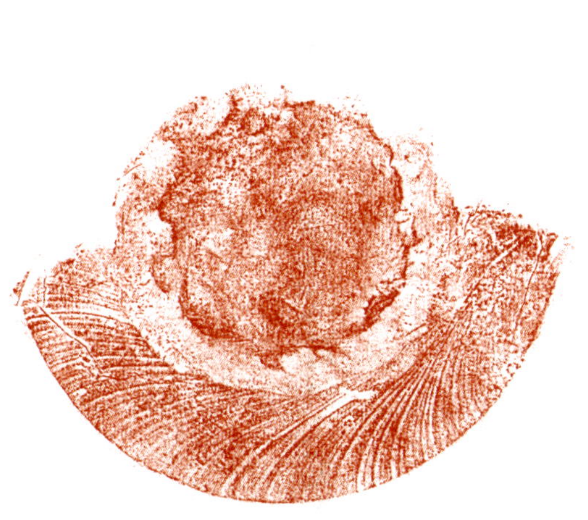

TG40⑦：26

当径16.5、当心径5.9、边轮宽1.1、缘深0.8、边轮厚2.6、当厚1.5厘米

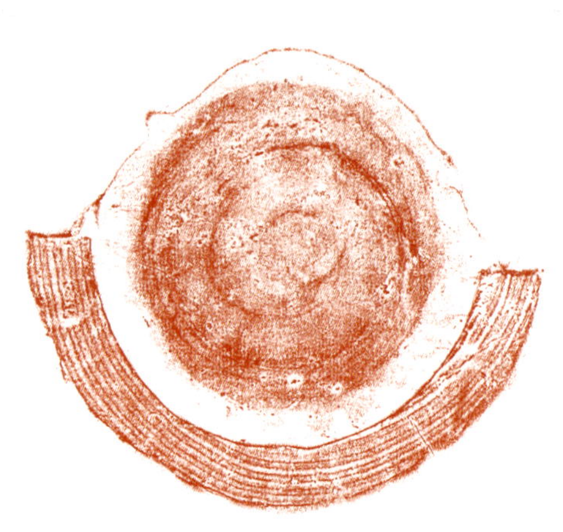

TG40⑦：21

当径16.8、当心径5.6、边轮宽1.2、缘深0.9、边轮厚2.2、当厚1.2厘米
筒瓦残长16.7、径17、厚1厘米

TG40⑦：7

当复原径16.5、当心径5.6、边轮宽1.2、缘深1、边轮厚2.2、当厚1.4厘米

TG40⑦：56

当径17.3、当心径5.8、边轮宽1.2、缘深1、边轮厚2.2、当厚1.1厘米

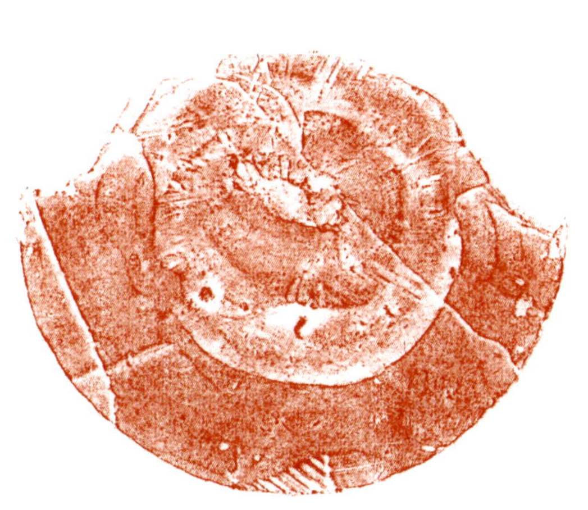

80CY五号址采集：34

当径15.8、当心径5.5、边轮宽0.8、缘深1.5、边轮厚2、当厚1.3厘米

TG36B三号台基南⑤：65

当径16.2、当心径5.5、边轮宽0.9、缘深0.8、边轮厚2.7、当厚1.8厘米
筒瓦残长24.7、径16.3、厚1.2～1.5厘米

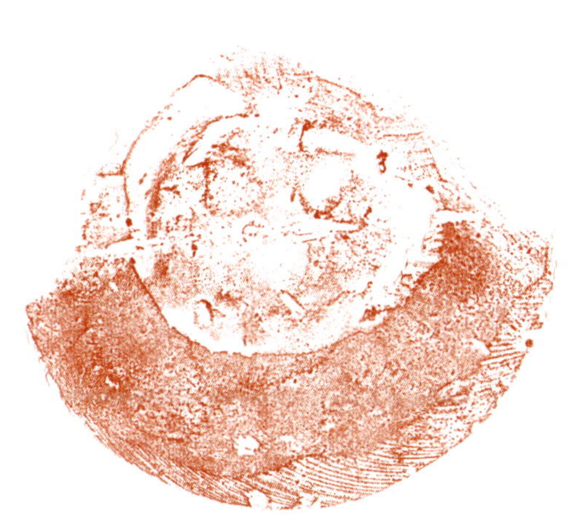

TG36B三号台基南⑤：66

当径16.1、当心径5.1、边轮宽1.1、缘深1、边轮厚2.3、当厚1.3厘米

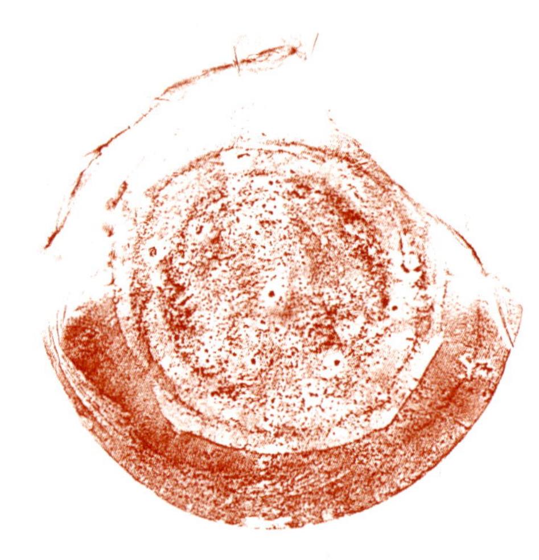

TG41⑥：8

当径16.2、当心径5.5、边轮宽1.3、缘深0.9、边轮厚2.1、当厚1.2厘米
筒瓦残长4.8、径16、厚2.2厘米

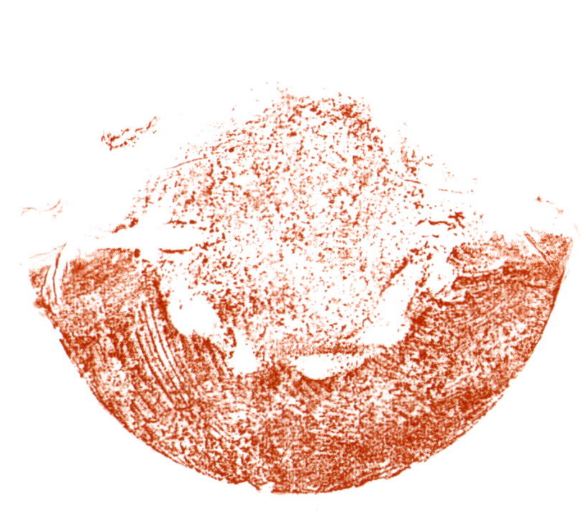

TG41⑦：19

当径16.8、当心径5.5、边轮宽1.3、缘深0.6、边轮厚2.1、当厚1.1厘米

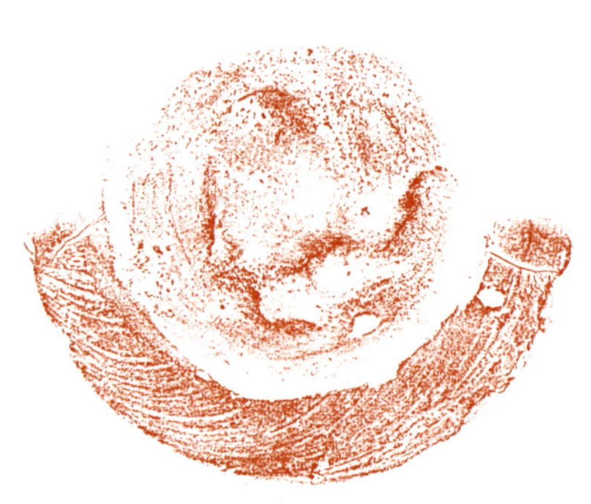

TG43⑦：25

当径16.8、当心径5.4、边轮宽1.2、缘深1.2、边轮厚2.8、当厚1.4厘米

筒瓦残长26、径16.3、厚1.3厘米

TG43⑦：35

当径16.7、当心径6.4、边轮宽1.1、缘深0.7、边轮厚2.1、当厚1.3厘米
筒瓦残长17.5、径16.5、厚1.9厘米

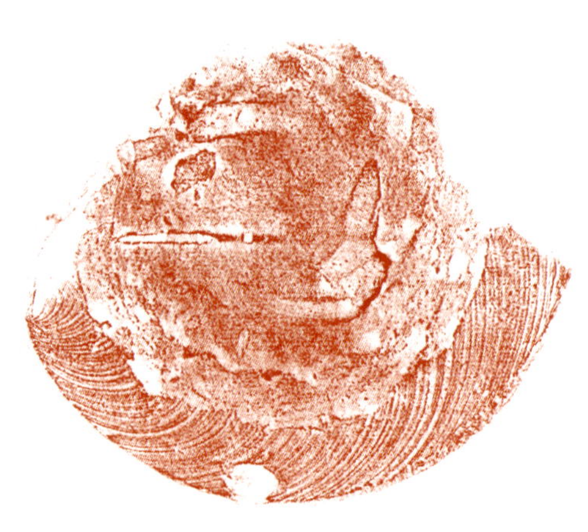

TG40⑦：39

当径16.7、当心径5.9、边轮宽1、缘深0.7、边轮厚2.4、当厚1.2厘米
筒瓦残长25.6、径16.3、厚0.9厘米

TG36B三号台基南⑤：158

当径17.2、当心复原径5.8、边轮宽1.2、缘深0.6、边轮厚2.1、当厚1厘米

筒瓦残长54.2、径17.3、厚1.3厘米，瓦唇长2.2、宽13、厚1.1厘米

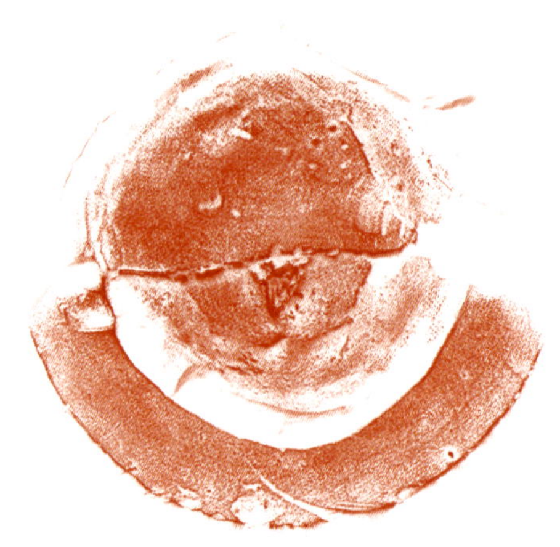

TG36B三号台基南⑤：178

当径16.6、当心径6、边轮宽1.2、缘深0.6、边轮厚2.2、当厚1.1厘米

TG41⑦：2

当径16.4、当心径5.7、边轮宽1.2、缘深0.7、边轮厚2.2、当厚1.7厘米

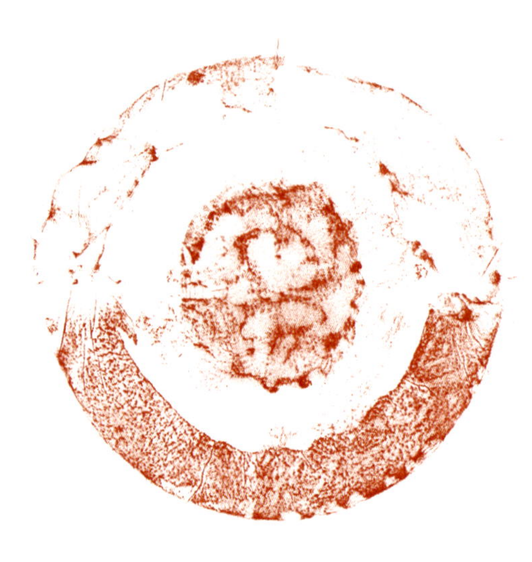

TG41⑦：31

当径16.8、当心径6、边轮宽1、缘深0.8、边轮厚2.5、当厚1.2厘米
筒瓦残长35.2、径17.1、厚1.4厘米

TG34⑤：4

当径16.2、当心径5.9、边轮宽1.2、缘深0.5、边轮厚2.2、当厚1.8厘米

TG40⑦：35

当径16.6、当心径5.9、边轮宽1.2、缘深0.6、边轮厚2.3、当厚1.2厘米
筒瓦残长12、径17、厚1.9厘米

TG40⑦：34

当径16.5、当心径5.9、边轮宽1.3、缘深0.9、边轮厚2、当厚1.1厘米
筒瓦残长38.5、径17、厚1.3厘米

TG40⑦：29

当径17.1、当心径5.7、边轮宽1.2、缘深0.6、边轮厚2.4、当厚1.5厘米
筒瓦残长30.3、径17.3、厚1.2厘米

TG41⑥：4

当径16.9、当心径5.6、边轮宽1.3、缘深0.7、边轮厚2.3、当厚1.8厘米
筒瓦残长12、径16.5、厚1.7厘米

TG41⑥：7

当径16.8、当心径5.6、边轮宽1.1、缘深0.5、边轮厚2.4、当厚1.4厘米
筒瓦残长29、径16.5、厚1.8厘米

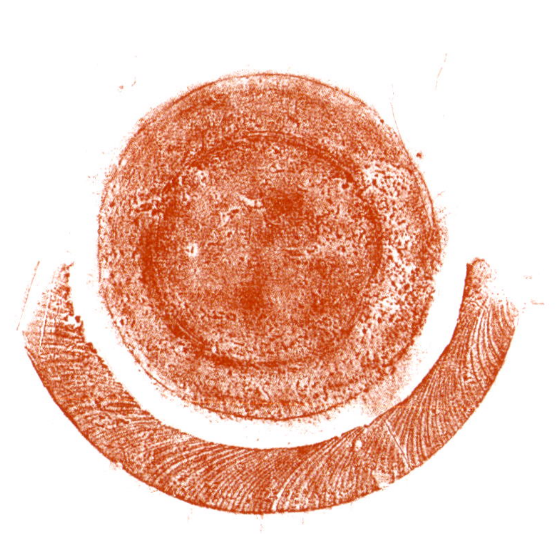

TG41⑥：13

当径16.2、当心径5.8、边轮宽1.2、缘深0.5、边轮厚2.4、当厚1.9厘米
筒瓦残长9.1、径15.9、厚1.7厘米

TG41⑦：3

当径16.2、当心径5.6、边轮宽1.2、缘深0.7、边轮厚2.5、当厚1厘米

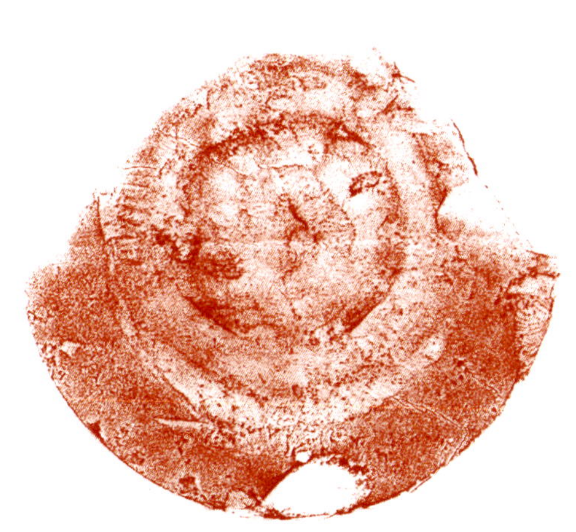

TG43⑥：12

当径16.8、当心径5.9、边轮宽1.3、缘深0.7、边轮厚2.3、当厚1.4厘米
筒瓦残长8.1、残径12.5、厚1.4厘米

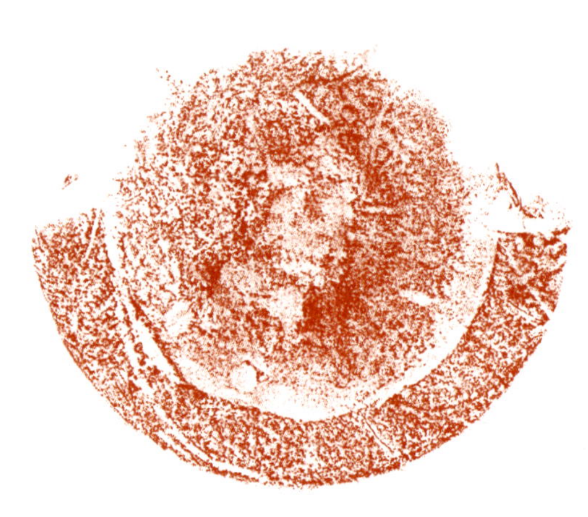

TG43⑦：3

当径16.5、当心径5.5、边轮宽1.4、缘深1、边轮厚2.1、当厚1厘米
筒瓦残长16、径16.3、厚1.6厘米

TG43⑦：7

当径16.2、当心径5.9、边轮宽1.1、缘深0.7、边轮厚2.8、当厚1.7厘米

筒瓦残长32.5、径16.3、厚1.5厘米

TG43⑦：8

当径16.9、当心径5.7、边轮宽1.2、缘深0.7、边轮厚2.4、当厚1.4厘米

筒瓦残长15.3、径16.6、厚1.8厘米

TG43⑦：16

当径16.9、当心径5.4、边轮宽1.4、缘深0.6、边轮厚1.7、当厚1厘米
筒瓦残长7、径16.5、厚1.8厘米

TG43⑦：18

当径16.6、当心径5.7、边轮宽1.3、缘深0.8、边轮厚2.3、当厚1.5厘米
筒瓦残长32.8、径16.2、厚1.7厘米

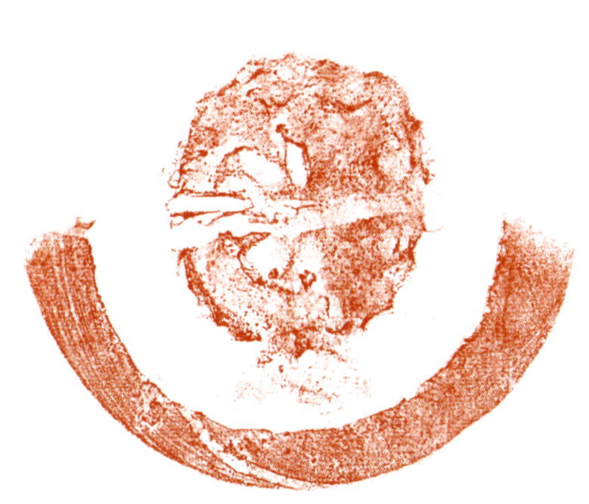

TG41⑦：1

当复原径16.8、当心径5.8、边轮宽1.2、缘深0.7、边轮厚2.6、当厚1.2厘米

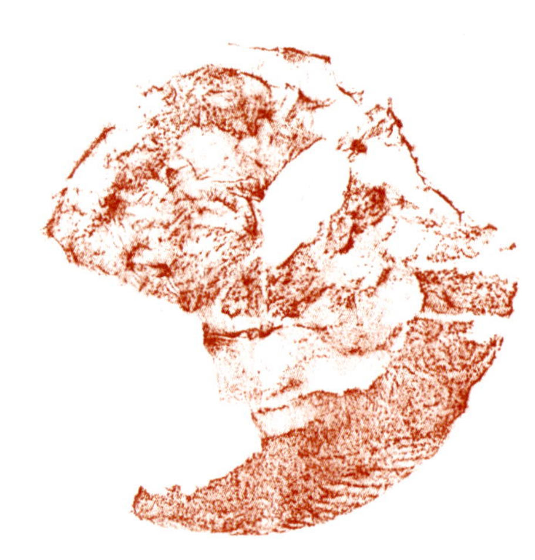

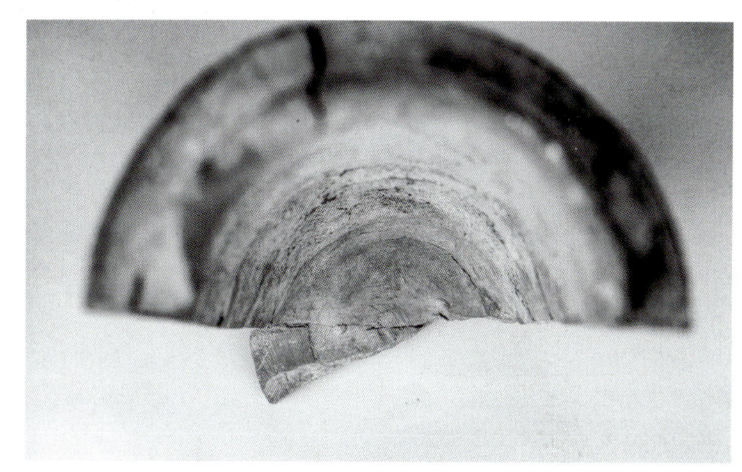

TG43⑦：40

当复原径17.1、当心复原径6.3、边轮宽1.5、缘深0.5、边轮厚2.6、当厚1.4厘米
筒瓦残长55、径17.3、厚1.3厘米，瓦唇长2.1、宽14、厚0.8厘米

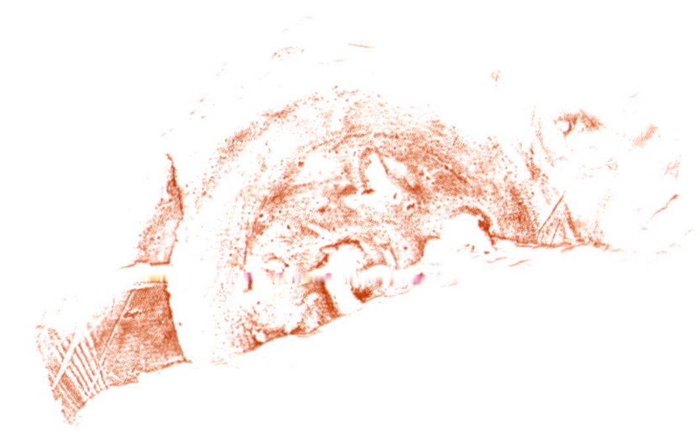

TG36B三号台基南⑤：35

当径16.3、当心径5.4、边轮宽1.3、缘深0.7、边轮厚2、当厚1.2厘米

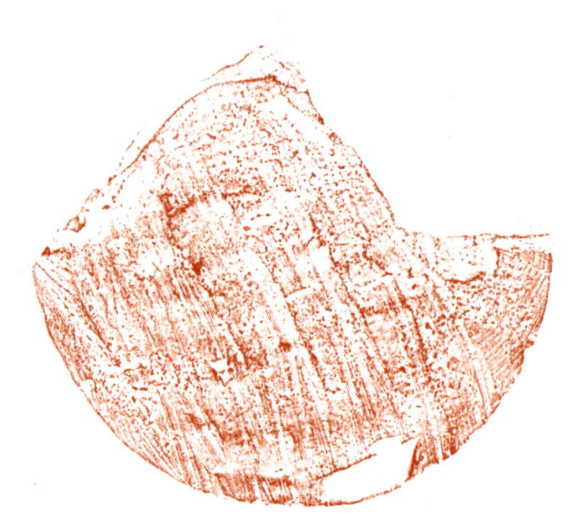

TG36B三号台基南⑤：28

当径16.4、当心径5.1、边轮宽1.2、缘深1、边轮厚2.4、当厚1.4厘米

TG36B三号台基南⑤：59

当径16.7、当心径5.4、边轮宽1.3、缘深1、边轮厚2.3、当厚1.3厘米

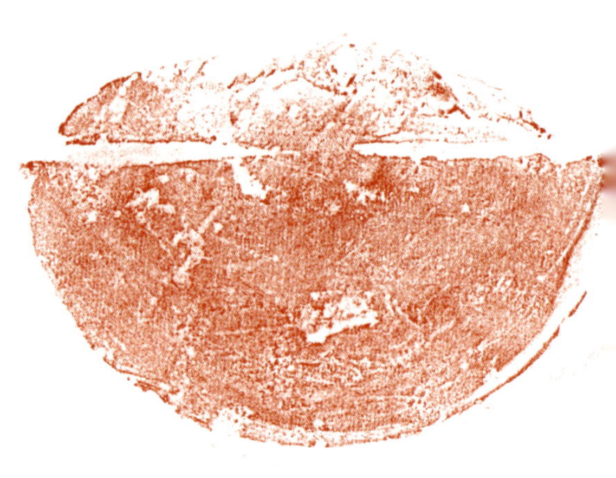

TG11⑤：23

当复原径16.2、当心5.7、边轮宽1、缘深0.6、边轮厚2.4、当厚1.3厘米

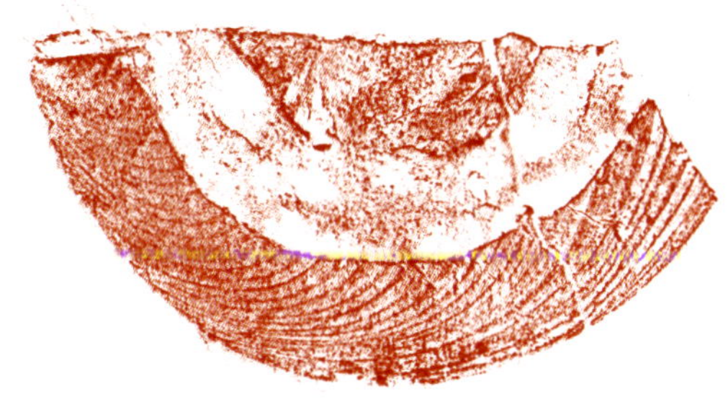

TG13⑤：3

当径16.5、当心径5.7、边轮宽1.1、缘深0.6、边轮厚2.3、当厚1.2厘米

TG11⑤：24

当径16、当心径5.6、边轮宽1.3、缘深0.8、边轮厚2.4、当厚1.3厘米

TG11⑤：1

当径16.2、当心径5.6、边轮宽1.4、缘深0.8、边轮厚2.1、当厚1厘米

81CY太陵采集：9

当复原径15.8、当心径5.1、边轮宽1.2、缘深0.6、当厚1.2厘米

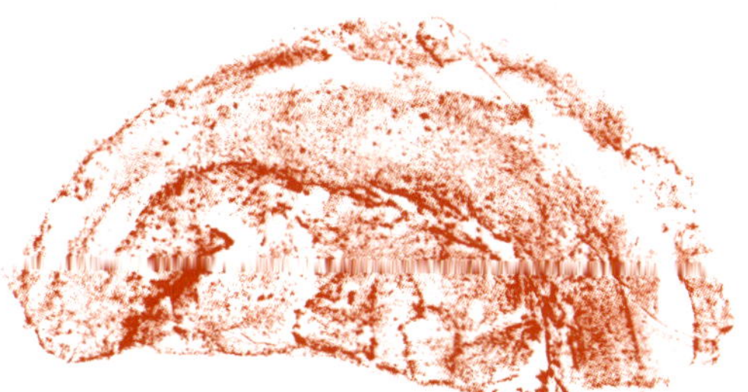

TG40④d：1

当块长10.9、宽10.2、当心径6、当厚1.7厘米

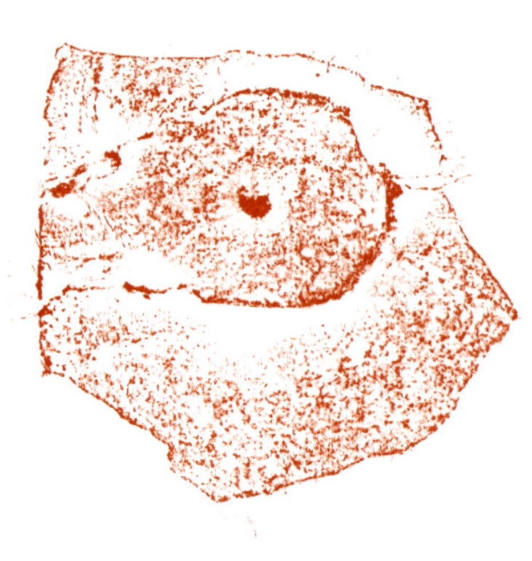

80CY南门址T4⑤：2

当复原径14.9、当心径4.9、边轮宽0.9、缘深0.4、边轮厚1.8、当厚0.9厘米

TG43⑦：24

当径16.5、当心径5.8、边轮宽1.2、缘深0.8、边轮厚2.1、当厚1.4厘米

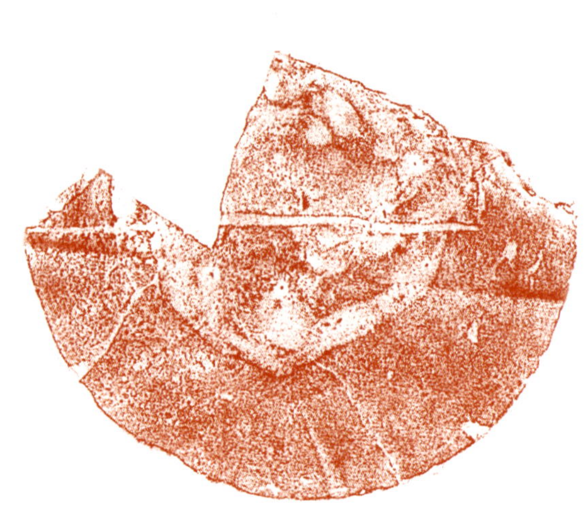

TG43⑦：28

当复原径16.8、当心径5.4、边轮宽1.3、缘深1.3、边轮厚2.4、当厚1.2厘米

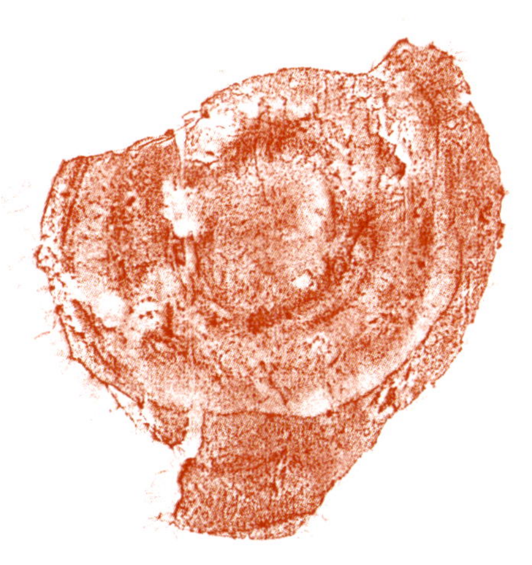

TG43⑥：8

当径16.3、当心径5.7、边轮宽1.2、缘深0.6、边轮厚2.4、当厚1.1厘米

TG43廊道⑦：33

当复原径17.2、当心径5.6、边轮宽1.5、缘深0.7、边轮厚2、当厚1厘米

TG43⑦：34

当复原径16.3、当心径6.1、边轮宽0.9、缘深0.8、边轮厚2.4、当厚1.6厘米

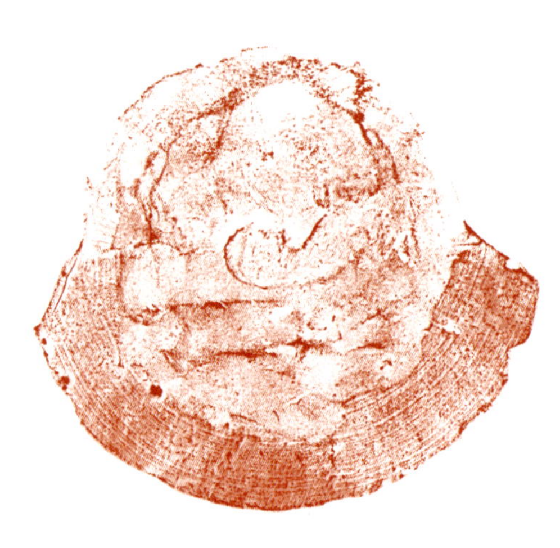

TG43⑦：15

当残块长13、宽11.8、当心复原径5.6、当厚1.3厘米

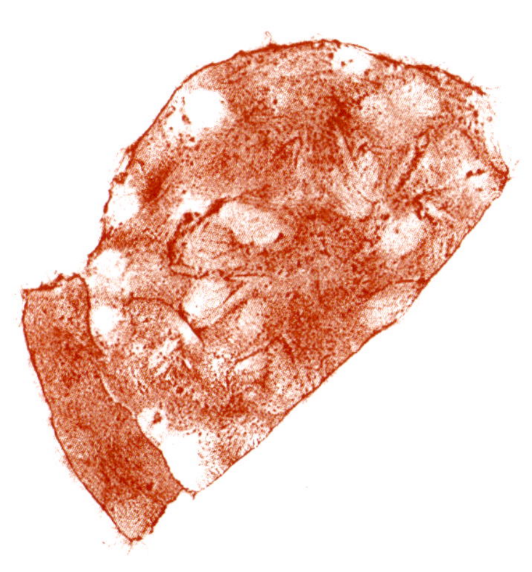

TG43⑥：7

当复原径17、当心复原径5.7、边轮宽1.1、缘深0.8、边轮厚1.9、当厚1.1厘米

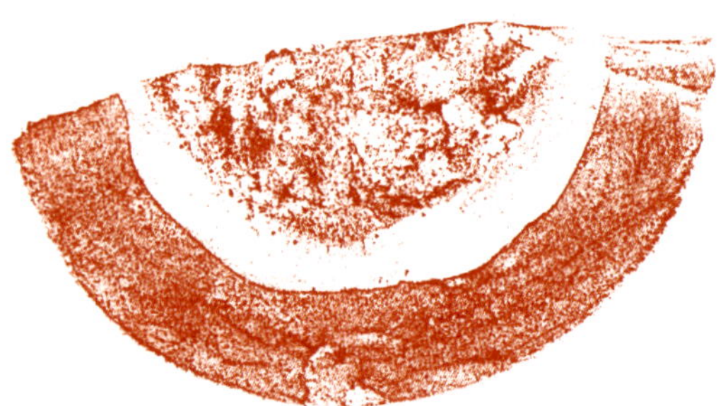

TG41H170③：4

当径17、当心径5.9、边轮宽1.1、缘深0.7、边轮厚2.5、当厚1.2厘米

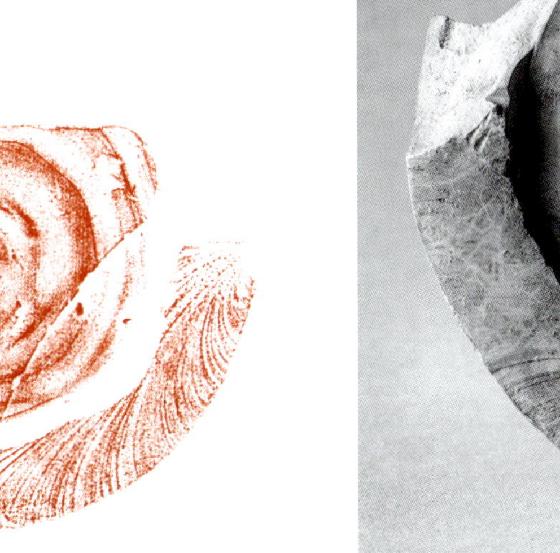

TG43⑥：1

当复原径14.3、当心径5.4、边轮宽1.5、缘深0.6、边轮厚2.1、当厚1.6厘米

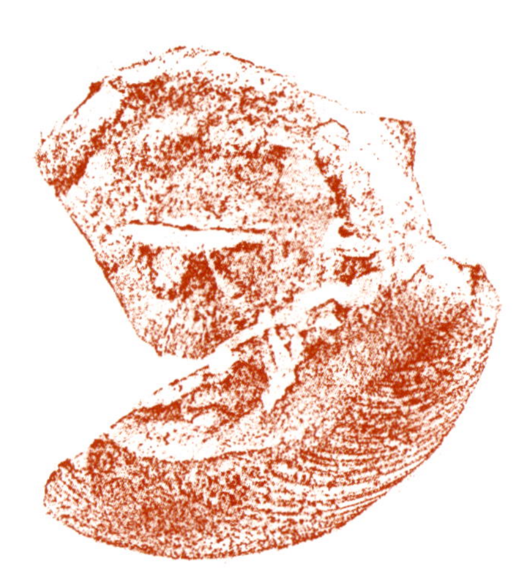

TG41五号台基F5：7

当径16.7、当心径5.8、边轮宽1.1、缘深0.6、边轮厚2.2、当厚1.1厘米

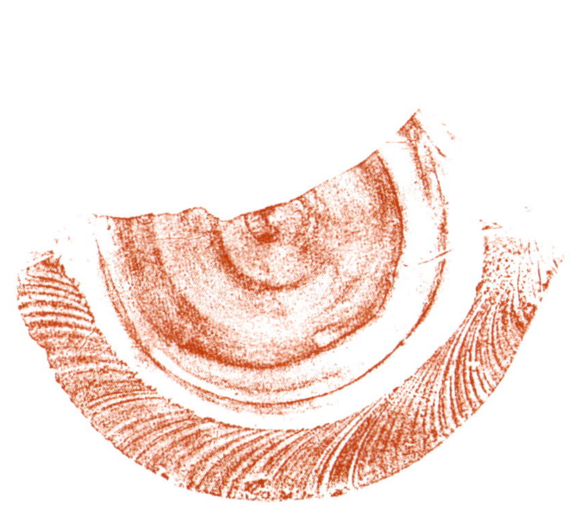

TG43⑤：1

当复原径17、当心复原径5.7、边轮宽1、缘深0.7、边轮厚2.3、当厚1.3厘米

TG41⑦：23

当复原径16.8、当心径5.9、边轮宽1.2、缘深0.7、边轮厚2.1、当厚1.2厘米

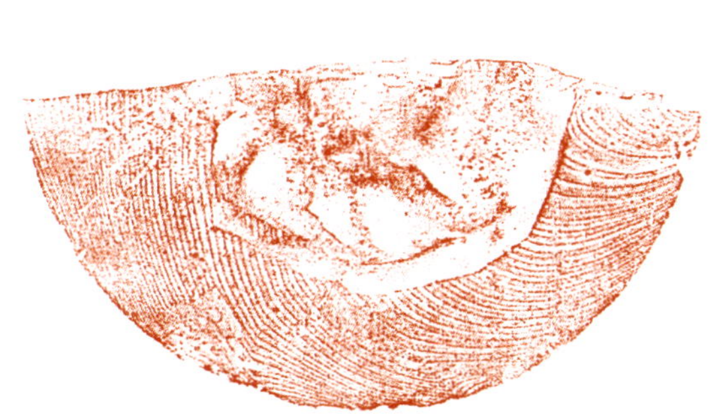

TG40H162：6

当复原径15.7、当心复原径5.5、边轮宽1.1、缘深0.9、边轮厚2.4、当厚1.7厘米

TG40⑦：47

当复原径16.5、当心复原径5.9、边轮宽1.1、缘深0.6、当厚1.2厘米
筒瓦残长24.5、残径16.5、厚1.7厘米

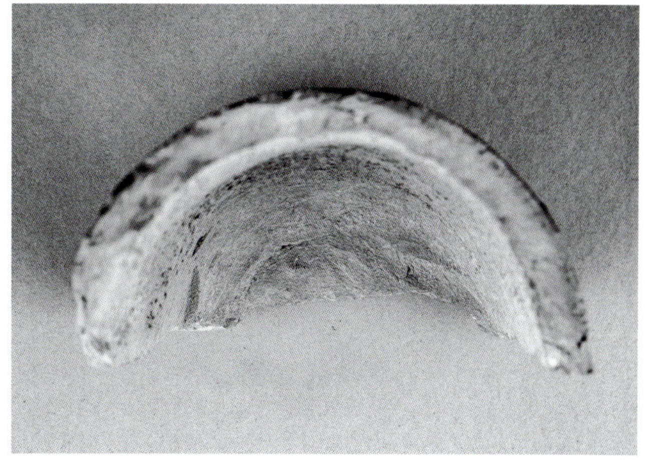

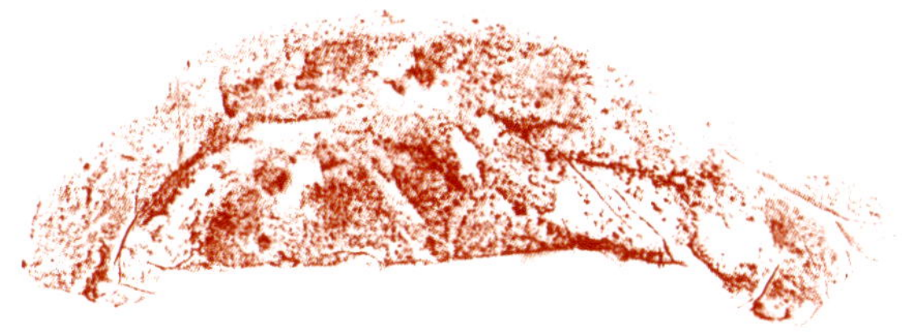

TG40四号台基南扩方⑦：73

当复原径16.5、当心复原径5.2、边轮宽1.3、缘深0.8、当厚1.2厘米
筒瓦残长21.4、残径16.3、厚1.5厘米

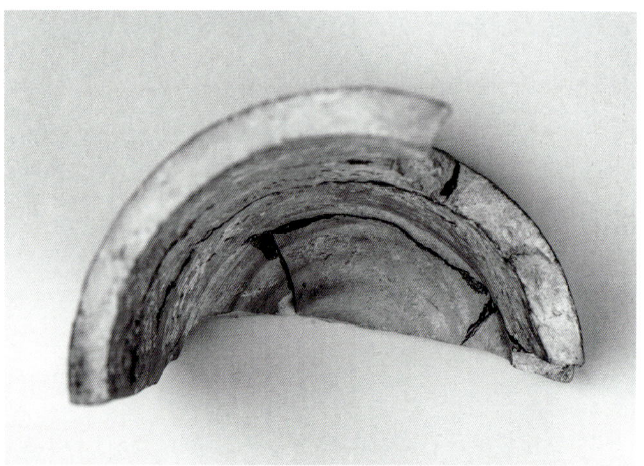

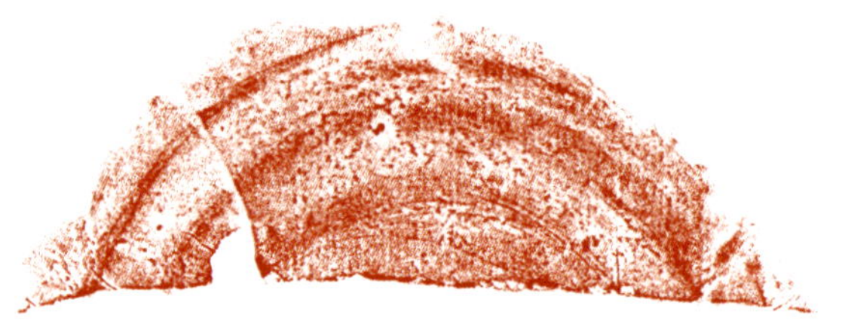

TG40⑦：98

当复原径16.1、当心复原径5.8、边轮宽1.2、缘深0.6、当厚1.2厘米
筒瓦残长7.5、残径15.5、厚2.5厘米

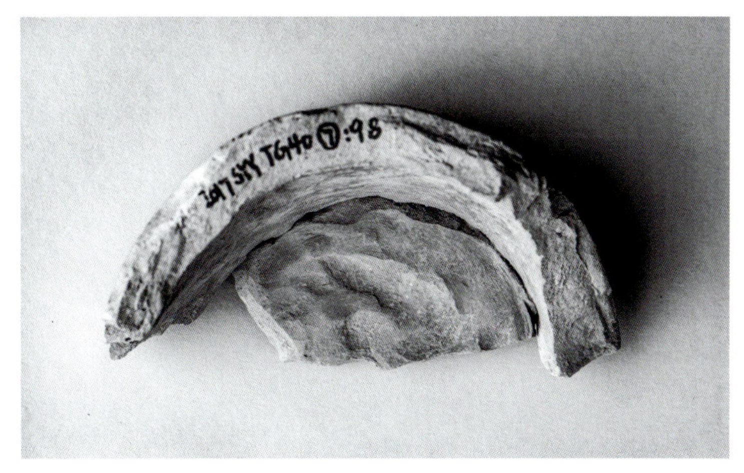

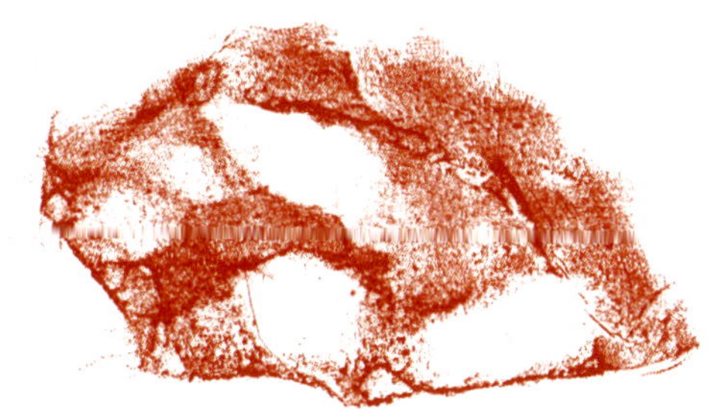

TG36B三号台基南⑤：70

当复原径16.8、当心复原5.7、边轮宽1.3、缘深0.6、边轮厚2.3、当厚1.2厘米

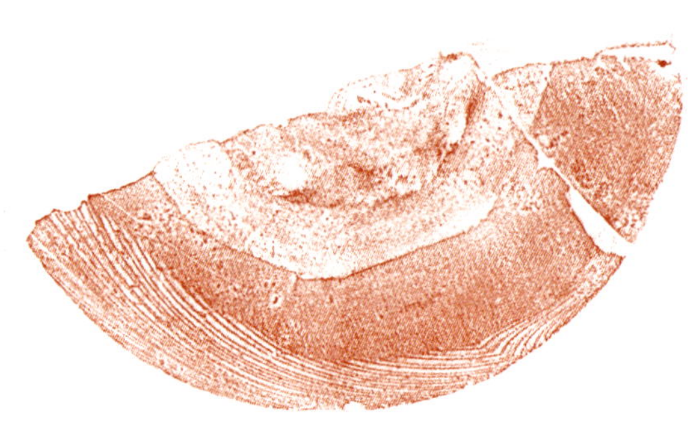

TG41⑦：24

当径16.7、当心径5.5、边轮宽1.2、缘深0.6、边轮厚2.1、当厚1厘米

TG41⑦：17

当复原径16.7、当心径5.9、边轮宽1.3、缘深0.6、边轮厚2.5、当厚1.5厘米

TG41⑦：7

当残块长14.1、宽8.9、当心径6、当厚1.7厘米

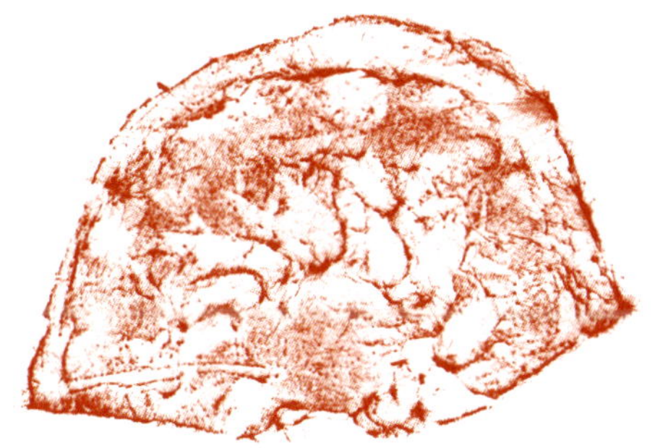

TG41⑦：29

当复原径16.7、当心复原径5.7、边轮宽1.2、缘深0.5、当厚1厘米
筒瓦残长19、残径16.5、厚1.2厘米

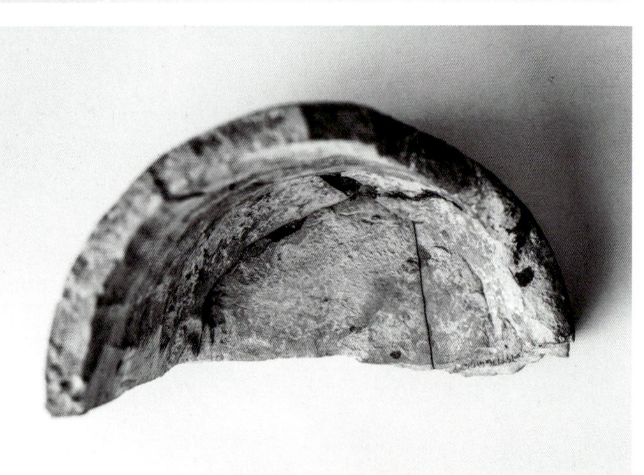

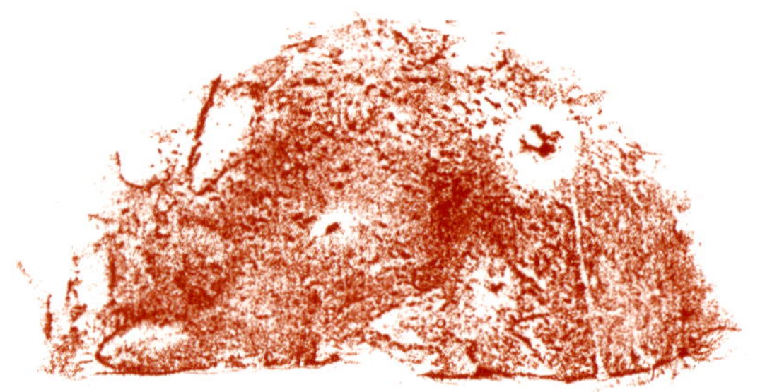

TG51L28：8

当复原径16.1、当心径5.7、边轮宽1、缘深0.5、边轮厚1.7、当厚0.9厘米

TG43三号台基西⑦：34

当复原径16、当心径5.5、边轮宽1.2、缘深1、边轮厚2、当厚1.2厘米

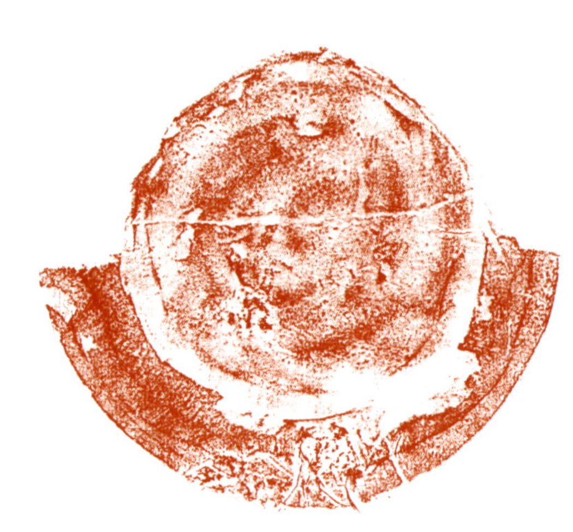

TG51L26：18

当复原径15.9、当心复原径5.5、边轮宽1、缘深0.7、边轮厚1.8、当厚1.2厘米

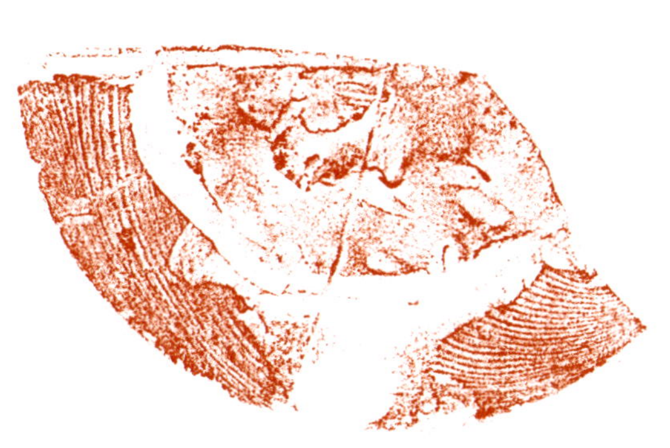

TG43三号台基西⑦：33

当径16.3、当心径5.5、边轮宽1.2、缘深0.7、边轮厚2.1、当厚1.1厘米

TG40⑦：43

当复原径17.1、当心复原径5.6、边轮宽1.1、缘深0.8、当厚1.3厘米
筒瓦残长22.5、残径16.5、厚1.6厘米

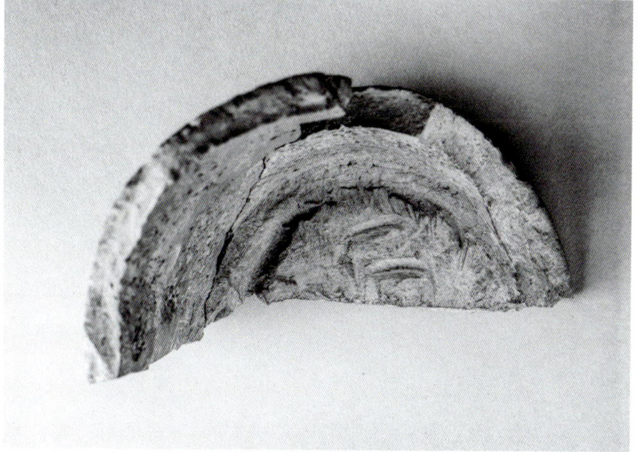

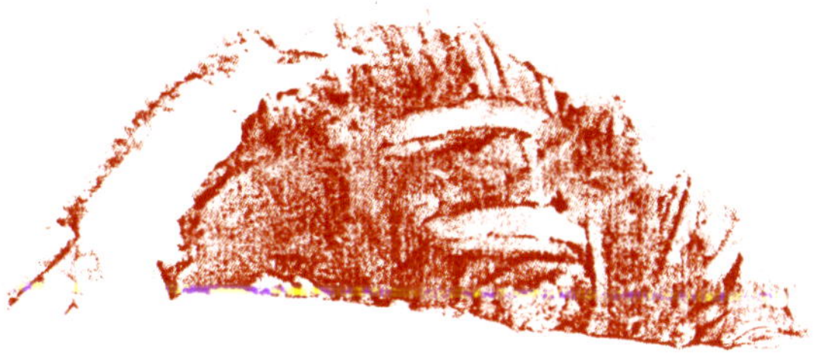

TG40⑦：38

当径16.3、当心径5.7、边轮宽1、缘深0.5、边轮厚2.5、当厚1.3厘米
筒瓦残长10.2、径16.5、厚1.7厘米

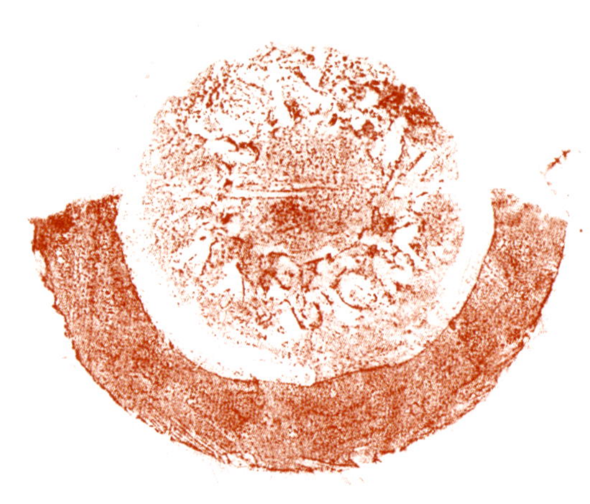

TG40⑦：36

当复原径16.6、当心复原径6.1、边轮宽1.1、缘深0.5、当厚1厘米
筒瓦残长16、径16.7、厚1.5厘米

TG40⑦：28

当径16.6、当心径5.4、边轮宽1.1、缘深0.4、边轮厚2.5、当厚1.1厘米

筒瓦残长16.2、残径13.2、厚0.8厘米

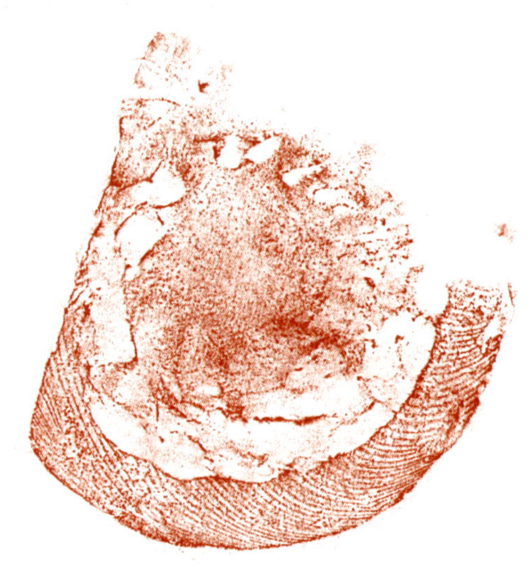

TG40⑦：18

当径16.6、当心径5.9、边轮宽1.3、缘深0.6、边轮厚2.2、当厚1.2厘米
筒瓦残长12、残径11.5、厚1.6厘米

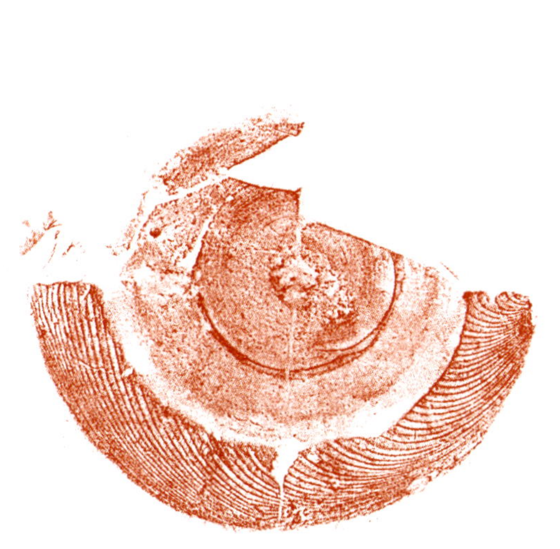

TG36B三号台基北⑤：1

当径16.5、当心径5.7、边轮宽1.3、缘深0.7、边轮厚2.4、当厚1.1厘米

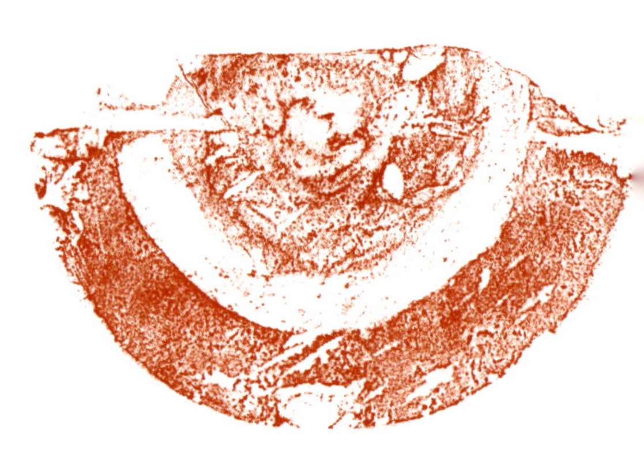

TG41⑥：11

当复原径17.1、当心复原径5.8、边轮宽1.3、缘深0.7、边轮厚2.5、当厚1.6厘米

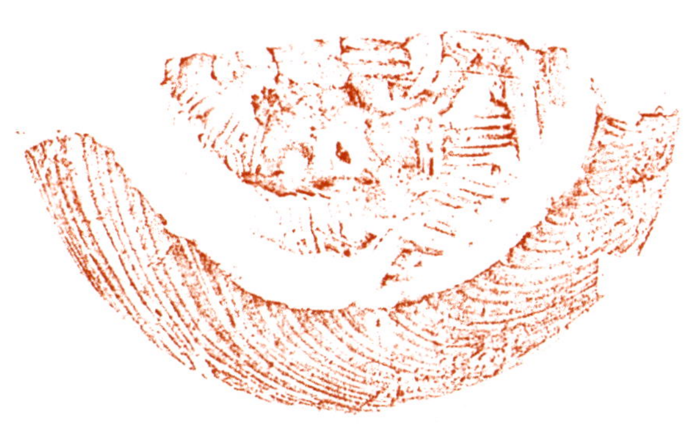

TG41⑥：33

当复原径16.4、当心径5.6、边轮宽1.1、缘深0.6、边轮厚2.2、当厚1.5厘米

TG41⑥：14

当复原径16.8、当心径6、边轮宽1、缘深0.8、边轮厚2.5、当厚1.3厘米

TG40⑦：44

当复原径16.5、当心复原径5.7、边轮宽1.2、缘深0.6、当厚1.1厘米
筒瓦残长36.3、径16.2、厚1.3厘米

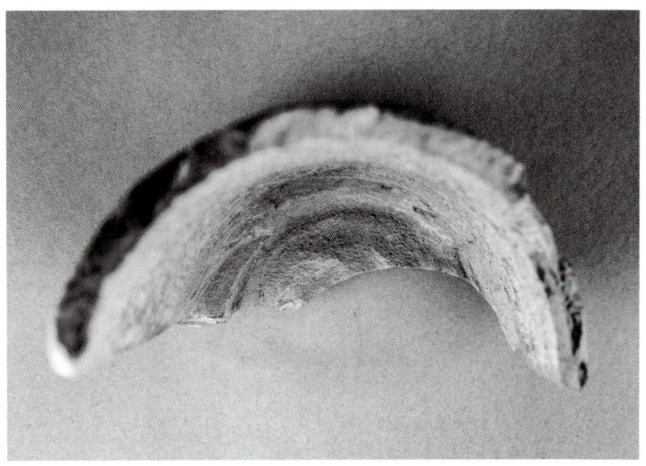

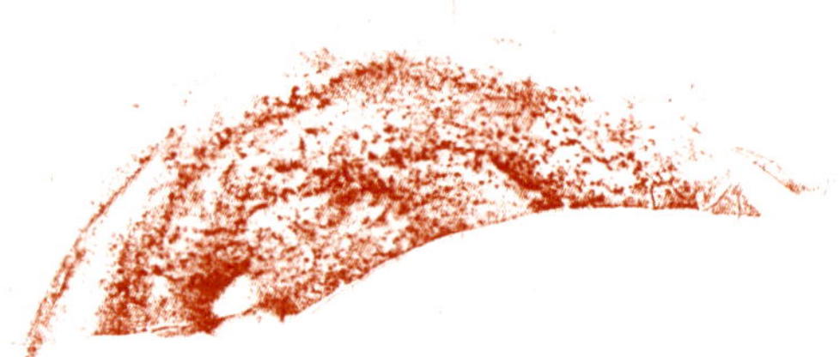

TG40⑦：27

当复原径13.4、当心复原3.9、边轮宽1.1、缘深0.5、当厚1厘米
筒瓦残长17.3、径14.5、厚1.3厘米

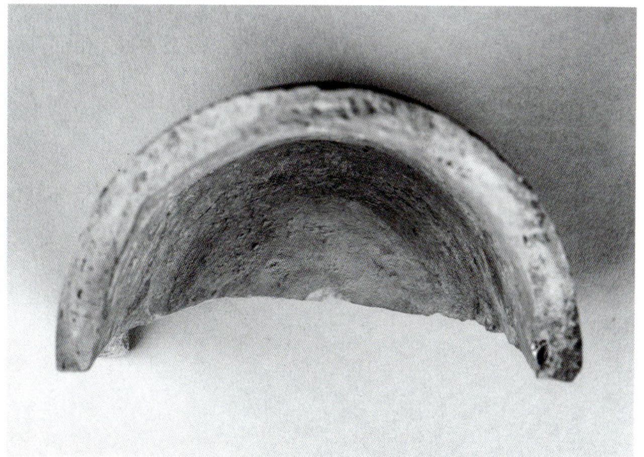

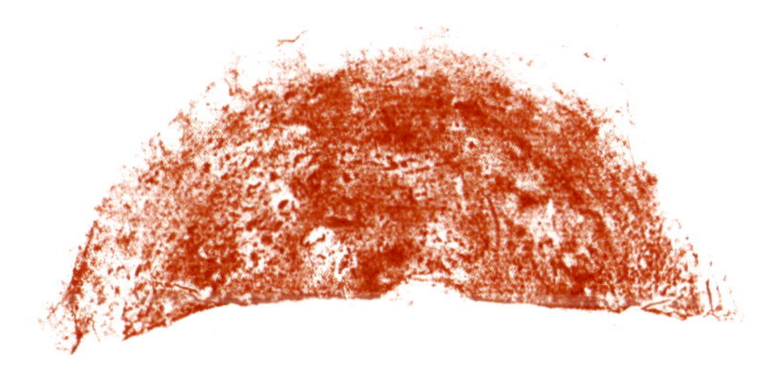

TG40④d：30

当残块长10、宽7.3、当心复原径5.4、当厚0.9厘米

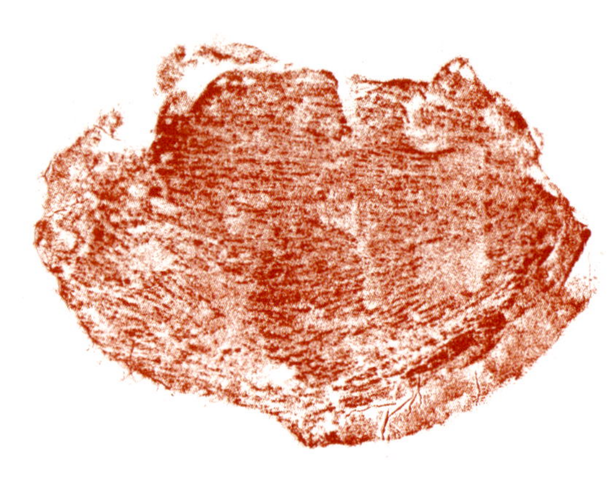

81CY太陵采集：17

当块长10、宽6.9、边轮宽0.7、缘深0.4、边轮厚1.2、当厚1.4厘米

81CY太陵采集：10

当复原径16、当心复原径7.3、边轮宽0.7、缘深0.5、当厚0.9厘米

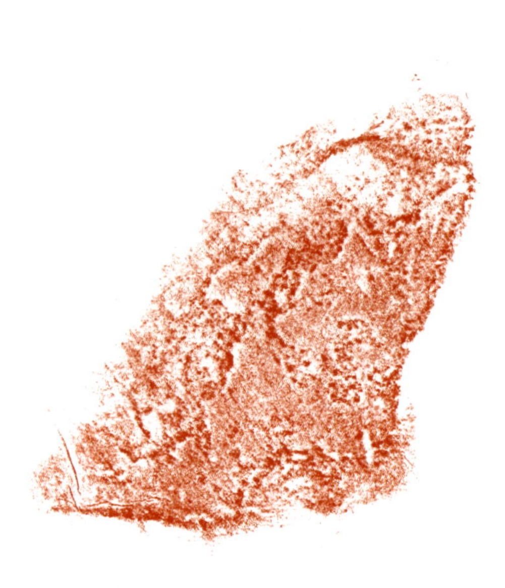

TG41五号台基南墙外：19

当复原径16.8、边轮宽1.1、缘深0.5、当厚1.1厘米
筒瓦残长41.6、径16.9、厚1厘米

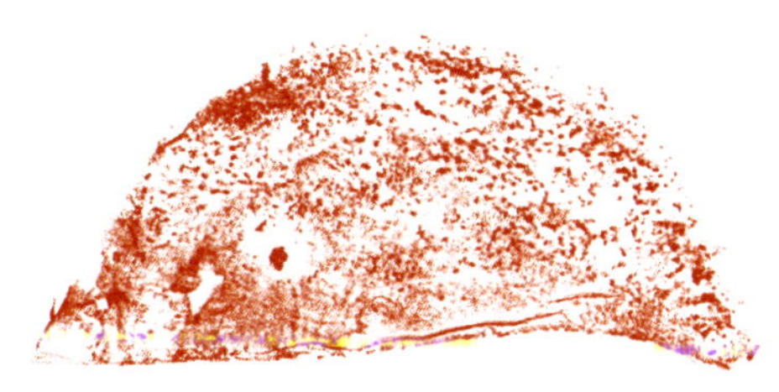

TG43⑥：9

当复原径16.5、当心径5.8、边轮宽1.1、缘深0.5、当厚1厘米
筒瓦残长9.7、残径9.5、厚1.4厘米

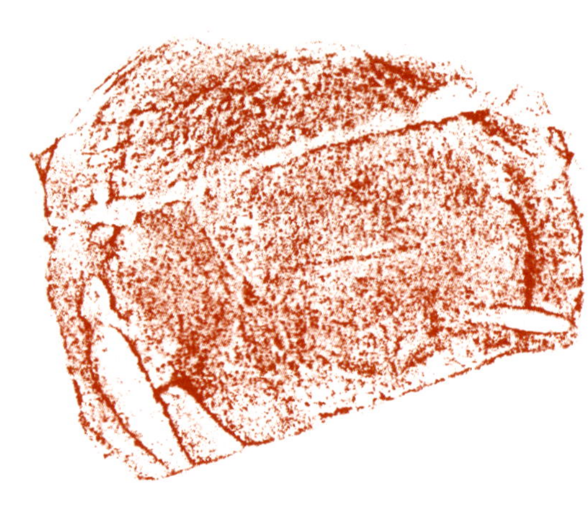

TG43⑦：5

当复原径17.3、当心复原径6.1、边轮宽1.4、缘深0.7、当厚1厘米
筒瓦残长29、径17.3、厚1.5厘米

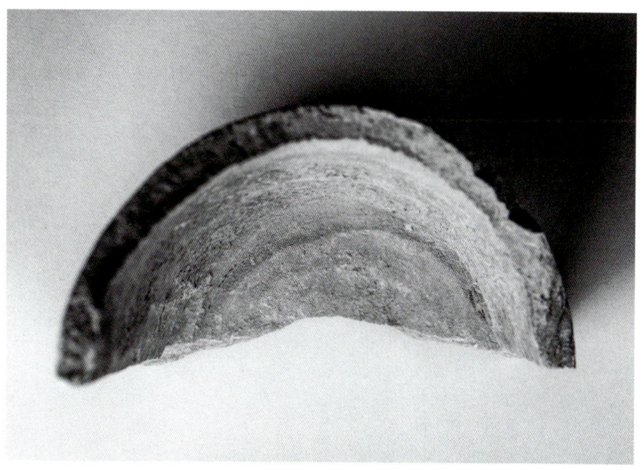

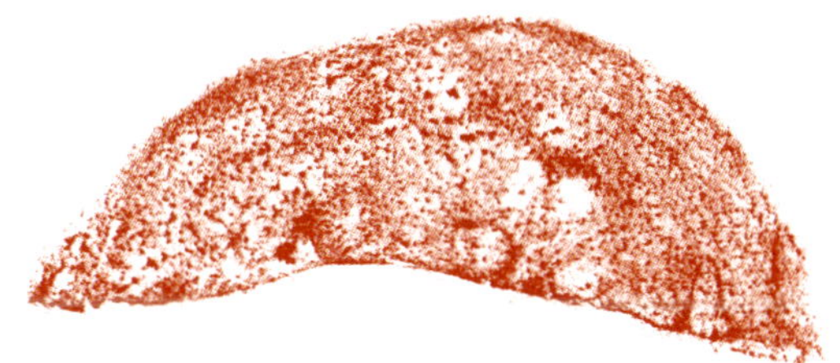

TG40⑦：6

当复原径16.5、当心复原径6.3、边轮宽1.2、缘深0.8、当厚1厘米
筒瓦残长28、径16.1、厚0.9厘米

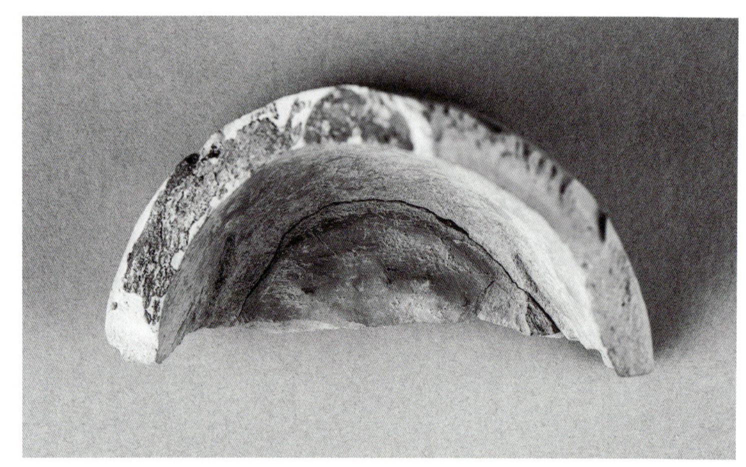

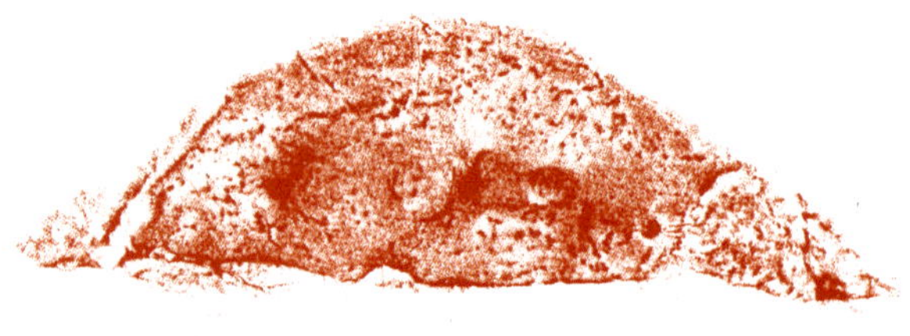

TG41⑦：12

当复原径16.9、当心复原径5.7、边轮宽1.3、缘深0.7、边轮厚2.1、当厚1.1厘米

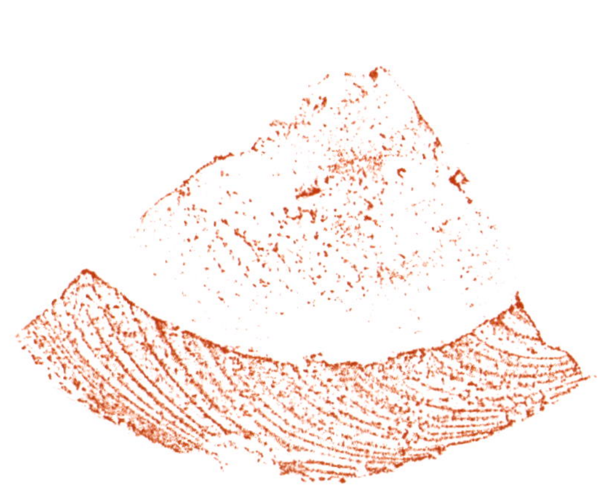

TG41⑦：27

当复原径12.6、当心复原径4.2、边轮宽1、缘深0.5、边轮厚1.3、当厚1厘米

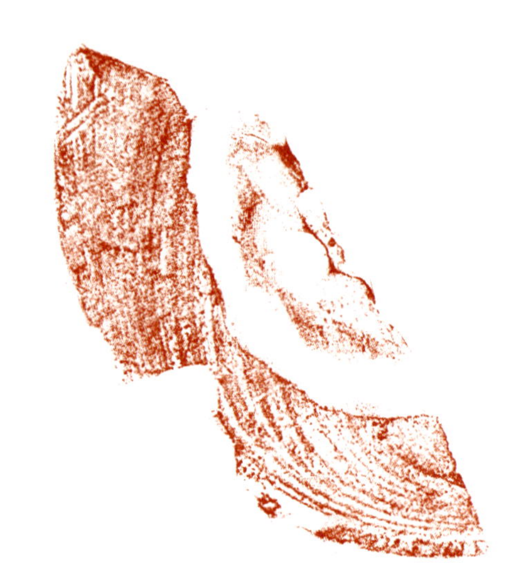

TG41五号台基F4：19

当复原径17.3、当心复原径5.8、边轮宽1.3、缘深0.8、当厚1.2厘米

筒瓦残长13.5、径16.5、厚1.3厘米

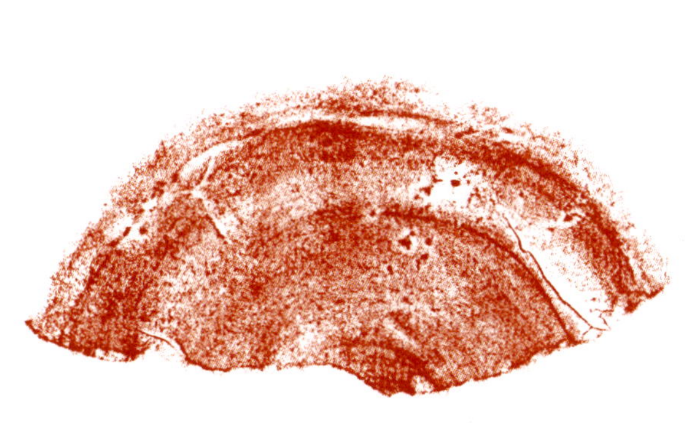

新丰吴中村：3

当复原径16.6、当心复原径5.8、边轮宽1、缘深0.9、当厚1.8厘米

TG36B三号台基南⑤：37

当复原径16.6、当心复原径5.6、边轮宽1、缘深0.7、边轮厚1.9、当厚0.6厘米

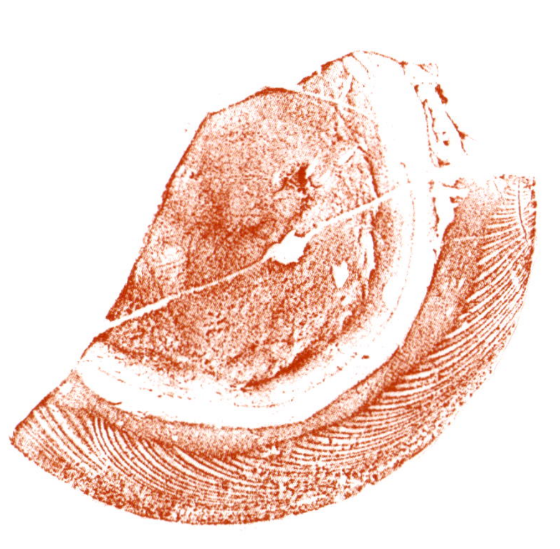

TG4⑨：6

当残径12.5、当心径5.5、边轮宽0.9、缘深0.6、边轮厚2.4、当厚0.7厘米

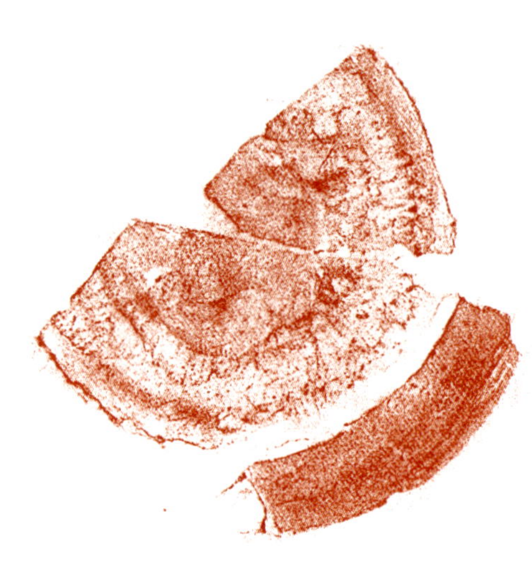

TG36B三号台基南⑤：7

当径16.3、当心径5.8、边轮宽1.2、缘深0.7、边轮厚2.6、当厚1.1厘米
筒瓦残长7、残径6.5、厚2厘米

TG34H96：2

当复原径15.9、当心复原径5.2、边轮宽1.2、缘深0.6、边轮厚2、当厚1.2厘米

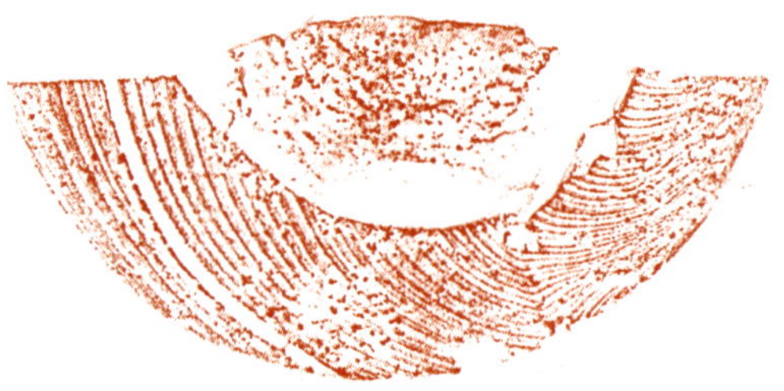

TG11⑤：15

当残径15.5、当心径5.5、边轮宽1.2、缘深0.6、边轮厚2.2、当1.3厘米

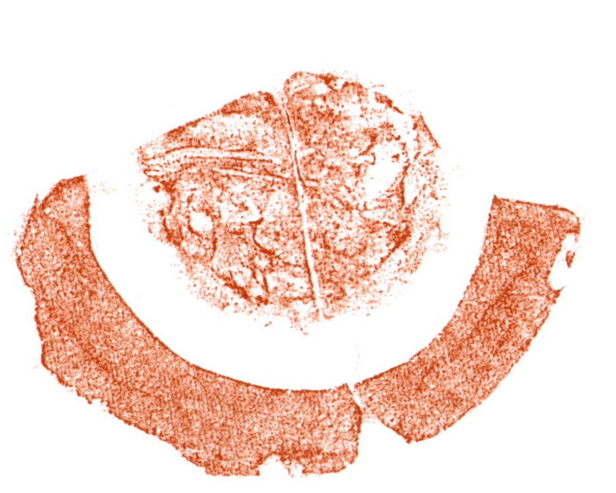

TG3H32：1

当复原径15.9、当心径5.6、边轮宽1.5、缘深0.5、边轮厚2.5、当厚1.3厘米

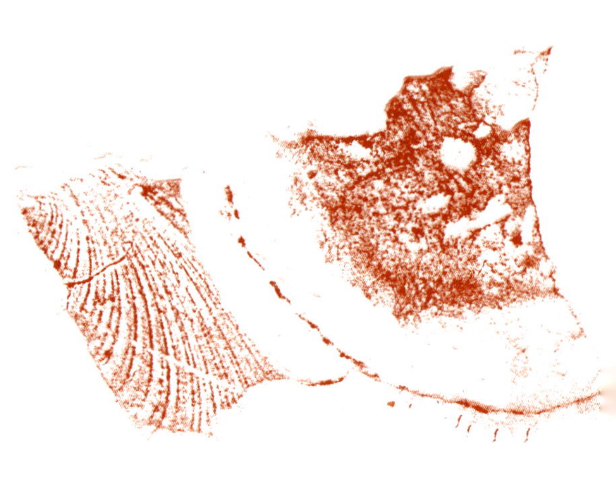

80CY五号址T2H2：1

当径14.9、当心径6.8、边轮宽0.6、缘深0.5、边轮厚2.3、当厚1.2厘米

TG42⑤：1

当复原径15.2、当心径5.5、边轮宽0.7、缘深0.6、边轮厚1.8、当厚1厘米

新丰吴中村：1

当复原径16.6、当心复原径5.7、边轮宽0.8、缘深0.8、边轮厚2.6、当厚1.1厘米

81CY关山镇冉村M1：2

当复原径15.2、当心径5.3、边轮宽0.8、缘深0.5、边轮厚1.6、当厚1.1厘米

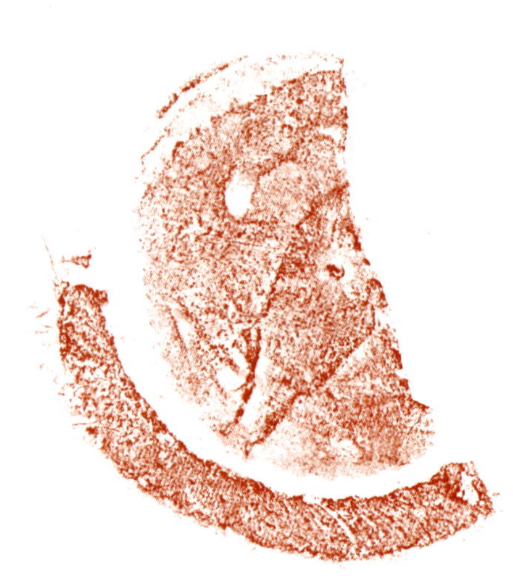

81CY玉保大队采集：16

当复原径15、当心径5.7、边轮宽0.6、缘深0.5、边轮厚2.1、当厚1.4厘米

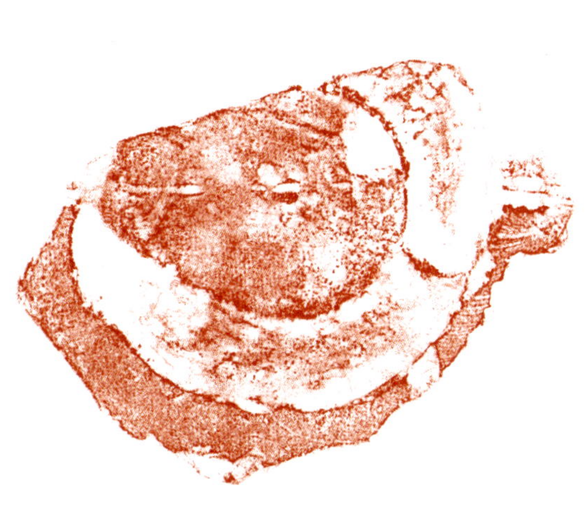

TG40⑦：99

当径16.6、当心径5.9、边轮宽1.2、缘深0.7、边轮厚2.7、当厚1.2厘米

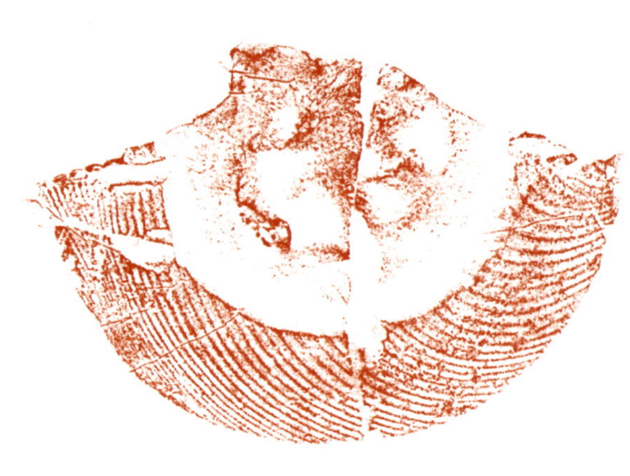

TG41五号台基南墙外：20

当径16.4、当心复原5.7、边轮宽1.2、缘深0.6、边轮厚2.2、当1.2厘米

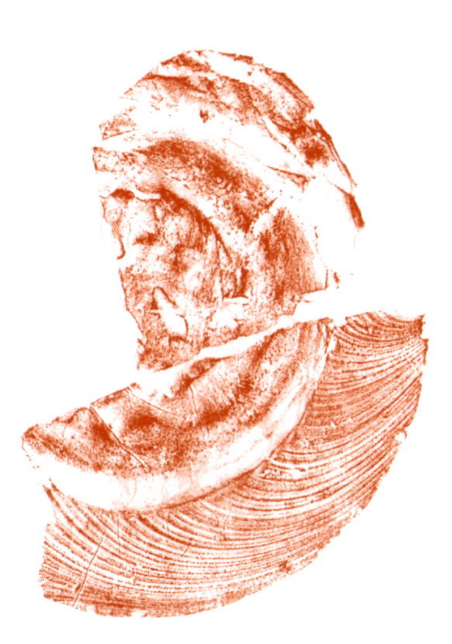

TG51⑮：5

当复原径16.2、当心复原径5.5、边轮宽0.9、缘深0.8、边轮厚2.2、当厚1.3厘米

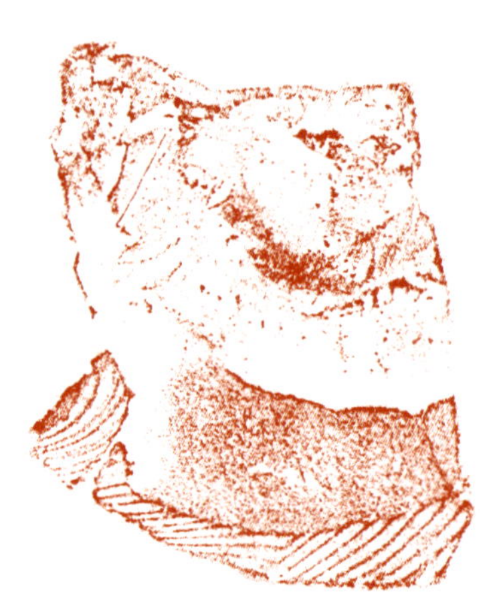

TG36B三号台基南⑤：165

当复原径16.5、当心复原径5.5、边轮宽1.3、缘深0.8、边轮厚2.3、当厚1.3厘米
筒瓦残长41.3、径16.8、厚1.5厘米

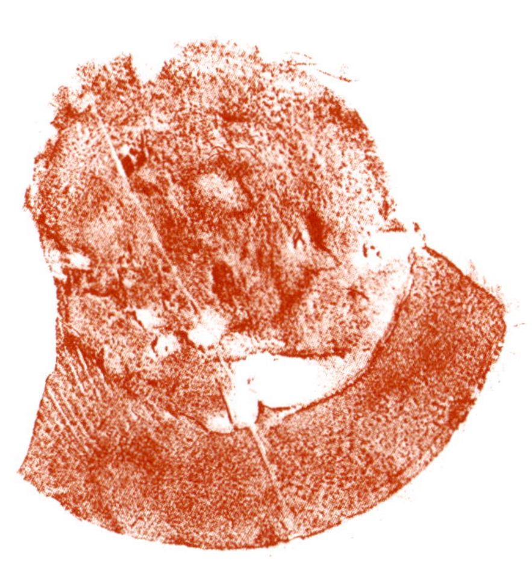

TG43廊道⑦：18

当复原径16.3、当心复原径5.7、边轮宽1.2、缘深0.6、边轮厚3.2、当厚1.1厘米 筒瓦长54.1、径16.9、厚1厘米，瓦唇长1.7、宽12.2、厚0.5厘米

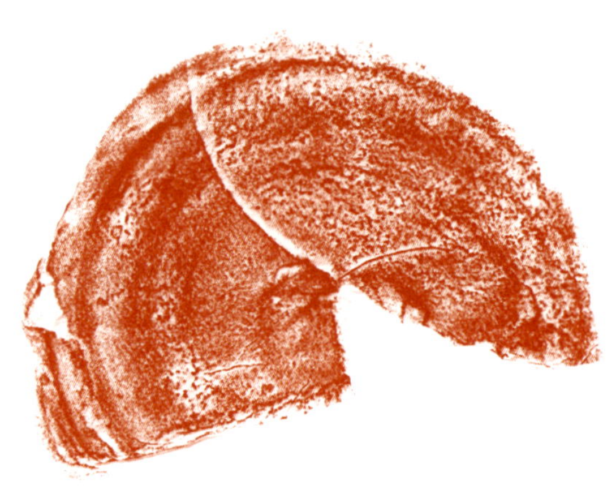

81CY太陵T1：22

当复原径16、当心径5、边轮宽1.2、缘深0.6、边轮厚2、当厚1.4厘米

TG41⑦：8

当复原径15.9、当心复原径4.8、边轮宽1.3、缘深0.7、当厚1.4厘米

TG36B三号台基南⑤：159

当复原径16.6、边轮宽1.3、缘深0.7、当厚1.4厘米

筒瓦长56、径16.8、厚1.1厘米，瓦唇长1.7、宽12.7、厚0.9厘米

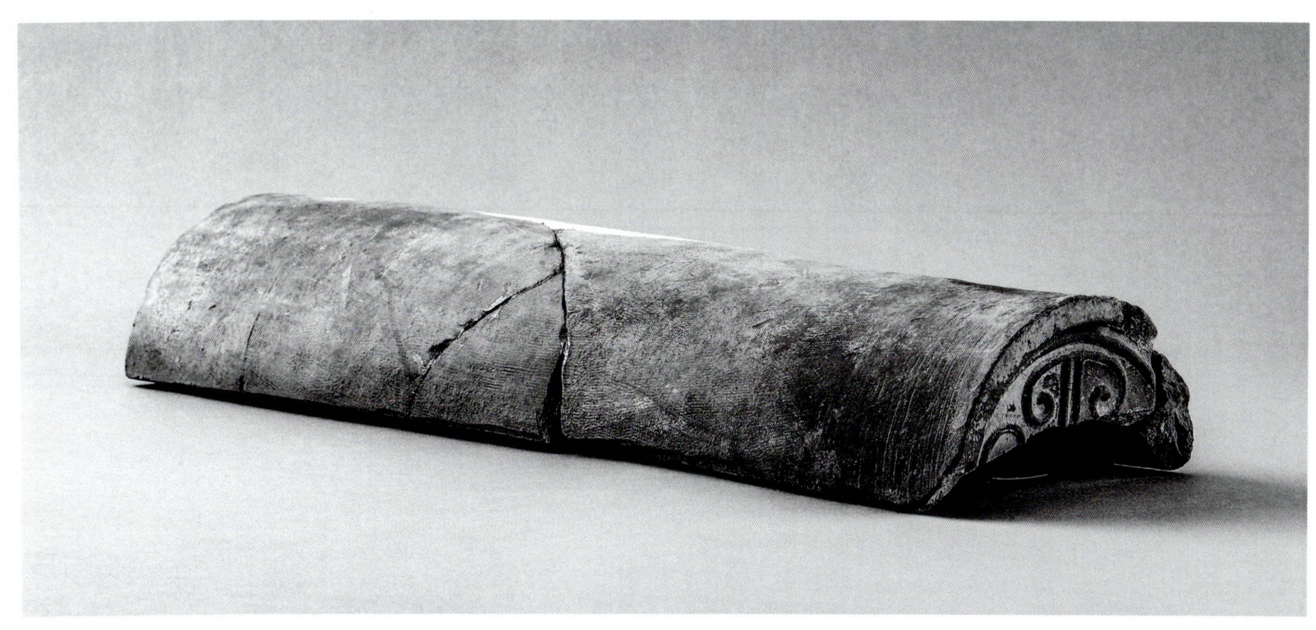

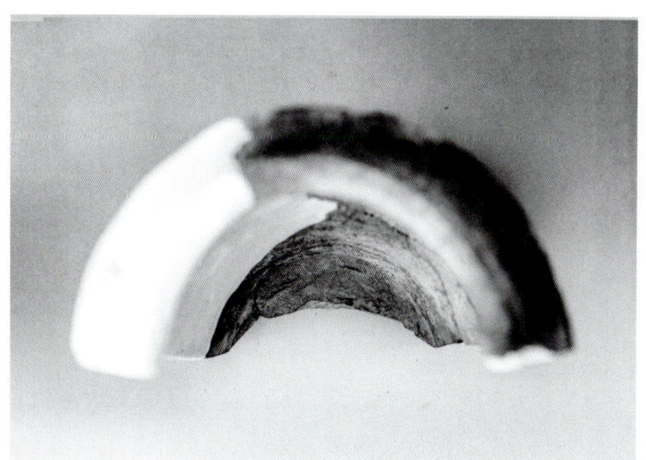

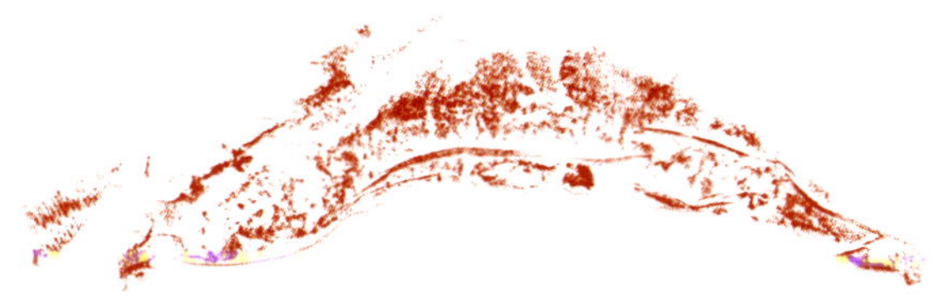

TG41⑦：6

当复原径14.9、边轮宽1.2、缘深0.6、边轮厚2.4、当厚1.3厘米

TG41⑦：16

当复原径16.4、边轮宽1.2、缘深0.6、边轮厚2.7、当厚1.4厘米
筒瓦残长15、径16.5、厚1.2厘米

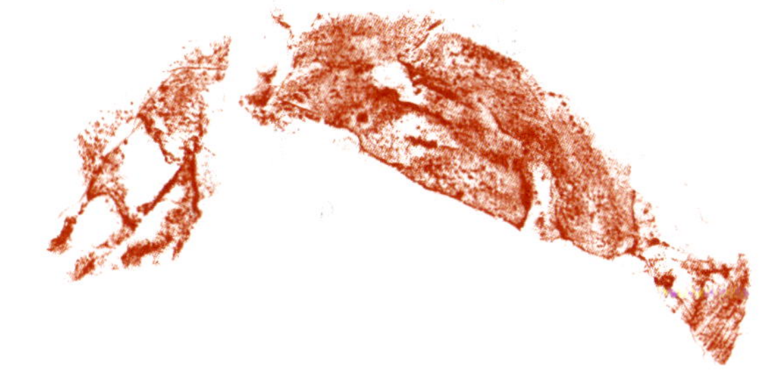

TG34H96：52

当复原径15.6、边轮宽1、缘深0.8、边轮厚2、当厚1.5厘米

TG27H83②：63

当复原径17.3、边轮宽0.9、缘深0.4、边轮厚1.7、当1.1厘米

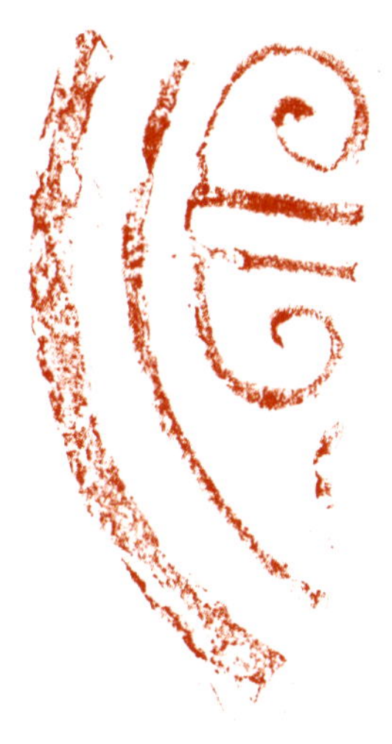

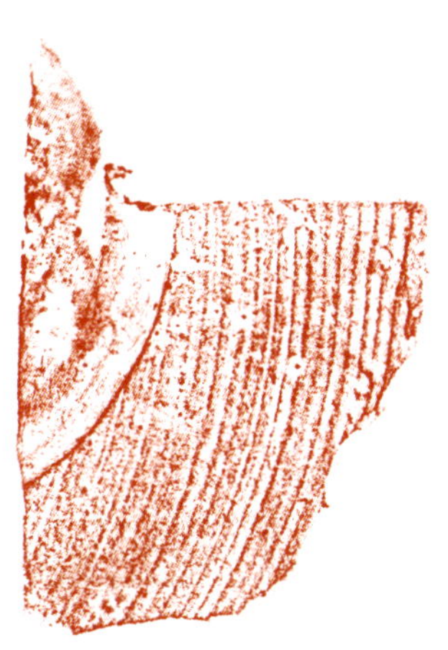

TG13⑤：2

当复原径16.7、边轮宽1.2、缘深0.9、当厚1.3厘米
筒瓦残长9.5、径16.8、厚1.6厘米

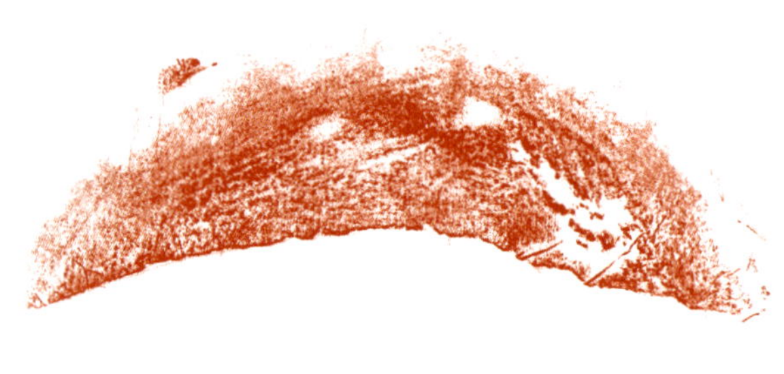

TG41⑦：28

当复原径15.8、边轮宽1.2、缘深0.5、边轮厚2.3、当厚0.8厘米

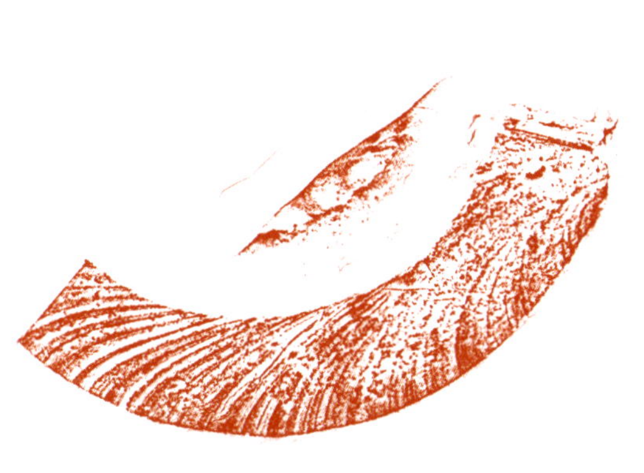

TG41⑦：5

当复原径16.5、边轮宽1.3、缘深0.7、边轮厚2.2、当厚1.3厘米

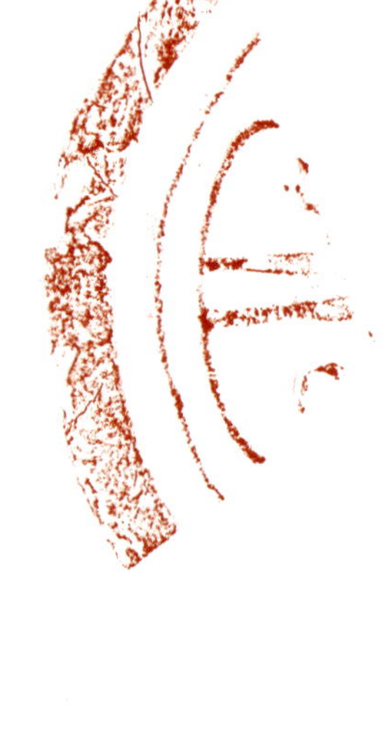

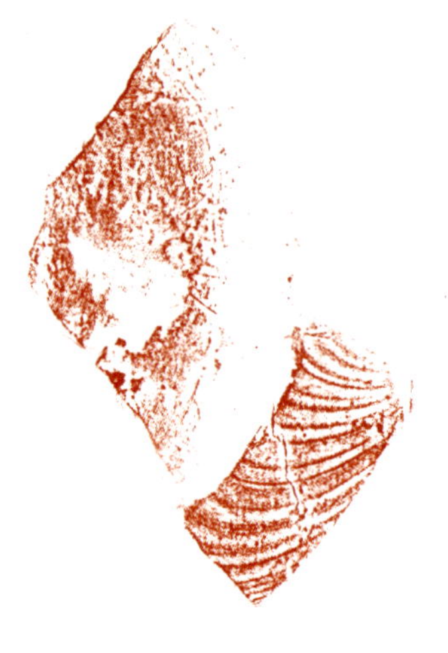

TG36B三号台基南⑤：169

当复原径16.6、边轮宽1.2、缘深0.6、边轮厚2、当厚1.3厘米
筒瓦残长18.8、径17、厚1.5厘米

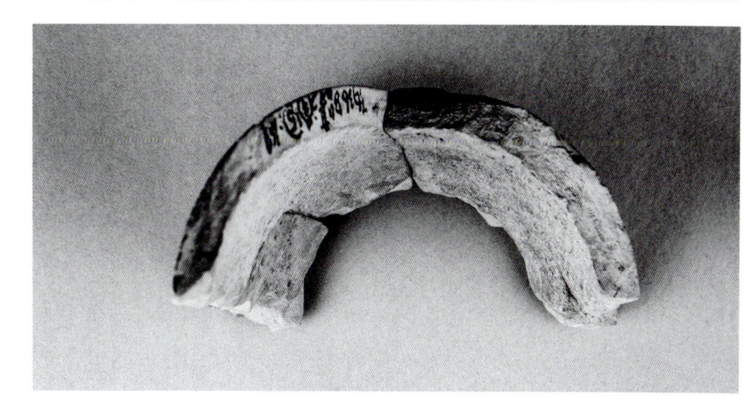

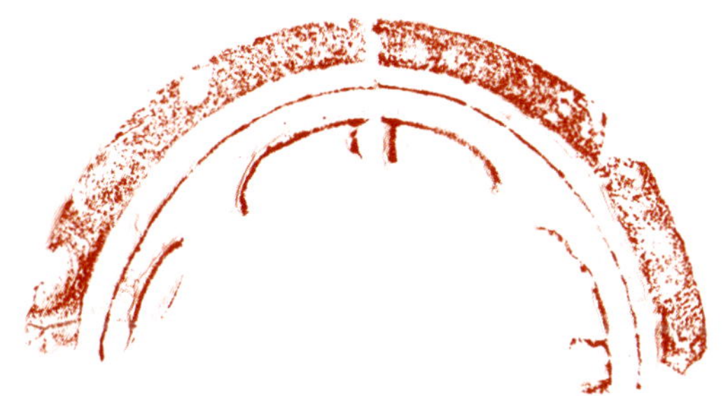

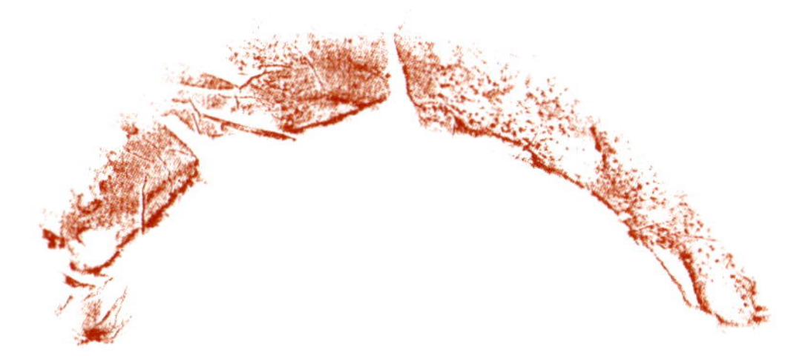

TG4⑨：9

当复原径14.7、边轮宽0.8、缘深1、边轮厚2.5、当厚0.4厘米

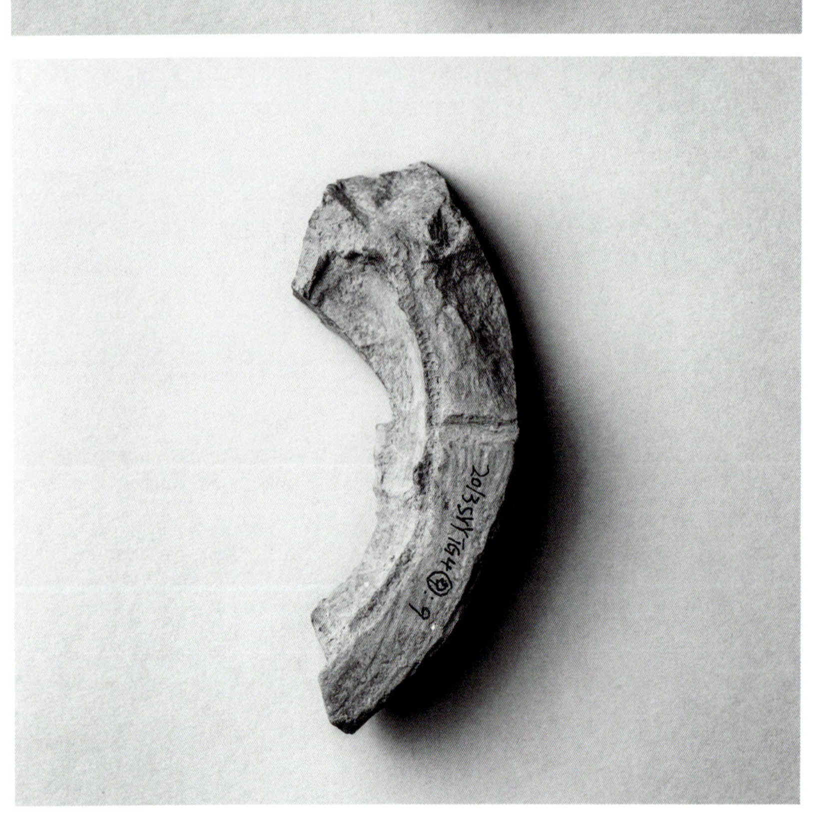

TG43H165：3

当复原径16、当厚1.1厘米
筒瓦残长18.7、径16.1、厚1.1厘米

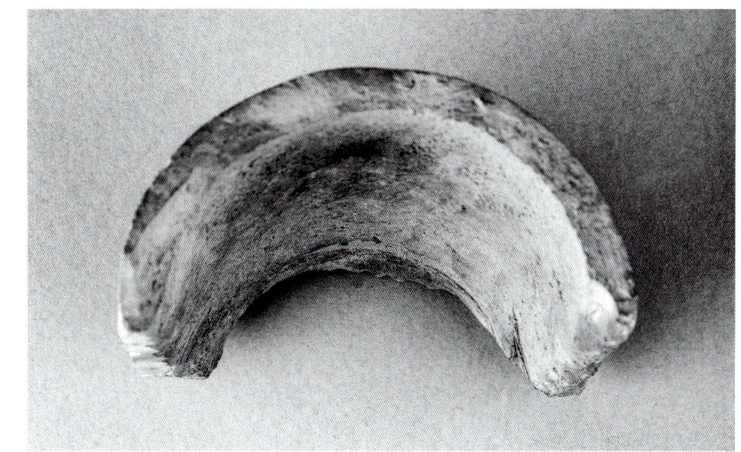

1964年Ⅲ式瓦当（第9号）

当径12.8、当心径5.7、边轮宽0.2厘米

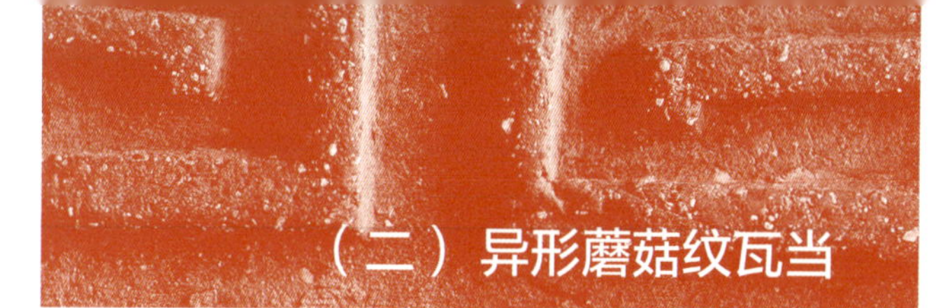

（二）异形蘑菇纹瓦当

TG4G8⑨：1

当复原径15.6、当心复原径5.4、边轮宽0.7、缘深0.5、边轮厚1.5、当厚1.3厘米

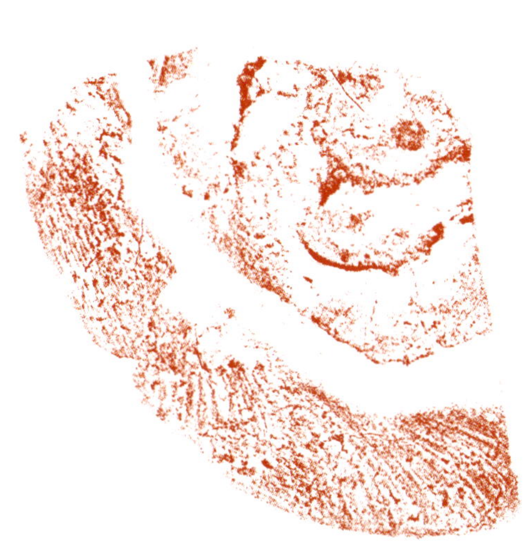

云纹瓦当

80CY五号址采集：2

当径14.9、当心径5.1、边轮宽1.1、缘深0.5、边轮厚1.7、当厚1.6厘米

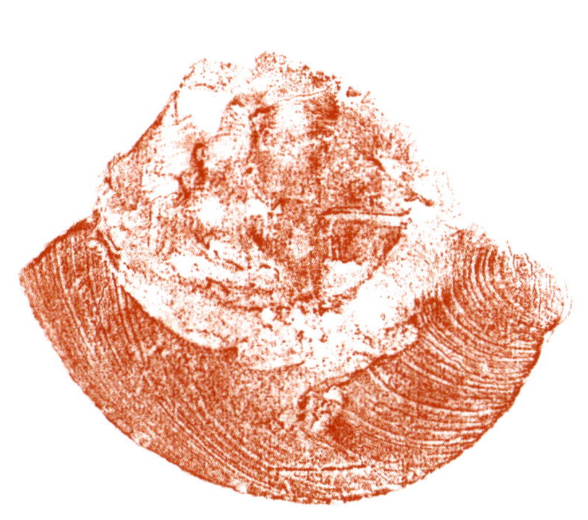

关庄西北低水渠采集：1

当复原径15.4、边轮宽0.8、缘深0.6、边轮厚1.5、当厚0.7厘米

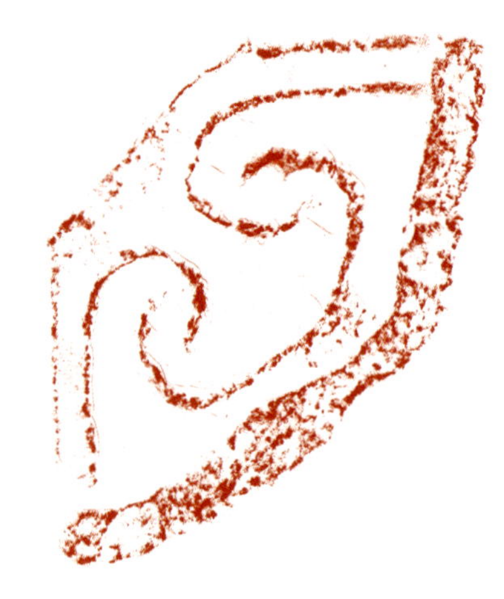

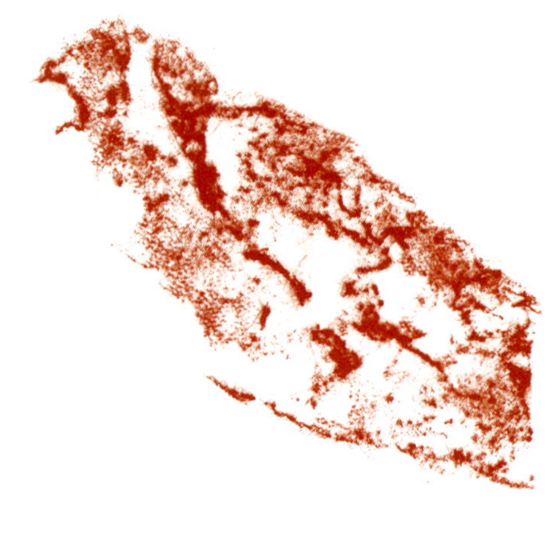

TG40⑦：58

当径15.1、边轮宽0.8、缘深0.5、边轮厚2.5、当厚0.9厘米

TG41G79：8

当复原径15.8、边轮宽0.9、缘深0.4、边轮厚2.5、当厚0.8厘米

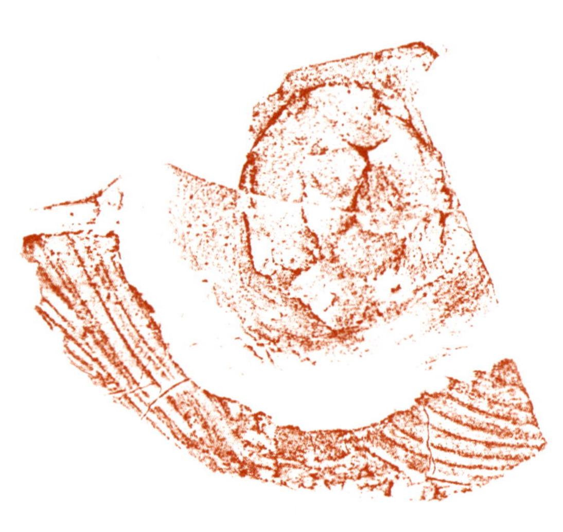

TG37AG52：10

当复原径16.3、边轮宽1、缘深0.6、边轮厚2、当厚1厘米

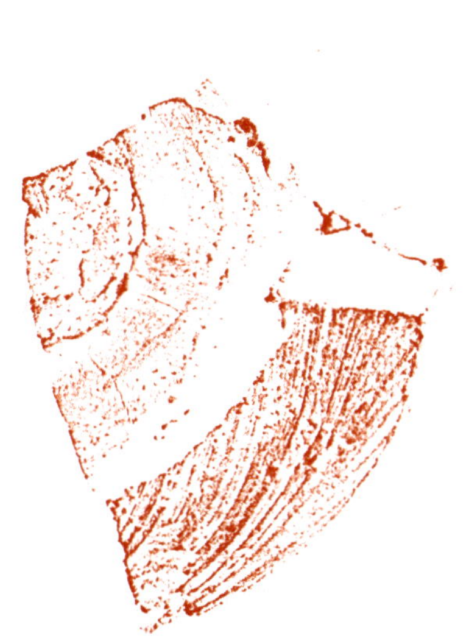

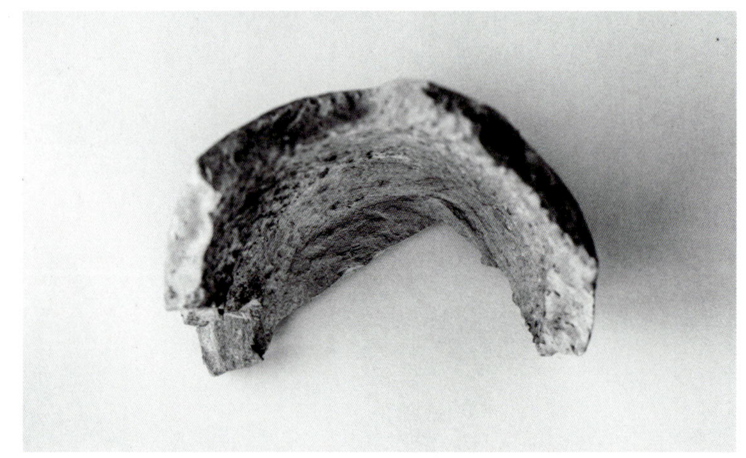

TG41⑥：32

当复原径14.7、边轮宽0.7、缘深0.4、边轮厚2.4、当厚1.2厘米
筒瓦残长17、径14.8、厚1.5厘米

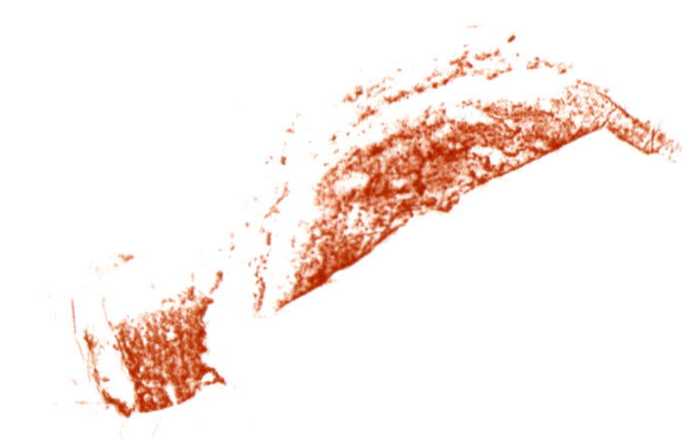

TG34⑦：12

当复原径15.4、边轮宽0.6、缘深0.4、边轮厚2.2、当厚0.9厘米

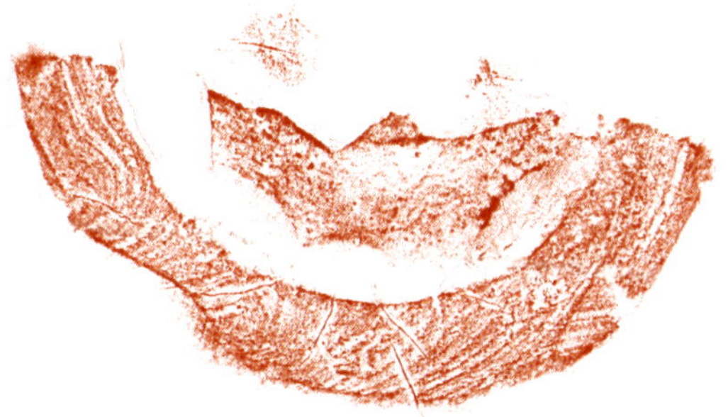

TG27H90：2

当复原径15.6、边轮宽0.8、缘深0.6、边轮厚1.5、当厚1厘米
筒瓦残长11、径14.5、厚1.9厘米

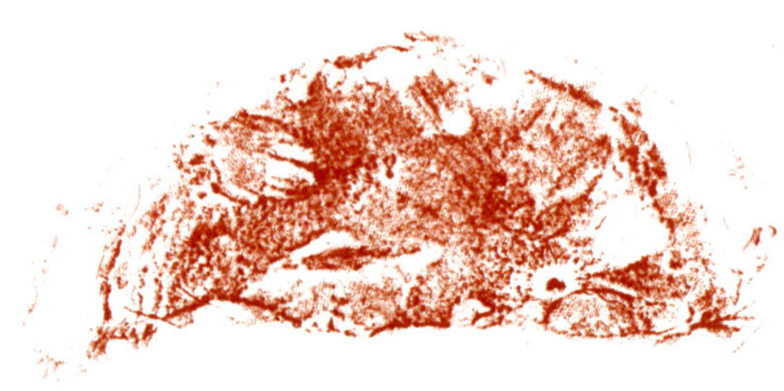

TG11⑤：2

当复原径14.9、当心径5.7、边轮宽1.1、缘深0.6、边轮厚2.5、当厚1.5厘米
筒瓦残长10、残径8、厚1.3厘米

TG27H83②：13

当径14.8、当心径5.1、边轮宽0.9、缘深0.6、边轮厚2.3、当厚1.6厘米

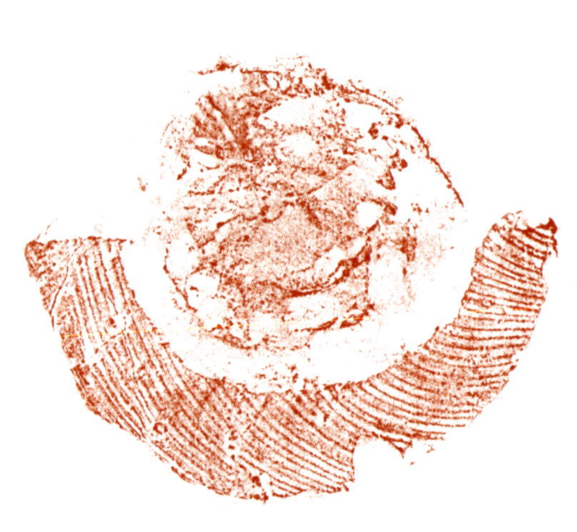

81CY六号址T1H1：13

当复原径15、当心复原径5.1、边轮宽1、缘深0.4、边轮厚2.2、当厚1厘米

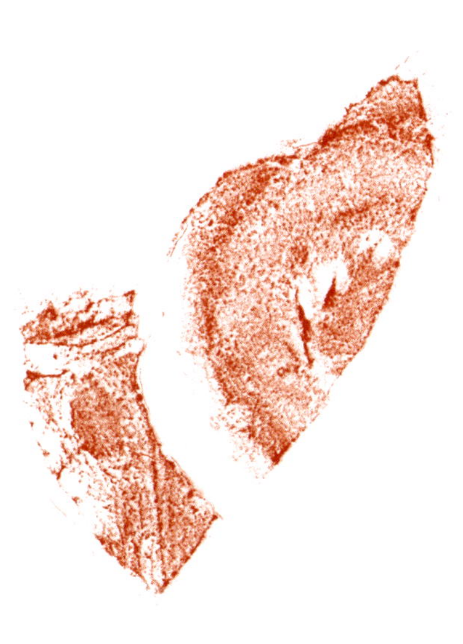

81CY六号址T1H1：9

当复原径14.9、当心复原径5.3、边轮宽1、缘深0.3、当厚1.3厘米

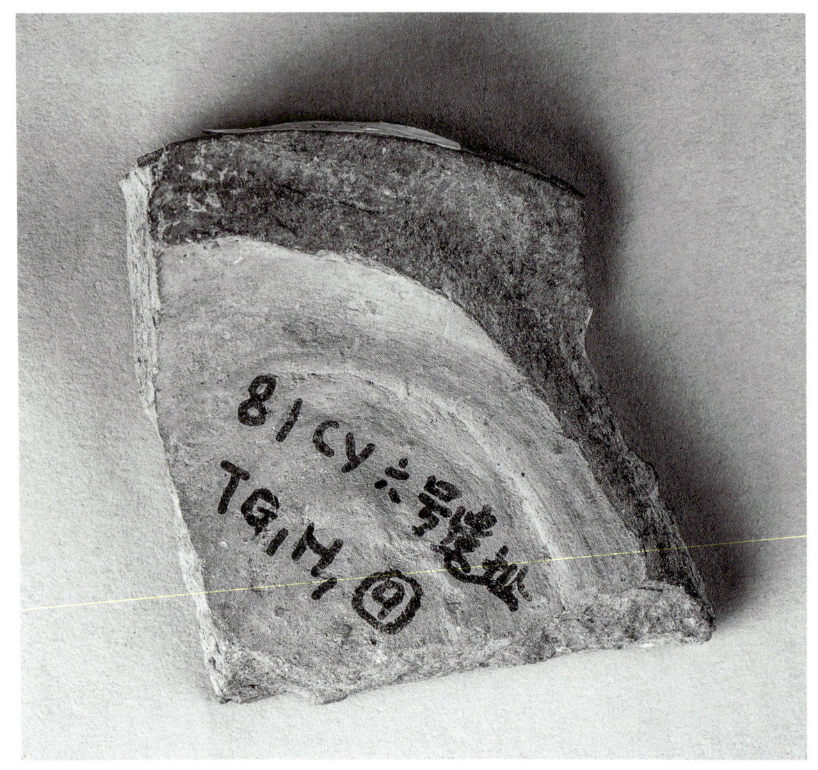

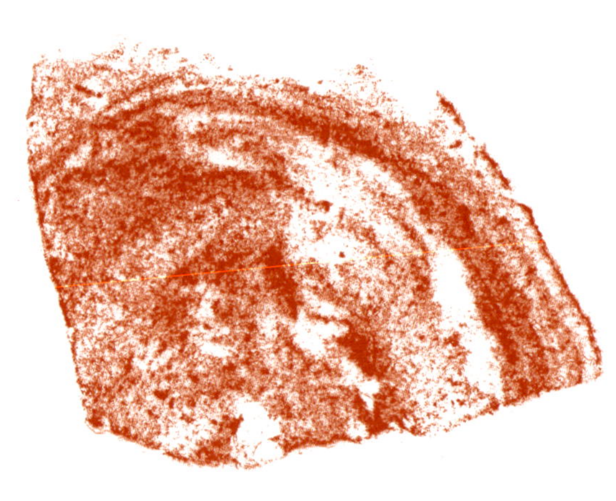

81CY六号址T2③：4

当复原径15.4、当心复原径5.8、边轮宽0.9、缘深0.5、当厚1.2厘米
筒瓦残长9、残径14、厚2厘米

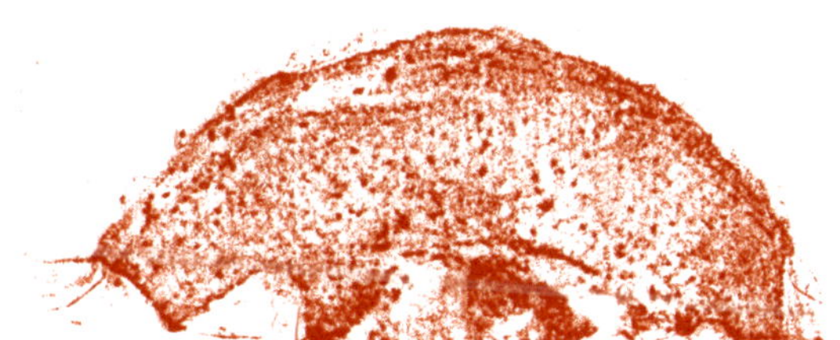

TG40⑦：24

当径13.7、当心径3.3、边轮宽0.9、缘深0.2、边轮厚1.6、当厚0.8厘米

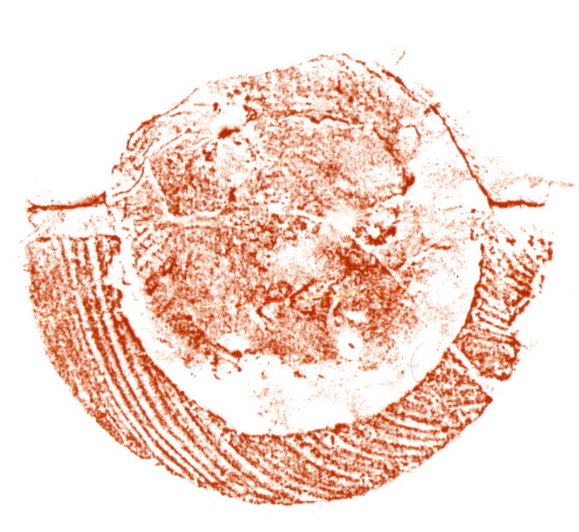

TG41⑥：34

当复原径14.3、当心复原径5.9、边轮宽0.9、缘深0.6、边轮厚2.1、当厚1厘米

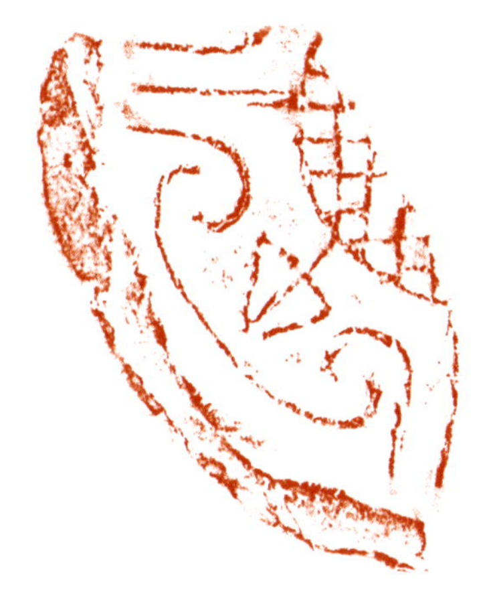

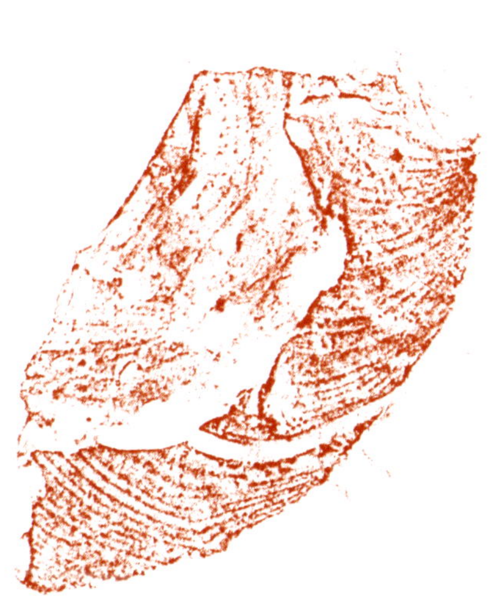

TG27H83③：22

当复原径15.6、当心径5.8、边轮宽0.8、缘深0.5、边轮厚1、当厚1.2厘米

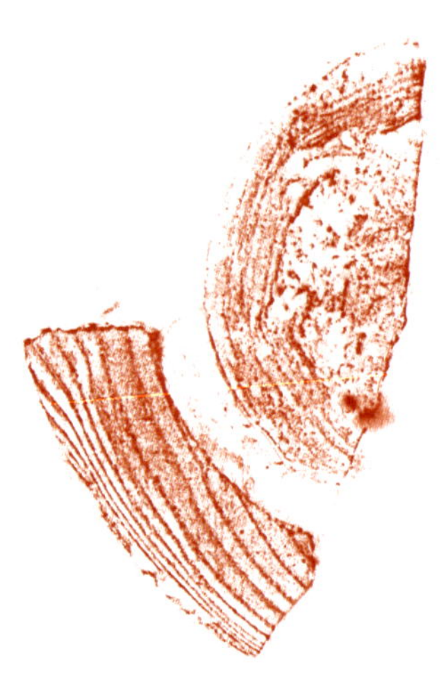

81CY六号址T1H1：5

当复原径14.3、边轮宽0.6、缘深0.3、当厚1厘米

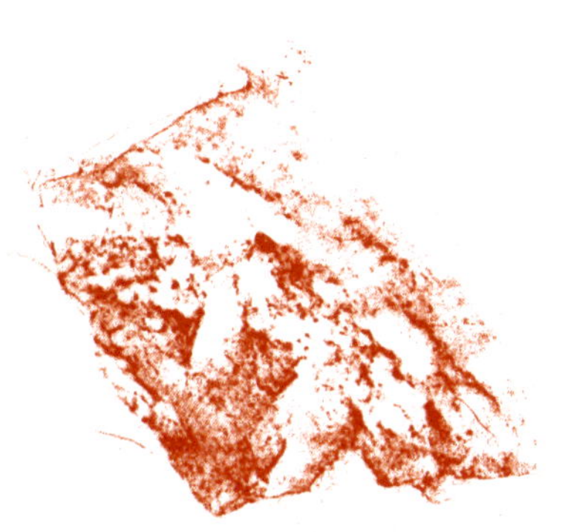

TG41H170：2

当残块长14.1、宽7.4、边轮宽0.7、缘深0.6、厚1.1厘米
筒瓦残长18.5、径14.1、厚1.4～2厘米

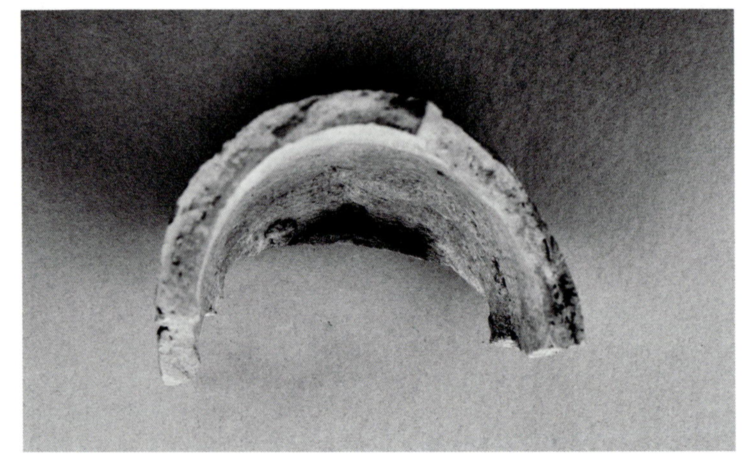

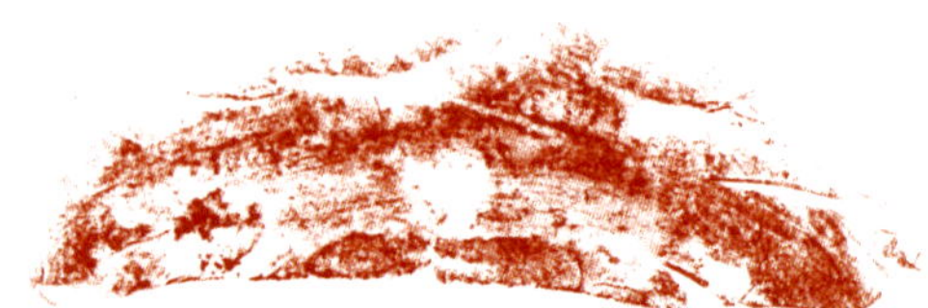

TG27H83②：66

当残径13.6、边轮宽0.8、缘深0.3、当厚0.6厘米
筒瓦残长10.5、残径13.6、厚1.2厘米

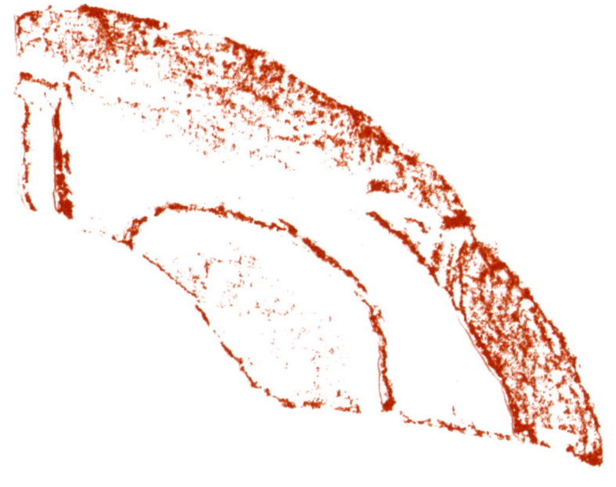

TG40⑦：46

当复原径14.7、边轮宽0.8、缘深0.4、当厚1.4厘米
筒瓦残长29.8、径16.3、厚1.7厘米

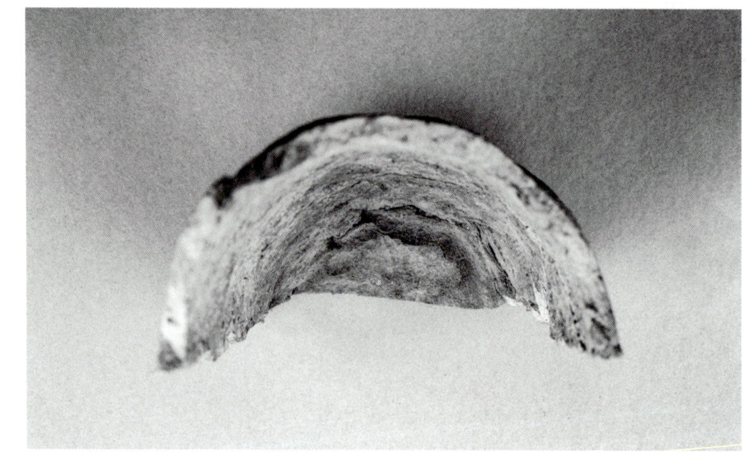

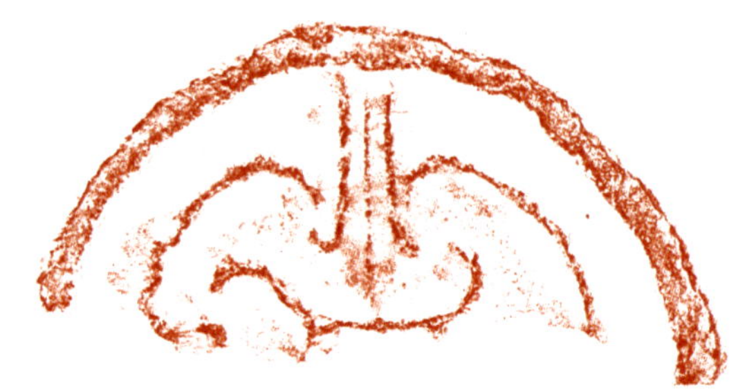

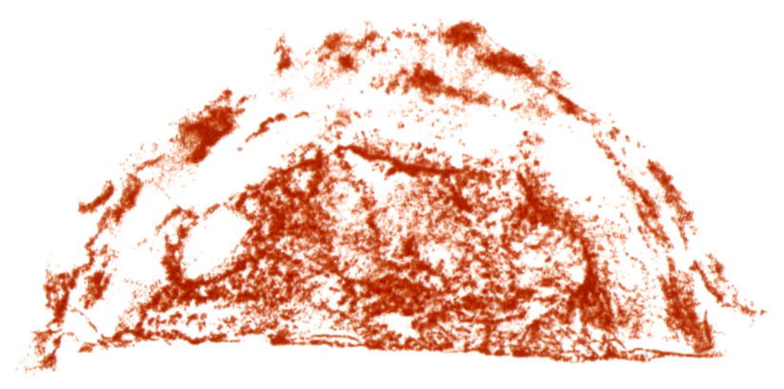

新丰吴中村：3

当复原径15.1、当心径3.1、边轮宽1.1、缘深1.2、边轮厚1.7、当厚1.8厘米

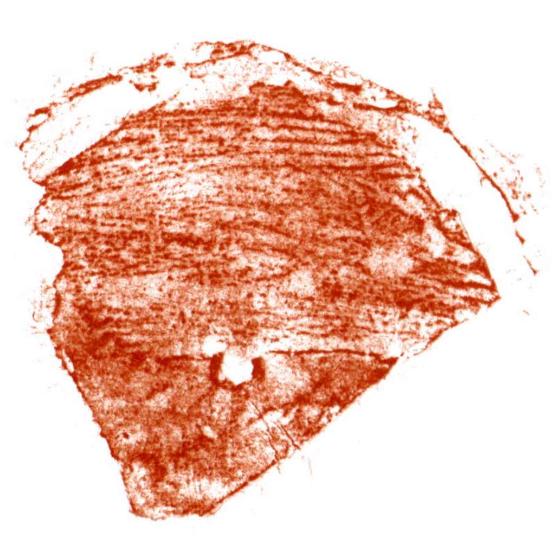

TG27H83②：64

当复原径14.7、边轮宽0.7、缘深0.5、边轮厚2.4、当厚1.3厘米

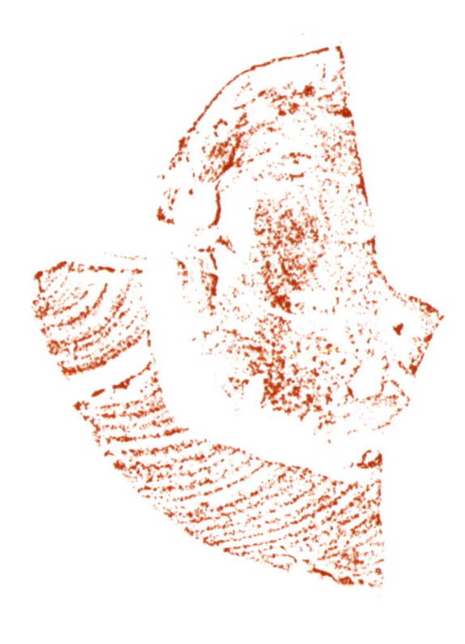

81CY太陵T1：13

当径15、当心径2.8、边轮宽0.8、缘深0.7、边轮厚1.6、当厚1.6厘米
筒瓦残长4.6、厚1.5厘米

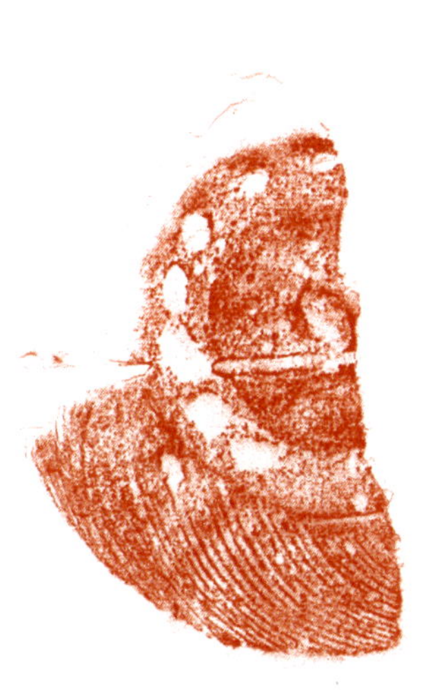

81CY太陵T1：11

当径15.2、当心径4.4、边轮宽1、缘深0.4、边轮厚3、当厚1.6厘米
筒瓦残长15.5、径16.4、厚2厘米

TG30二号台基北⑤：4

当径16.3、当心径4.9、边轮宽1.1、缘深0.5、边轮厚2.3、当厚1.7厘米

筒瓦残长18、径16.5、厚2.7厘米

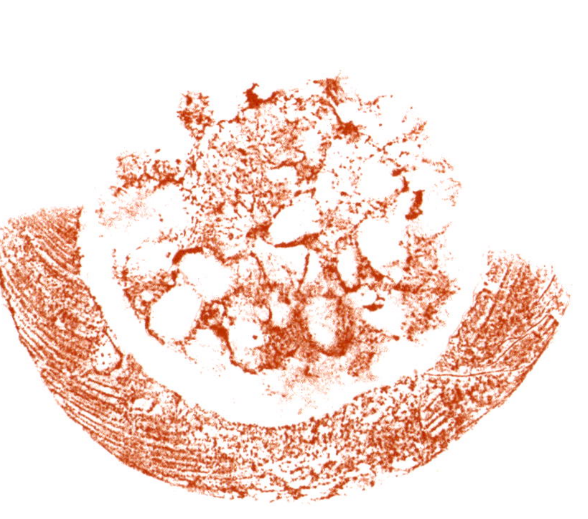

TG30二号台基北⑤：6

当径16.2、当心径5、边轮宽1、缘深0.5、边轮厚2、当厚1.9厘米
筒瓦残长6、残径10、厚2厘米

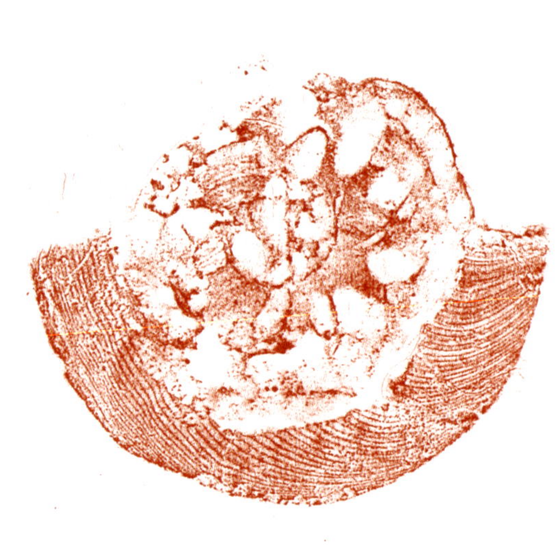

80CY五号址：2

当复原径15.6、当心复原径6.2、边轮宽0.9、缘0.7、边轮厚1.9、当厚0.5厘米

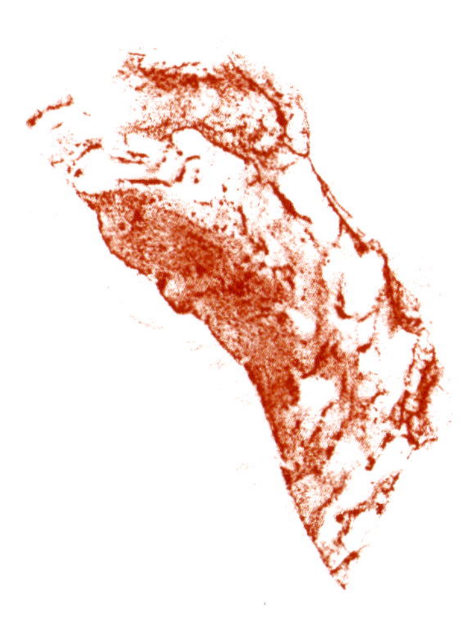

81CY太陵采集：12

当残径9、当心残径3.6、边轮宽1、缘深0.7、边轮厚2.5、当厚0.8厘米

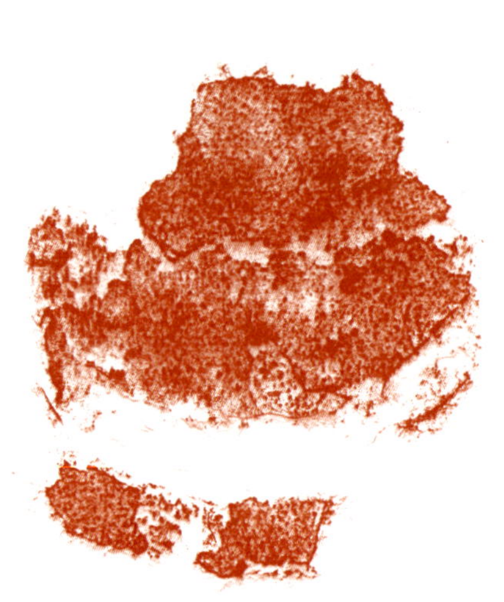

81CY太陵T1：12

当径14.5、当心径4.2、边轮宽0.8、缘深0.5、边轮厚2.5、当厚1.2厘米

80CY五号址采集：48

当径15.2、当心径4.8、边轮宽0.7、缘深0.6、边轮厚2.2、当厚1.6厘米

筒瓦残长7.5、残径12、厚1.1厘米

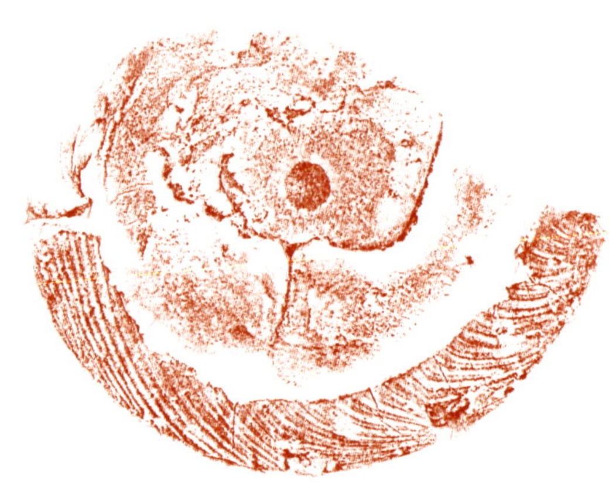

80CY五号址采集：6

当复原径14.3、当心复原径5.3、边轮宽0.8、缘深0.7、当厚1.2厘米
筒瓦残长13.9、残径11.5、厚1.4厘米

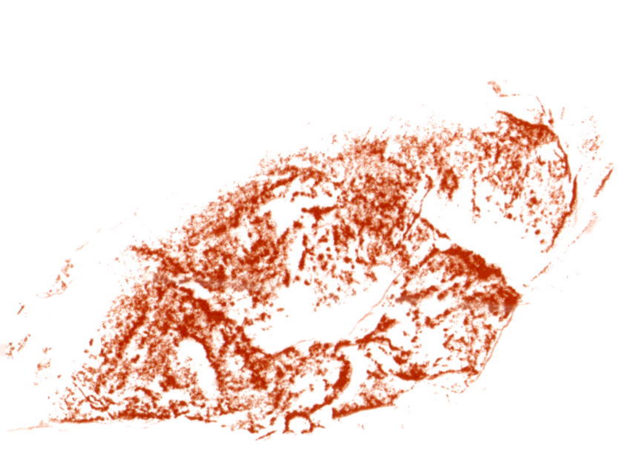

秦汉栎阳城：1

当残块长13.1、宽9.8、当心径5.2、当厚1.3厘米

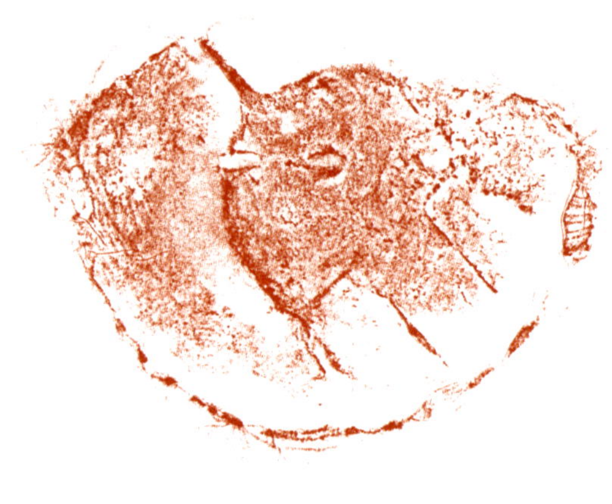

81CY太陵T1：19

当复原径15、当心复原径4.8、边轮宽0.9、缘深0.7、边轮厚1.8、当厚1.5厘米

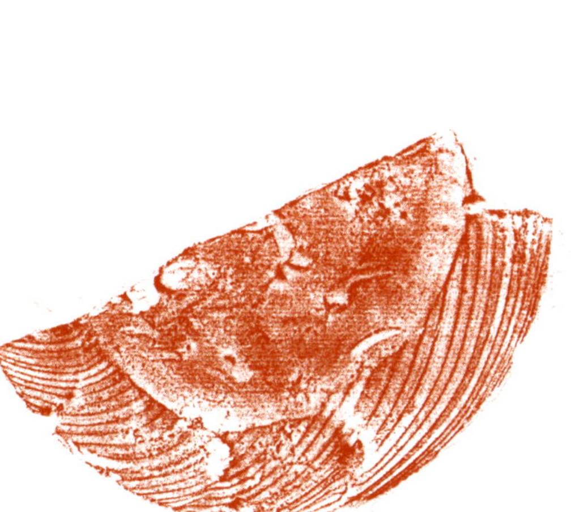

TG34⑦：11

当径14.4、当心径4.9、边轮宽1、缘深0.5、边轮厚1.5、当厚1.3厘米

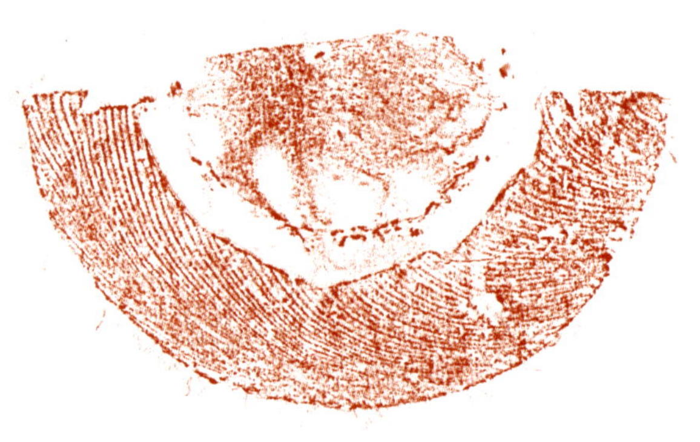

81CY太陵采集：13

当块长8.7、宽8.2、边轮宽0.9、缘深0.7、边轮厚2.4、当厚1.2厘米

81CY太陵采集：14

当块长11.5、宽6.8、边轮宽0.8、缘深0.5、边轮厚2、当厚1.2厘米

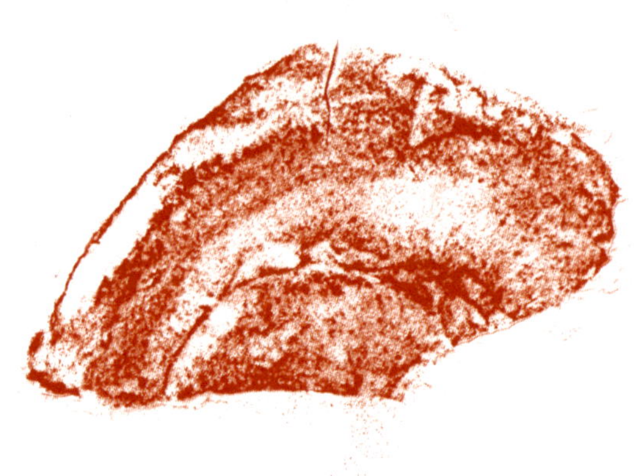

TG34⑤：63

当复原径15.8、当心复原径5.1、边轮宽0.9、缘深0.6、当厚1.4厘米
筒瓦长51.6、径16.6、厚1.6厘米，瓦唇长1.7、宽14、厚1.4厘米

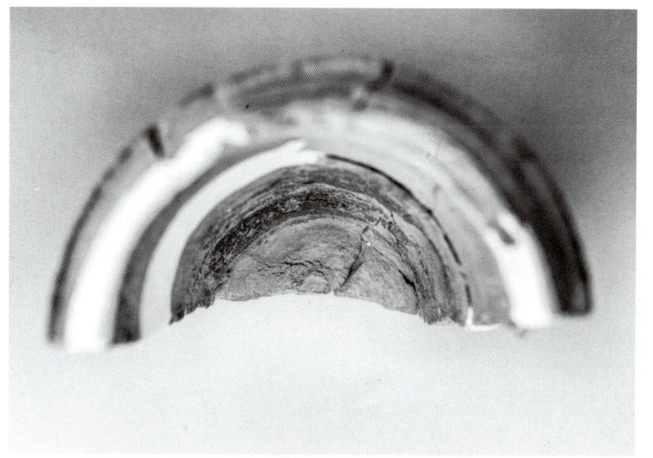

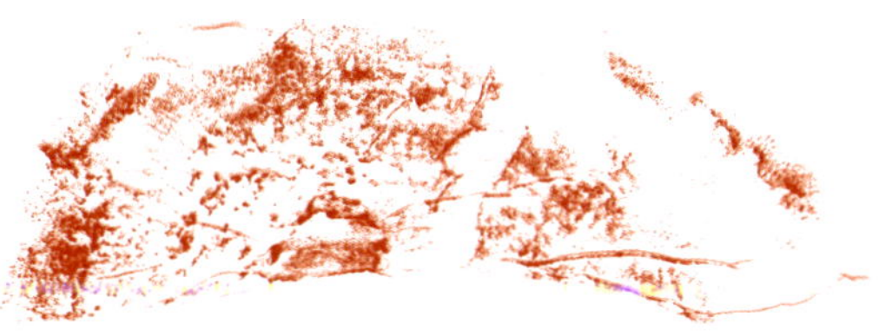

TG40四号台基南扩方⑦：76

当复原径16.4、当心复原径4.9、边轮宽1.2、缘深0.7、边轮厚2.1、当厚1.3厘米

TG34H124：26

当残径9、当厚1厘米

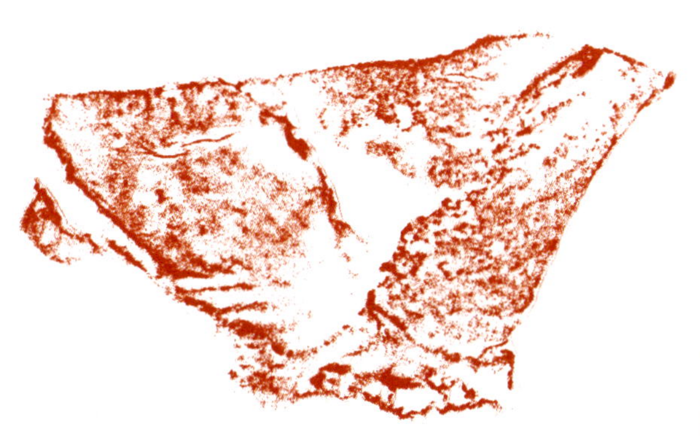

TG27H83③：48

当复原径15.5、当心复原径5.7、边轮宽1.1、缘深0.6、边轮厚2.2、当厚1.2厘米

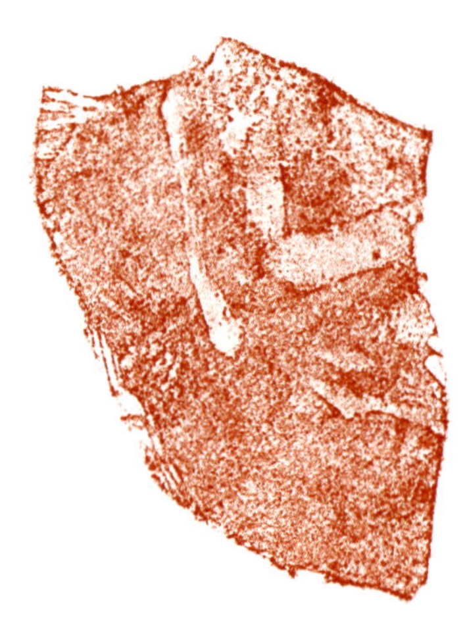

TG40④d：29

当复原径14.8、当心复原径4.5、当厚1.4厘米

TG27H83③：11

当复原径15.8、当心复原径5.6、边轮宽1.2、缘深0.6、边轮厚2.6、当厚1.2厘米

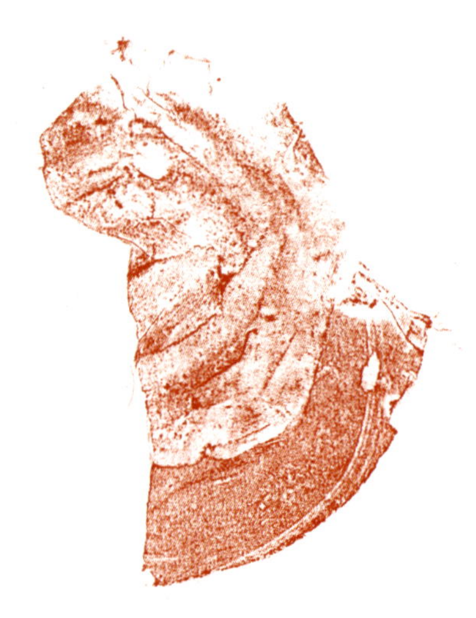

TG39H135①：62

当复原径15.1、当心复原径4.4、边轮宽1、缘深0.3、边轮厚2.2、当厚1.2厘米
筒瓦长47.7、径15.3、厚1.7厘米，瓦唇长1.2、宽11.8、厚0.6厘米

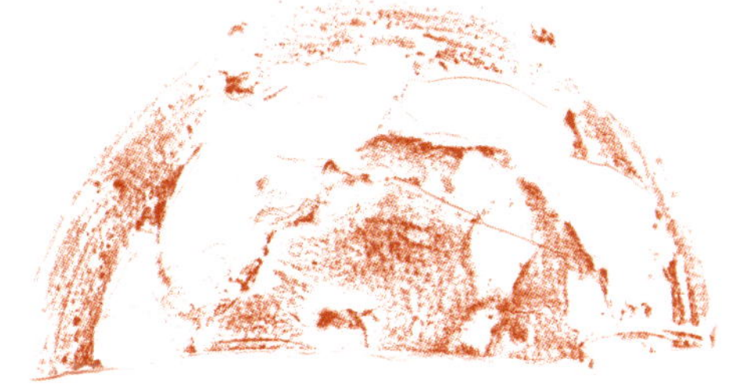

TG31L12：3

当残块长7、宽6.9、当心复原径5.2、当厚1.2厘米

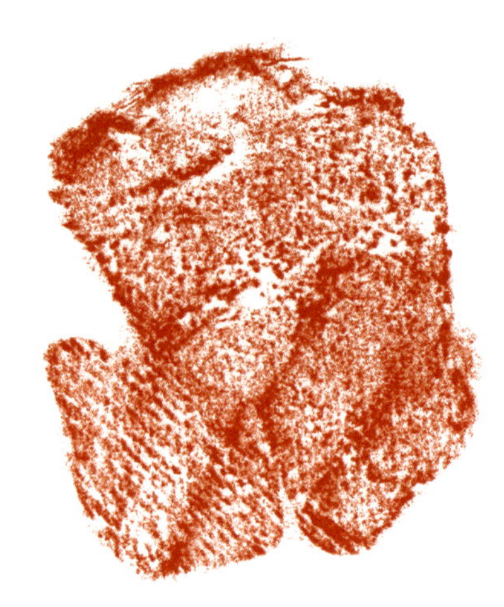

80CY玉保七队采集：20

当复原径14.9、当心复原径4.5、边轮宽0.9、缘深0.6、当厚1.2厘米
筒瓦残长10、残径7.5、厚1.3厘米

80CY关庄西北采集：11

当复原径15.2、当复原径6.1、边轮宽1、缘深1、当厚1.3厘米
筒瓦残长7.5、残径15、厚1.5厘米

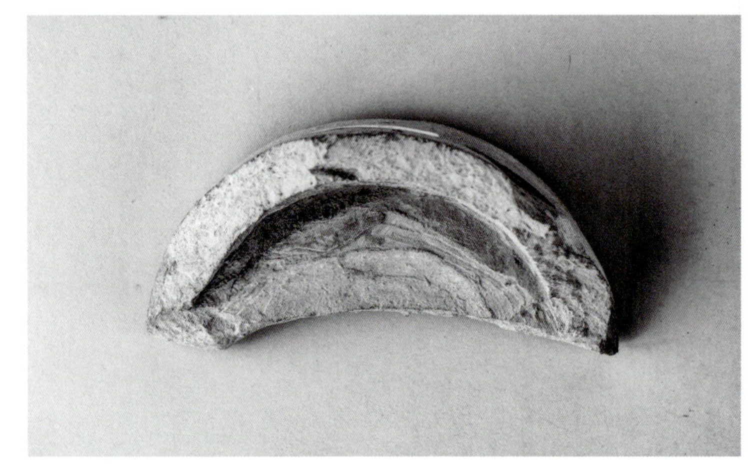

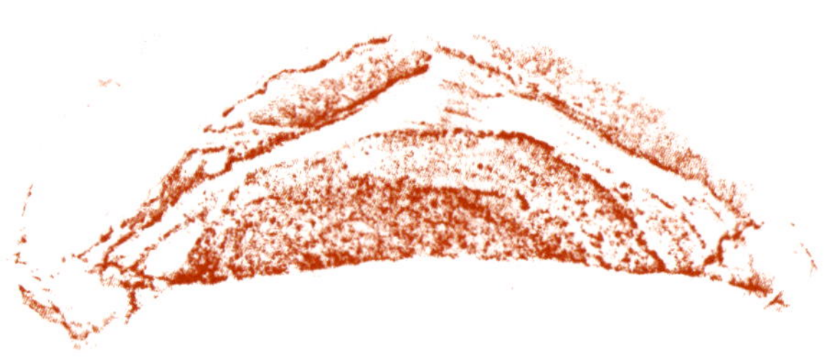

TG34⑧：1

当残长13.6、宽13.2、当心径4.9、当厚1.1厘米

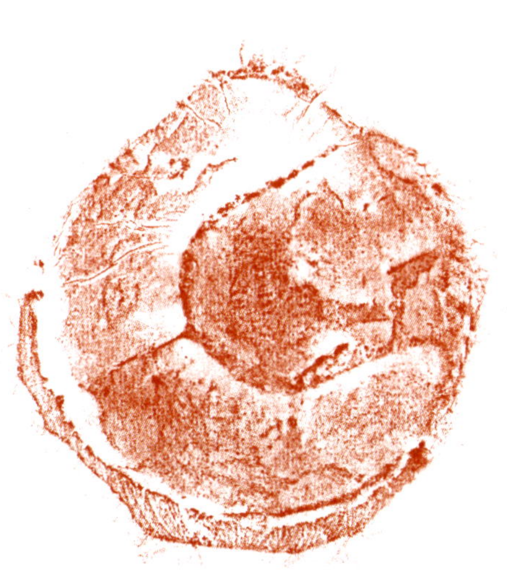

TG34H97②：5

当复原径15.4、当心径4.8、边轮宽0.8、缘深0.5、边轮厚2.6、当厚1.1厘米

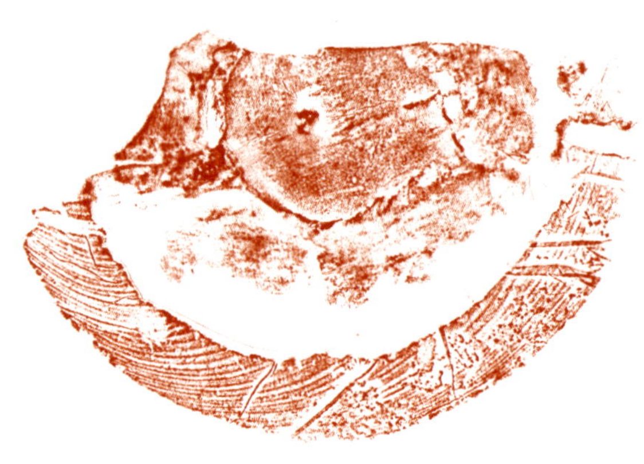

TG34⑤：6

当复原径15.5、当心径4.9、边轮宽0.8、缘深0.5、边轮厚2.1、当厚1.2厘米

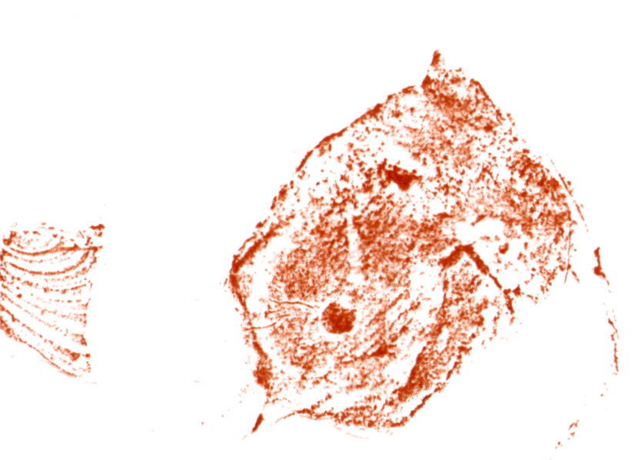

TG34⑥：2

当残块长11.2、宽7.5、当心复原径4.8、当厚1厘米

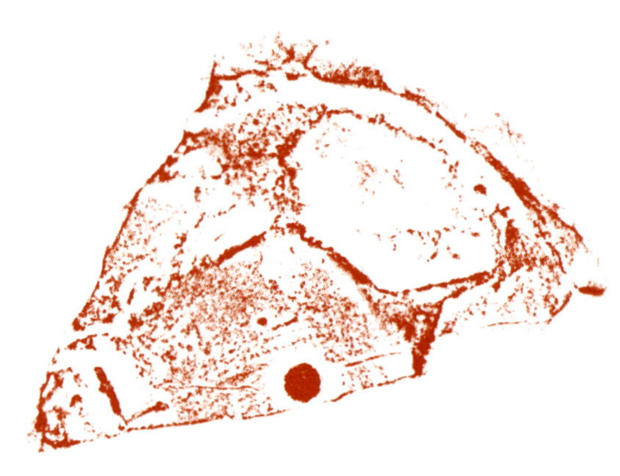

TG34H97②：1

当复原径15、当心复原径5、边轮宽0.6、缘深0.7、边轮厚1.8、当厚1.2厘米

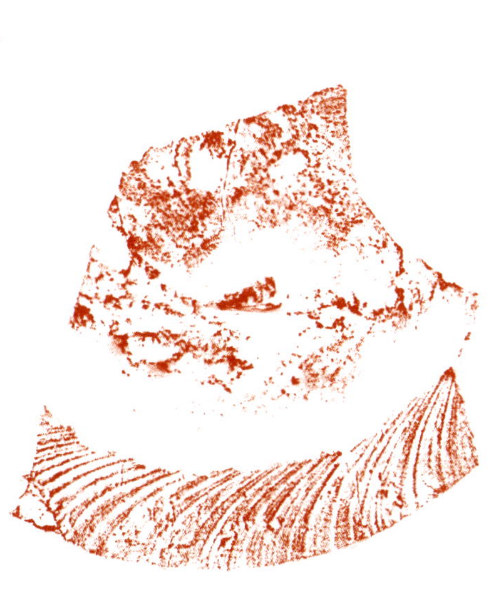

TG34⑤：70

当残径10.5、当心复原径4.7、当厚1.2厘米

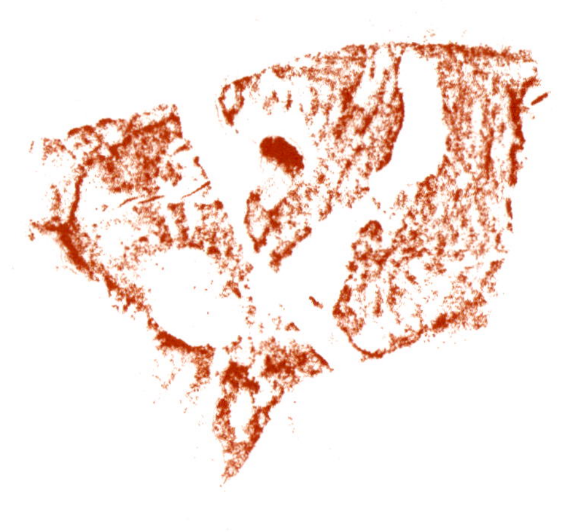

80CY玉保九队采集：30

当复原径14.9、当心复原径4.8、边轮宽0.8、缘深0.4、当厚1厘米

筒瓦残长18、径15.1、厚1.2厘米

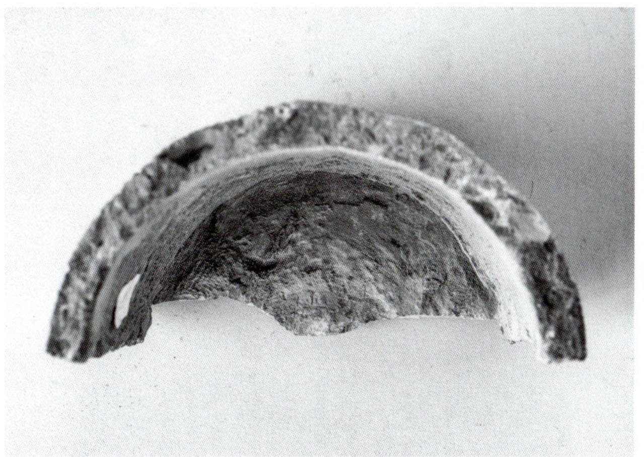

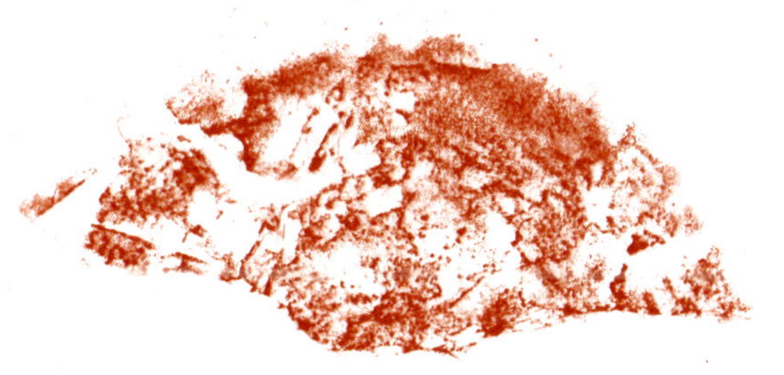

TG34H97②：2

当复原径15.1、当心复原径5、边轮宽0.8、缘深0.6、边轮厚1.9、当厚0.9厘米

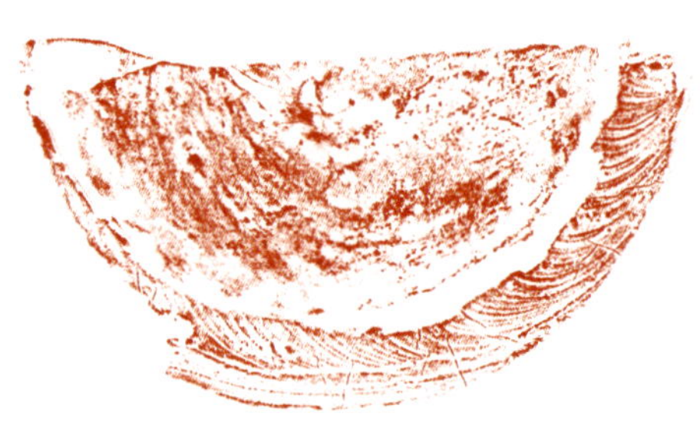

TG34⑥：49

当残径11.5、当心残径4、边轮宽0.7、缘深0.4、当厚1.5厘米
筒瓦残长4.1、残径9.5、厚1.7厘米

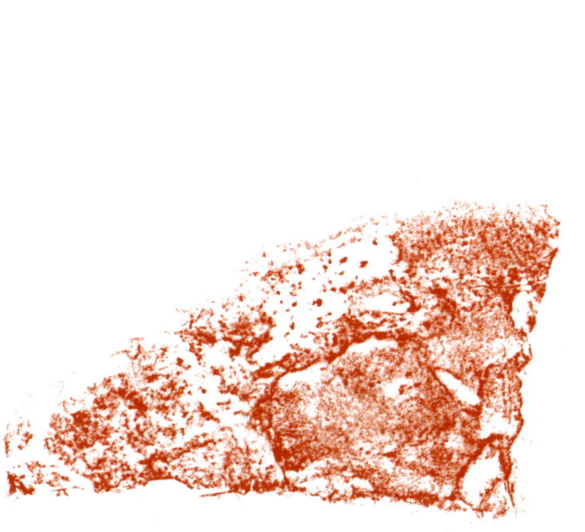

81CY太陵T1：15

当径15.8、当心径4.9、边轮宽0.8、缘深0.5、边轮厚2.2、当厚1.2厘米
筒瓦残长10.6、径15.9、厚1.2厘米

TG34H98：18

当残径8.6、当心残径4、当厚0.9厘米

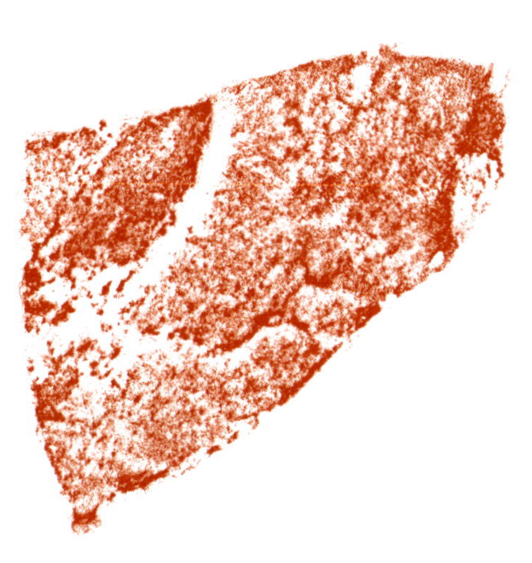

TG24夯土2：10

当残径5.6、边轮宽0.7、缘深0.3、边轮厚1.5、当0.7厘米

80CY一号址T2H2：1

当复原径15.1、当心复原径5.3、边轮宽0.6、缘深0.5、当厚1.1厘米

筒瓦残长15.7、径15、厚1.5厘米

TG34⑥：3

当复原径15.6、当心径5.4、边轮宽0.9、缘深0.2、边轮厚2、当厚2.1厘米

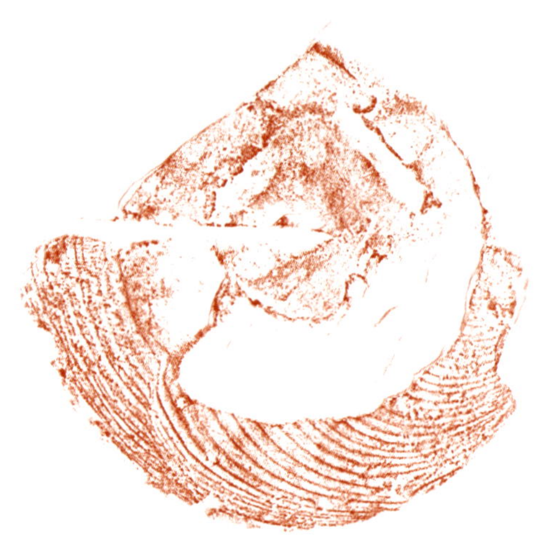

秦汉栎阳城：50

当复原径16.1、当心复原径5.7、边轮宽0.8、缘深0.5、当厚1.4厘米

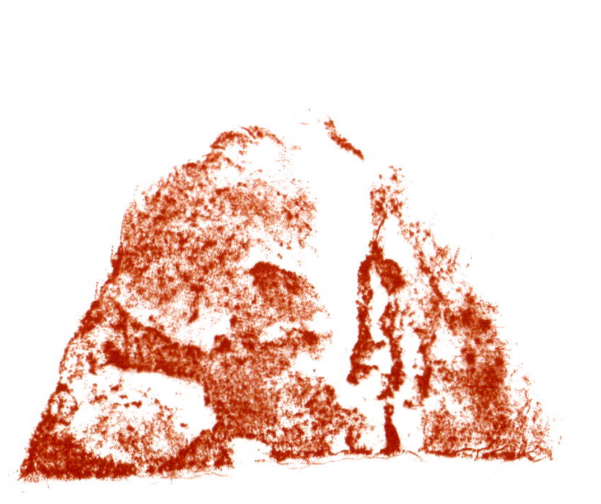

TG51⑨：9

当边轮宽0.76、缘深0.3、边轮厚1.9、当厚2.3、当心复原径6.2厘米

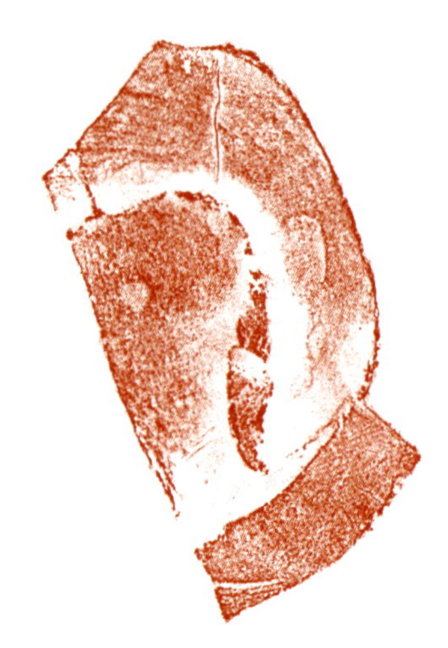

TG34H97②：36

当复原径14.7、边轮宽0.8、缘深0.3、边轮厚2、当厚0.5厘米

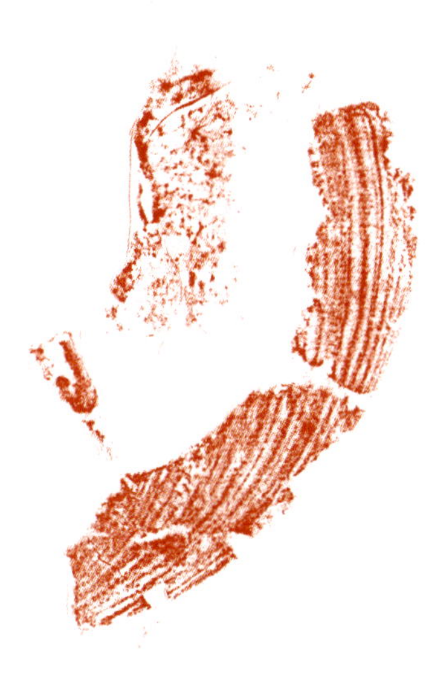

TG34⑦：64

当残径11、边轮宽0.8、缘深0.7、边轮厚2.5、当厚0.9厘米

1964年Ⅲ式瓦当（第10号）

当径10、当心径4.6、边轮宽1.4厘米

1964年Ⅲ式瓦当（第12号）

当径12.8、当心径5、边轮宽0.9厘米

1964年Ⅲ式瓦当（第13号）

当径10.4、当心径5、边轮宽0.7厘米

1964年Ⅲ式瓦当（第14号）

当径14、当心径5.5、边轮宽0.9厘米

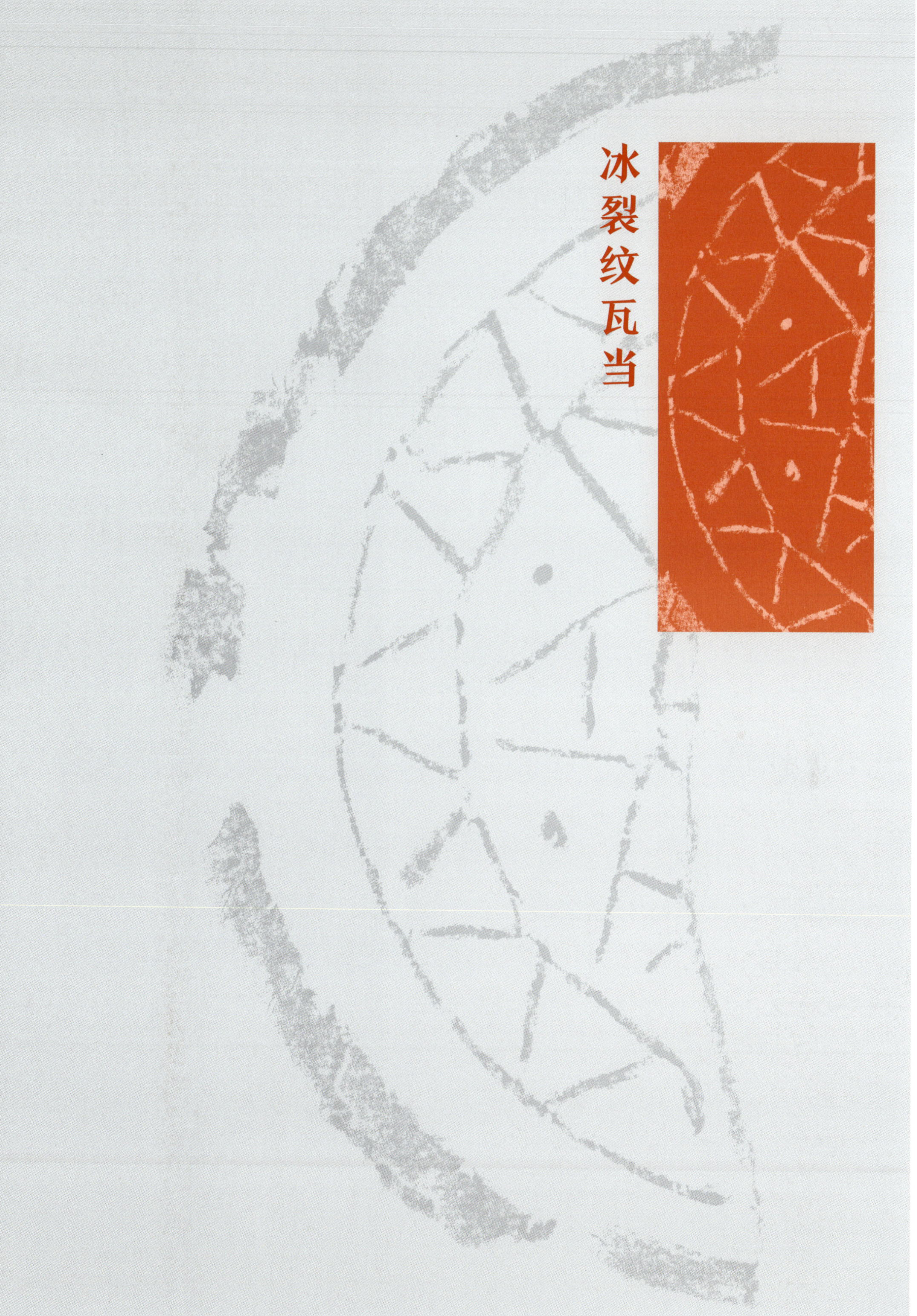

冰裂纹瓦当

81CY太陵T1：9

当复原径14.2、当心复原径2.2、边轮宽1、缘深0.8、边轮厚2.4、当厚1.4厘米
筒瓦残长20.2、径14.8、厚1.6厘米

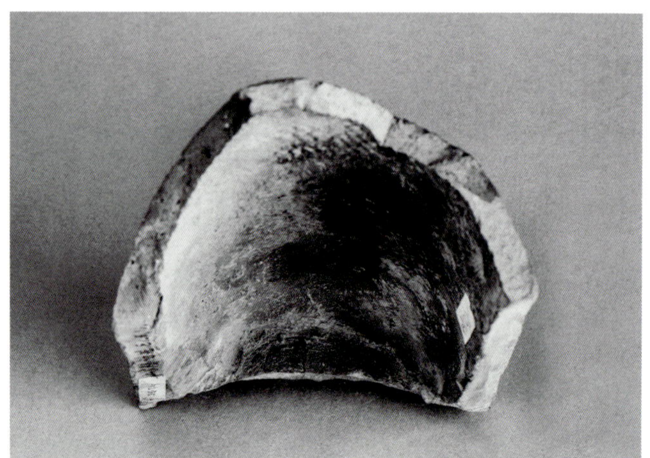

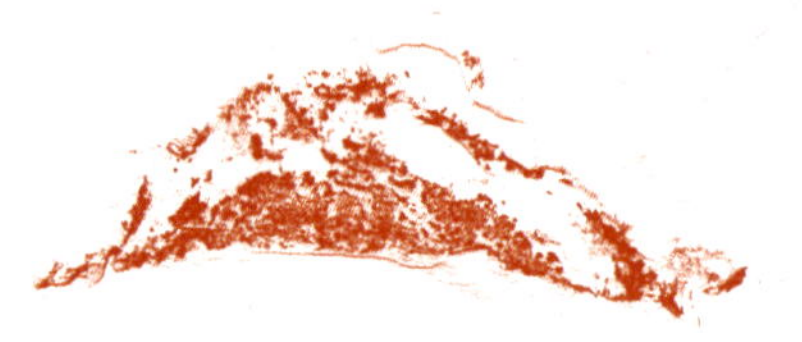

81CY太陵T1：21

当复原径14.4、当心径5.5、边轮厚1.8、当厚2.2厘米

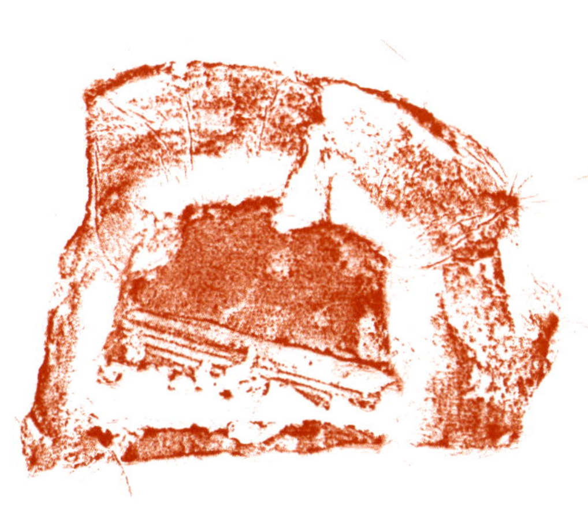

81CY关山镇冉村M1：1

当复原径15.8、当心复原径5.5、边轮宽0.7、缘深0.5、当厚1.2厘米
筒瓦残长5.9、残径10、厚1.8厘米

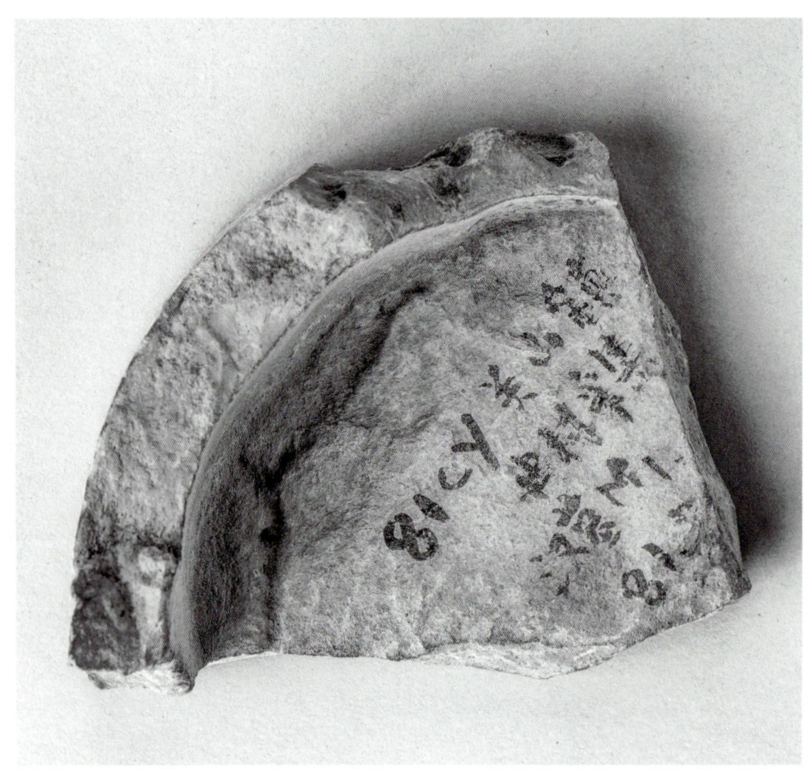

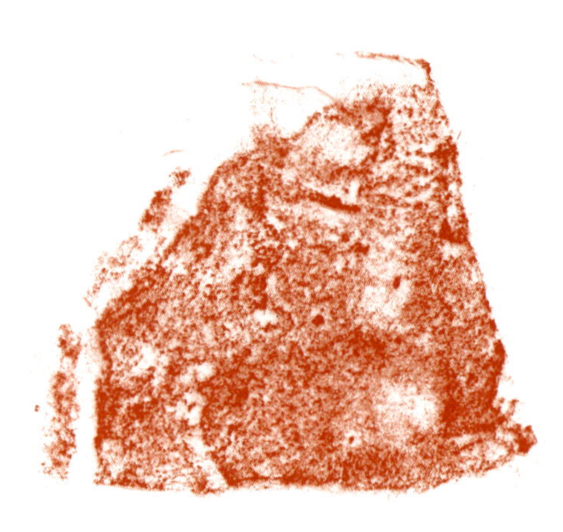

TG6⑧：1

当径16、当心复原径6、边轮宽0.9、缘深0.6、边轮厚1.9、当厚1.5厘米

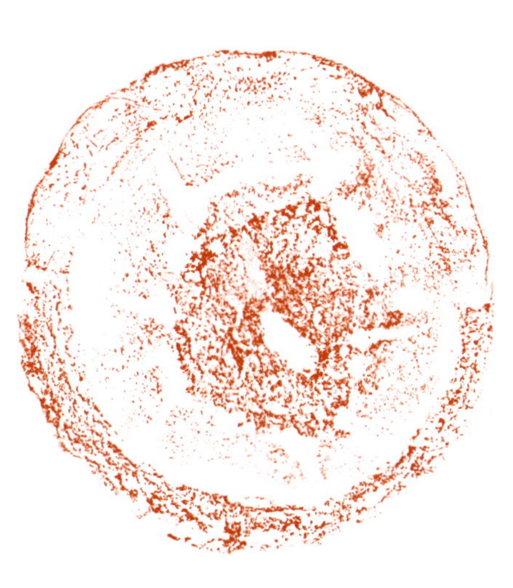

TG6⑧：11

当残块长10.6、宽7.4、边轮宽0.4、缘深0.3、当厚1.6厘米

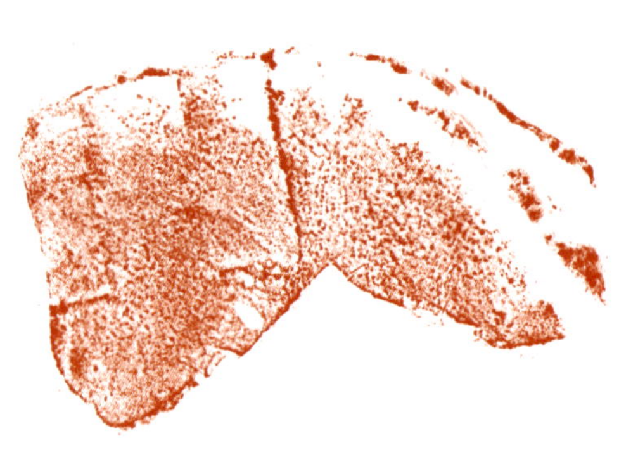

TG40⑤：39

当残长7.4、残宽6.3、当心复原径5.4、当厚1.1厘米

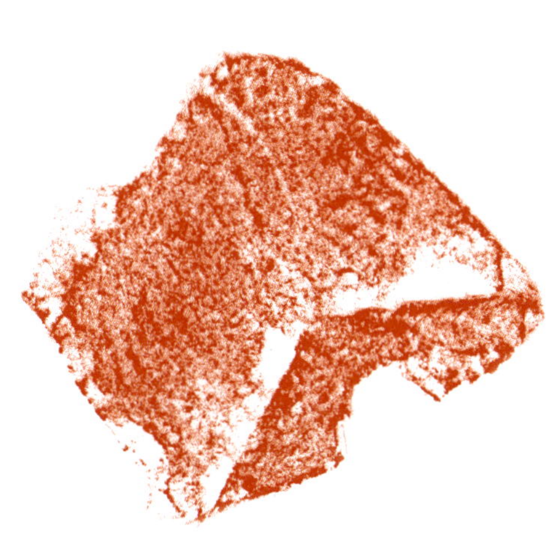

秦汉栎阳城：23

当复原径15.7、当心复原径5.8、边轮宽1.1、缘深0.4、边轮厚2.2、当厚1.7厘米

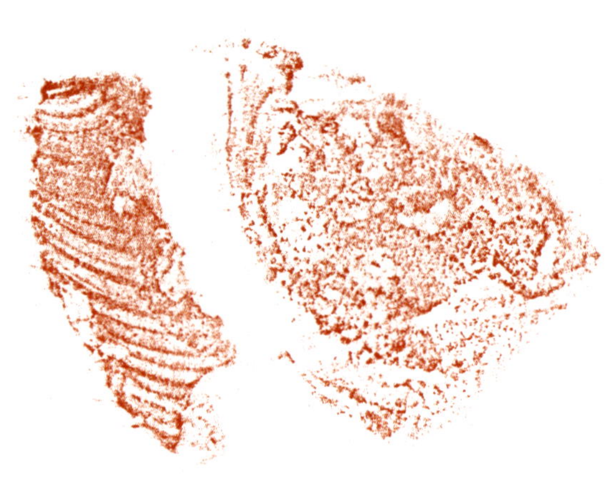

TG6G5：1

当径16.3、当心复原径5、边轮宽0.9、缘深0.7、边轮厚2.1、当厚1.3厘米

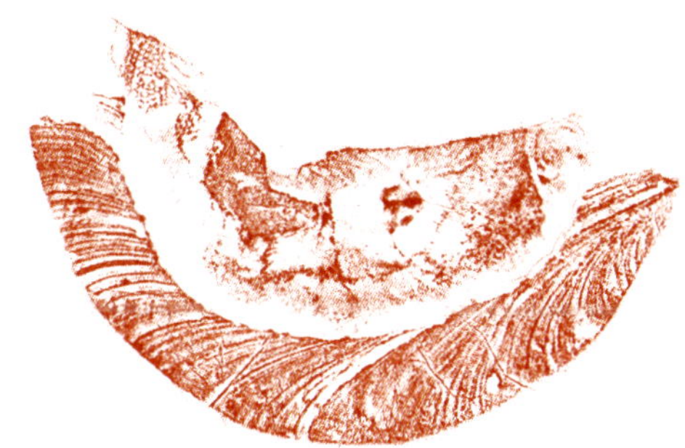

TG6⑧：10

当径15.3、当心径5.7、边轮宽0.6、缘深0.4、边轮厚2.5、当厚1.9厘米

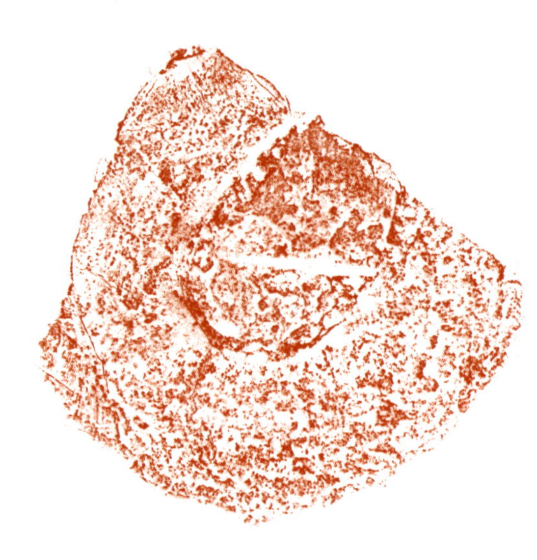

TG27H83②：60

当径16.3、当心径5、边轮宽0.9、缘深0.7、边轮厚2.5、当厚1.3厘米

81CY太陵T1：20

当复原径14.3、当心复原径5.1、边轮宽0.7、缘深0.4、边轮厚2.8、当厚1.2厘米
筒瓦残长7.7、径14.5、厚1.6厘米

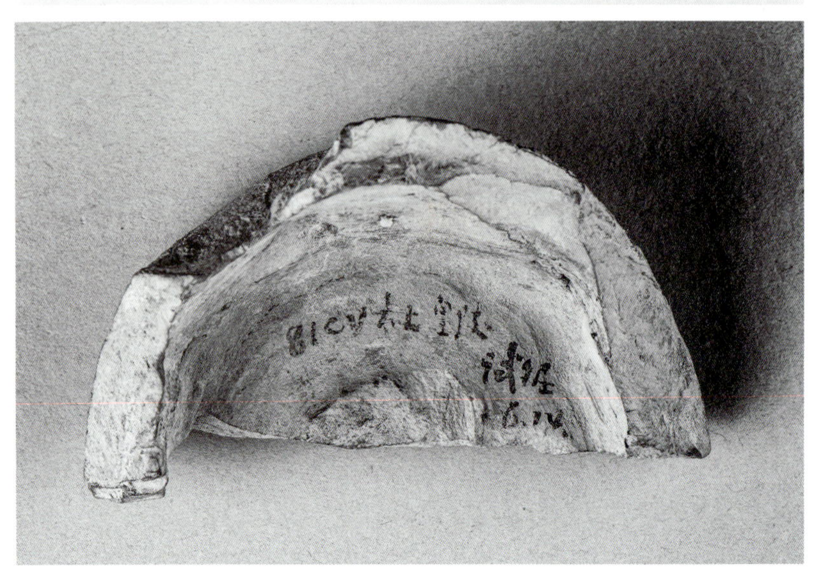

TG31G27D⑧：1

当复原径15、当心径5.4、边轮宽0.7、缘深0.7、边轮厚1.4、当厚1.5厘米

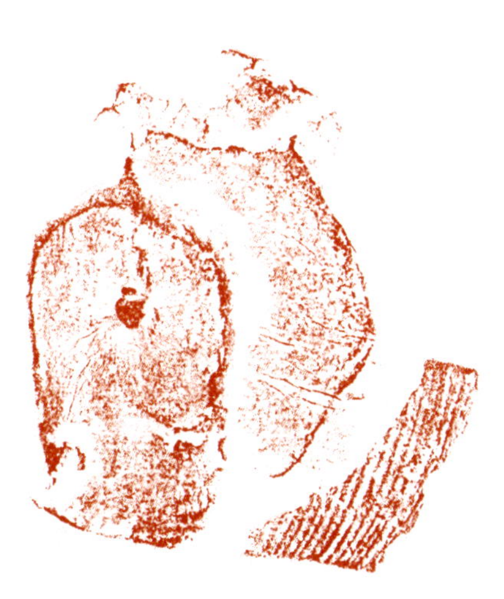

TG40⑦：5

当复原径15.9、当心径5.5、边轮宽1、缘深0.5、边轮厚1.2、当厚1.1厘米

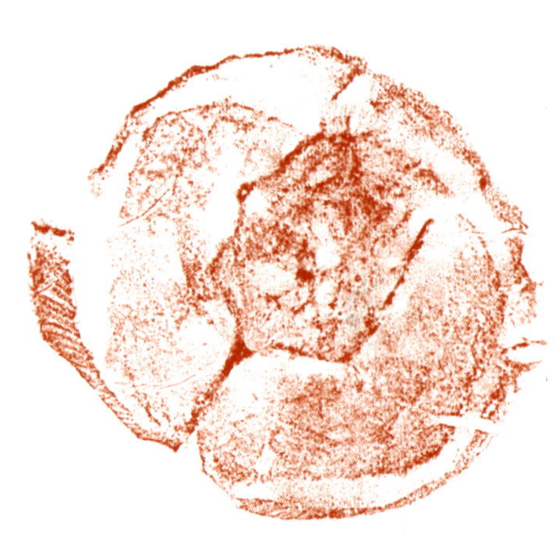

TG32③b：15

当复原径15.8、边轮宽0.7、缘深0.6、边轮厚1.5、当厚1.2厘米

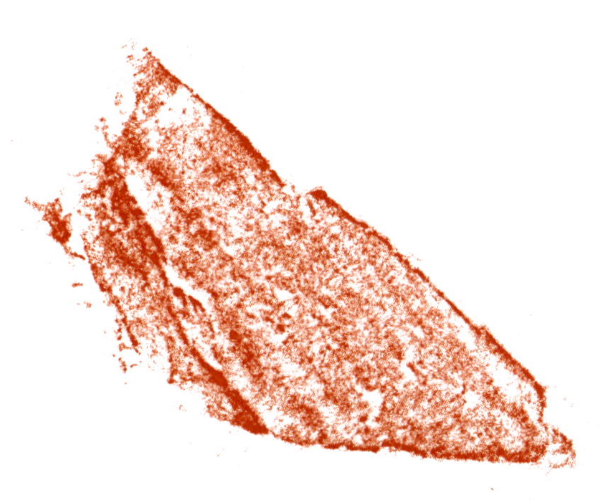

TG40四号台基F2：66

当复原径15.9、当心复原径6.4、边轮宽0.5、缘深0.7、边轮厚2.3、当厚1.2厘米

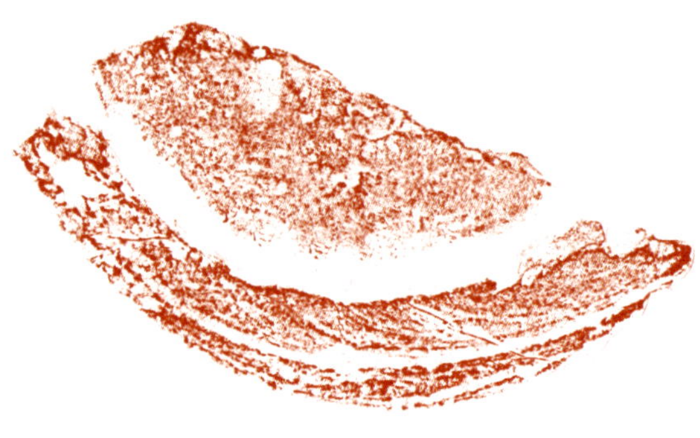

80CY玉保九队采集：32

当复原径14.3、当心径4.7、边轮宽0.8、缘深0.4、边轮厚1.4、当厚1.4厘米

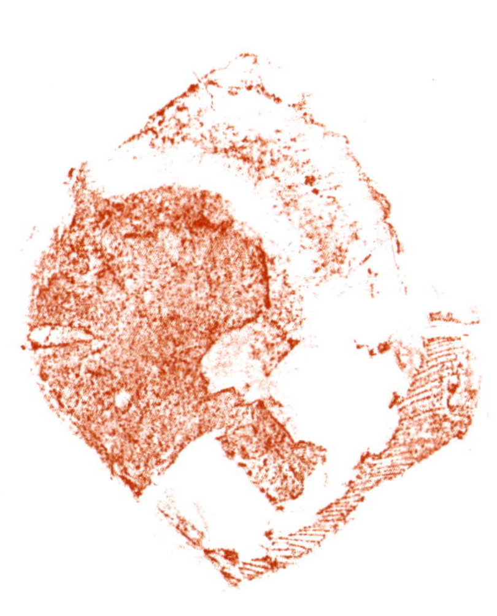

81CY太陵采集：1

当复原径15、当心径4.8、边轮宽0.7、缘深0.5、边轮厚1.6、当厚1.9厘米

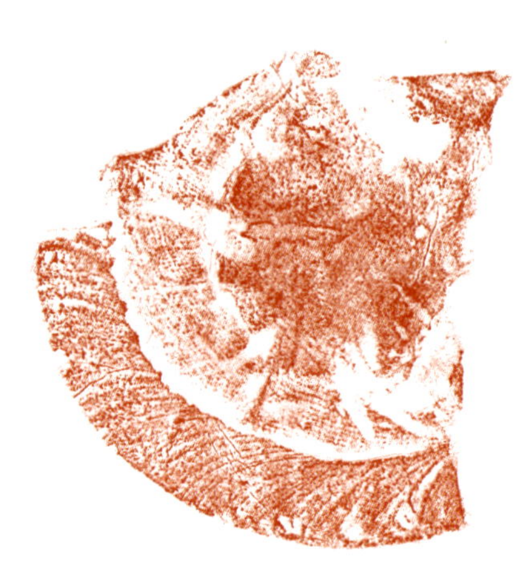

秦汉栎阳城：25

当复原径14.9、当心复原径2、边轮宽0.9、缘深0.5、边轮厚3、当厚1.5厘米

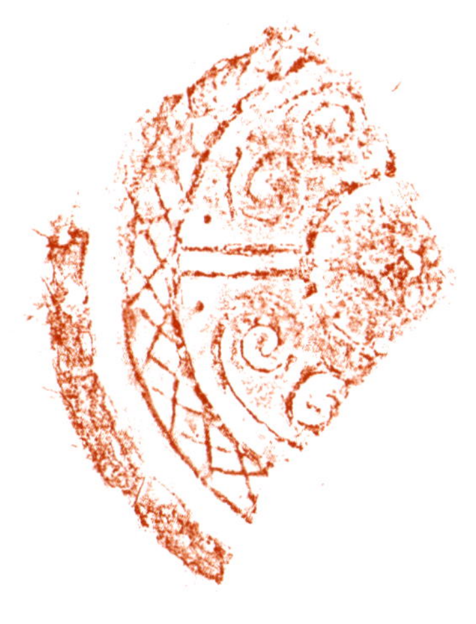

TG7H62：13

当复原径13.8、当心复原径3.8、边轮宽1.1、缘深0.9、边轮厚2.5、当厚1.6厘米

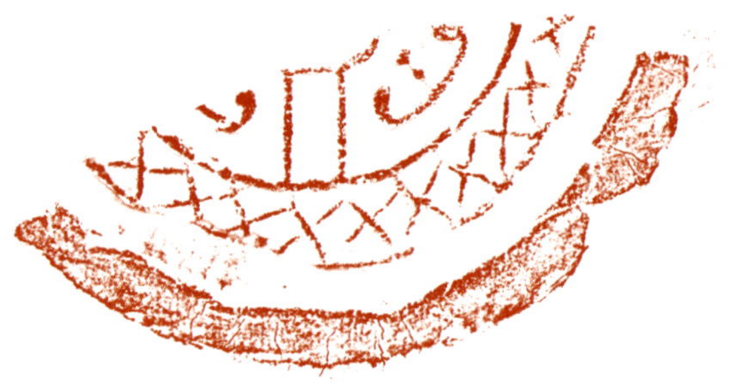

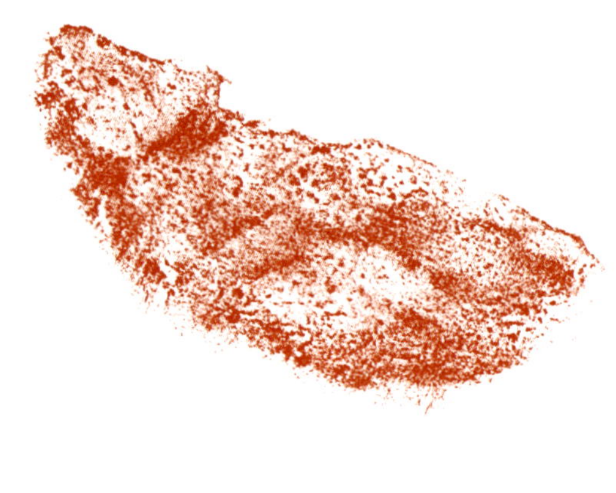

80CY关西队低水渠采集：4

当径15.4、当心径4.1、边轮宽1.1、缘深0.7、边轮厚1.7、当厚1.1厘米

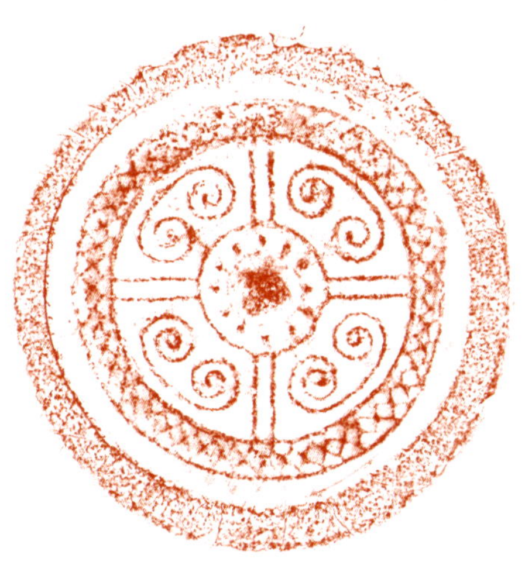

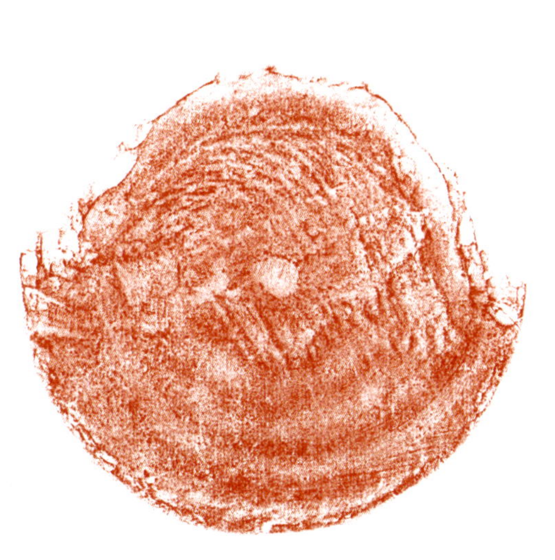

TG2⑤：2

当复原径15.7、当心径4.2、边轮宽1.5、缘深0.5、边轮厚1.7、当厚1.2厘米

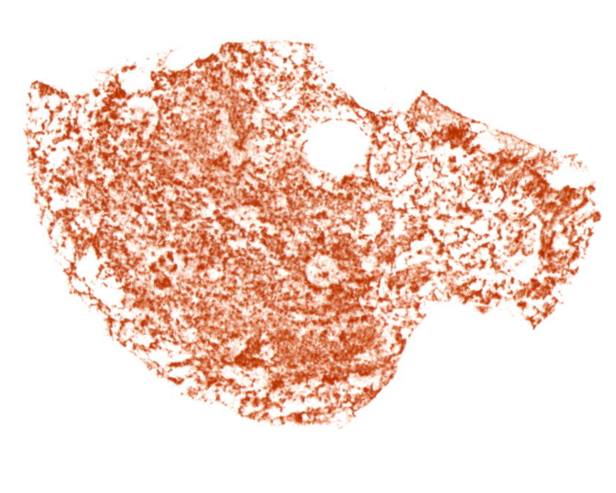

新丰李家村：2

当径16.2、当心径4、边轮宽1.5、缘深0.7、边轮厚2.4、当厚1.6厘米

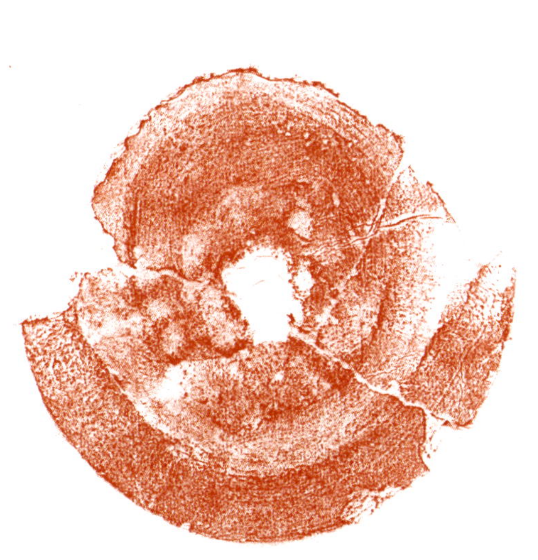

80CY关庄西北采集：12

当复原径14.4、当心径4、边轮宽1.1、缘深0.3、当厚1.1厘米

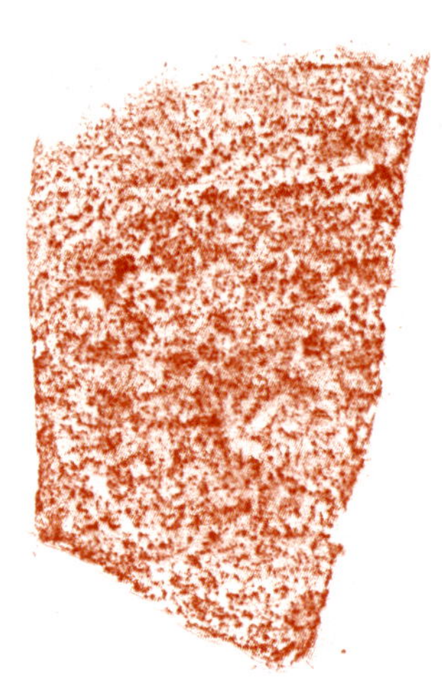

TG51H271：2

当径16、当心径4.1、边轮宽1.6、缘深0.8、边轮厚2.5、当厚1.7厘米
筒瓦长47.3、径15.6、厚1.2、唇长3.6、唇宽12.7、唇厚1.6厘米

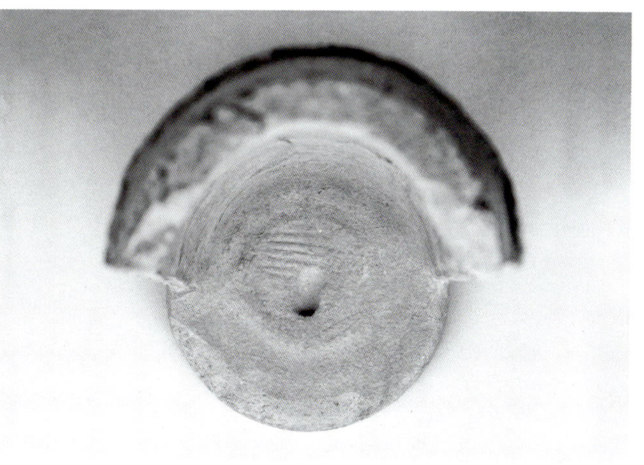

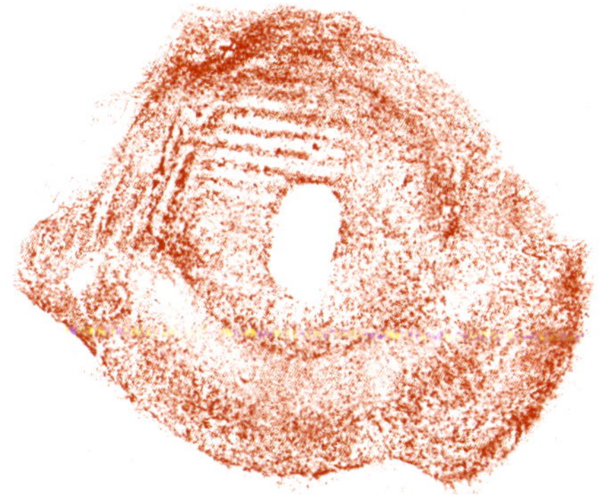

81CY太陵采集：15

当块长10.09、宽7.3、边轮宽1.3、缘深0.7、边轮厚2.5、当厚1.5厘米

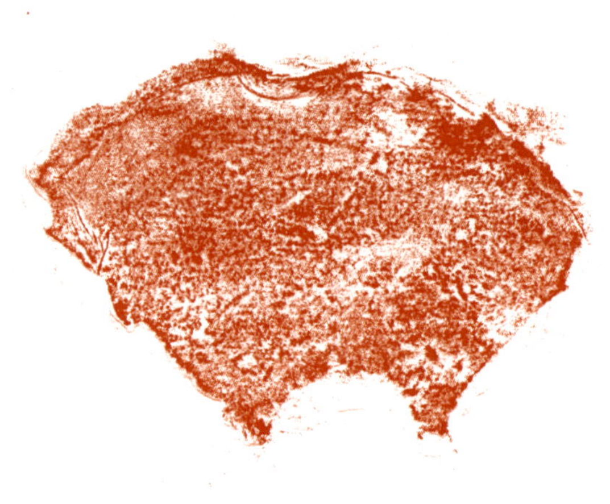

TG7H70②：1

当复原径14.6、当心径3.5、当厚1.7厘米

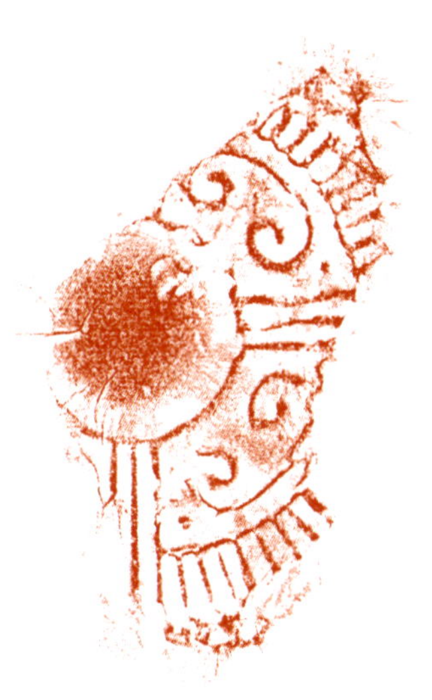

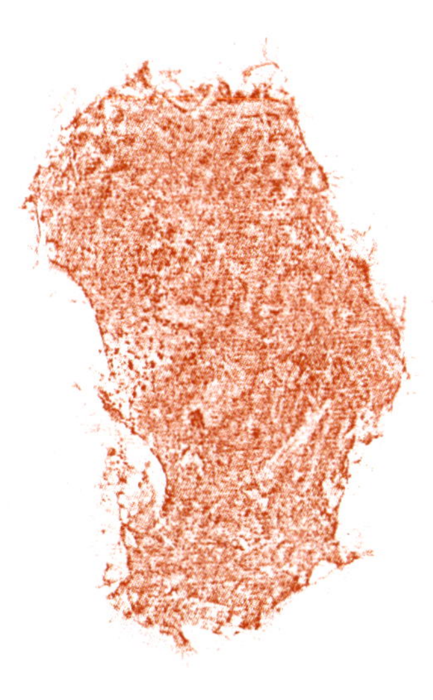

TG4Q2：11

当残块长11.3、宽4.4、当复原径14.5、边轮宽0.7、缘深0.6、当厚1厘米

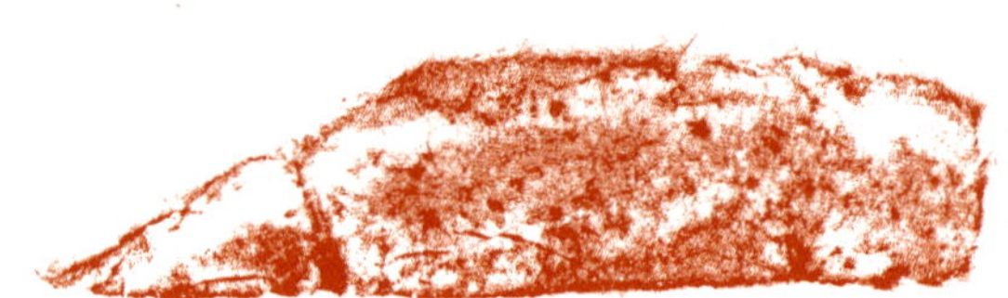

TG34H108②：3

当残块长8、宽4、当厚0.5厘米

TG27H83②：65

当复原径15、边轮宽0.9、缘深0.6、当厚1.9厘米
筒瓦残长8.4、残径12、厚2厘米

TG34H96：1

当复原径15、边轮宽1、缘深0.6、当厚1.6厘米
筒瓦残长6.8、残径9、厚1.1厘米

秦汉栎阳城：26

当复原径14.9、边轮宽0.8、缘深0.6、边轮厚2.1、当厚0.7厘米

1964年Ⅲ式瓦当（第7号）

当径15、当心径5.9、边轮宽0.9厘米

纹饰不明瓦当残块

81CY太陵采集：16

当块长8.2、宽5.7、厚1.4厘米

TG27H83③：51

当复原径13.2、边轮宽0.9、缘深0.6、边轮厚2.1、当厚1.1厘米

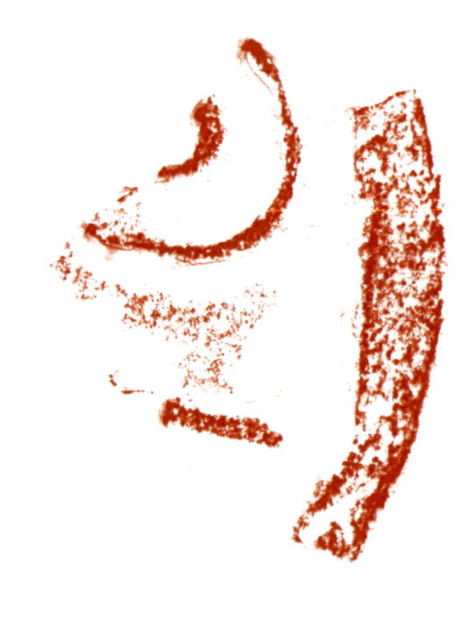

新丰吴中村：5

当复原径15.8、边轮宽0.7、缘深0.4、当厚0.7厘米
筒瓦残长8.5、残径10.5、厚1.3厘米

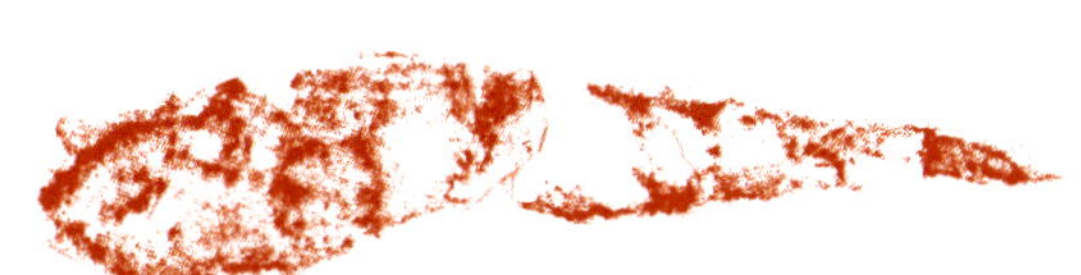

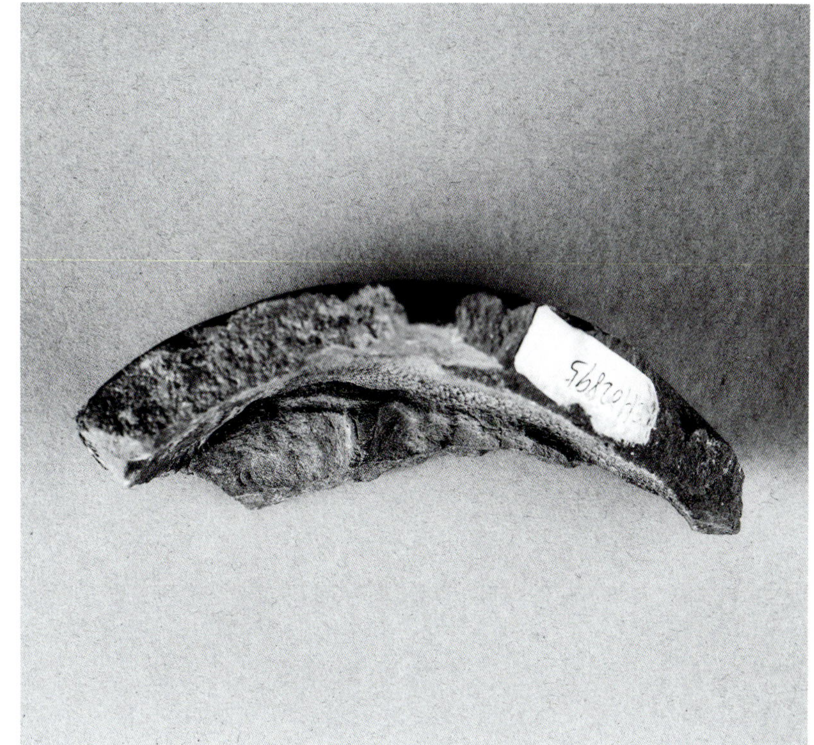

TG51L22：5

当复原径14.4、边轮宽0.9、缘深0.6、边轮厚1.6、当厚1.4厘米

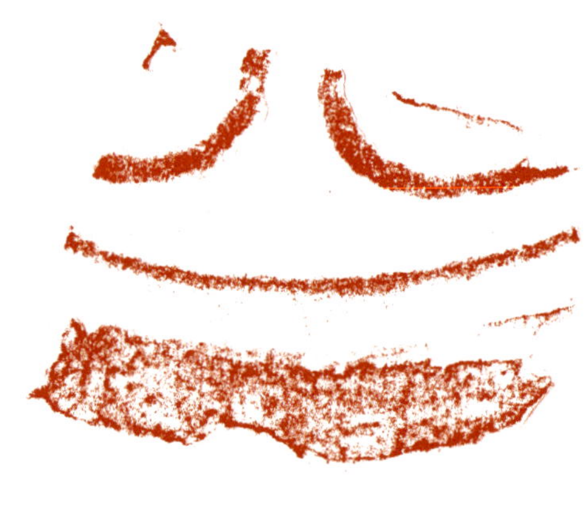

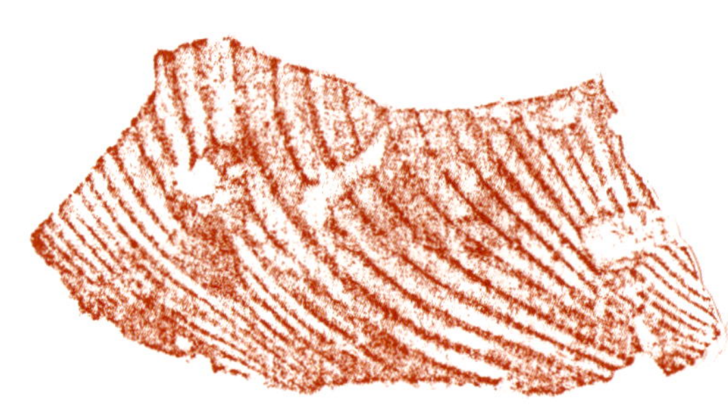

81CY四号址玉保七队采集：5

当复原径17.6、边轮宽0.7、缘深0.8、当厚1.2厘米

筒瓦残长6.4、残径7.7、厚1.2厘米

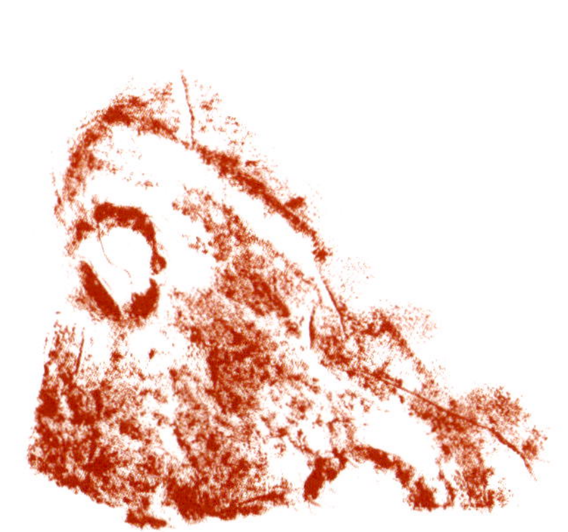

TG49H186：18

当复原径15.5、边轮宽0.6、缘深0.2、边轮厚2.3、当厚0.8厘米

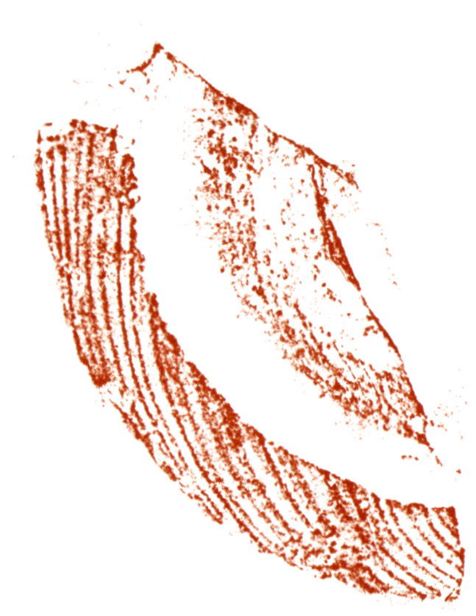

秦汉栎阳城：30

当复原径14.2、边轮宽0.7、缘深0.5、边轮厚1.4、当厚0.7厘米

秦汉栎阳城：29

当复原径15.1、当心复原径5.4、边轮宽1.1、缘深0.6、边轮厚1.4、当厚0.8厘米

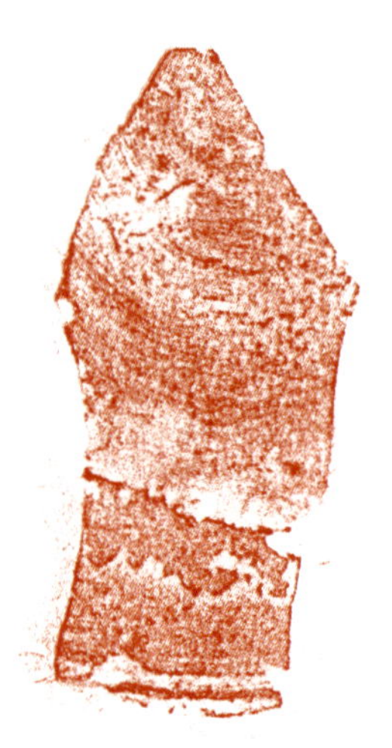

TG20⑧：2

当残块长9.2、宽7.7、当心径5.2、当厚1.2厘米

TG31G25③：30

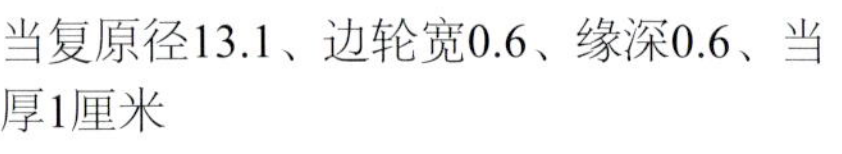

当复原径13.1、边轮宽0.6、缘深0.6、当厚1厘米

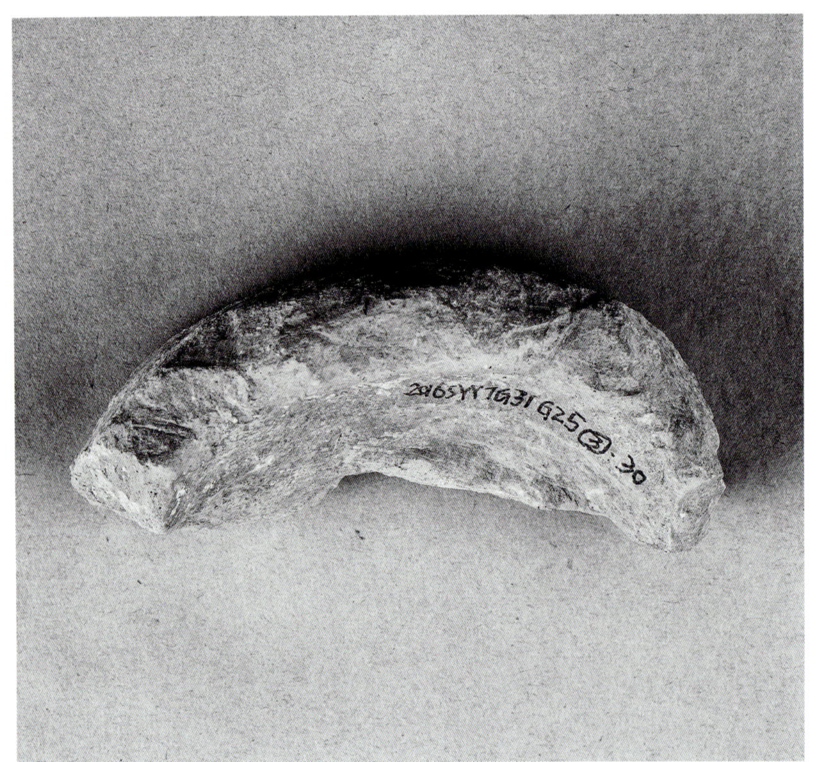

TG31M44：14

当残径7、边轮宽0.6、当复原径14.1、缘深0.2、边轮厚1.8、当1.2厘米

80CY一号址T2H2：3

当复原径14.1、边轮宽0.7、缘深0.2、当厚1.2厘米
筒瓦残长9.5、残径8.5、厚2厘米

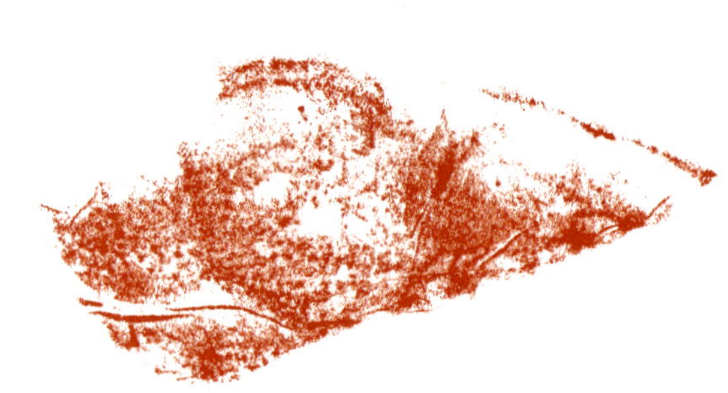

后　记

在国家文物局、陕西省文物局、西安市文物局的大力支持下，在阎良区区委区政府历届领导的大力支持下，由中国社会科学院考古研究所与西安市文物保护考古研究院联合组成的阿房宫与上林苑考古队从2013年重启栎阳城考古，不断取得重要发现，2018年春获得2017年全国十大考古新发现的殊荣。

2018年夏，西安市阎良区政府将三号古城核心区95亩土地集中流转，使三号古城核心区开展有计划的整体发掘有了可能。在这种情况下，考古队根据实际情况，修订了之前做出的栎阳考古计划，决定将今后一段时间的工作集中在三号古城，并决定尽快整理2013年到2018年底期间以探寻栎阳城遗址范围为目的进行考古工作所获得的资料。

不过考虑到在六年工作后积累下来的资料明显较多，而考古资料的整理和出版又需要一个较长的时间，因此我们就商量在正式发掘报告出版前，先把截止到2018年底在栎阳考古中出土的瓦当和陶文分别整理，出版《栎阳瓦当》《栎阳陶文》，以供关心栎阳的学界同仁研究使用，不断推进栎阳研究。

栎阳瓦当的整理工作从2019年初开始，我们将历年来在栎阳发现的瓦当进行了全面整理，除1964年发现的瓦当未见实物，仅能移录原有拓片和相关信息外，其余包括1980～1981年刘庆柱、李毓芳先生栎阳（含新丰、太上皇陵）工作期间发掘、采集的所有瓦当，都全部的重新做了照相、拓片和测量。

我们希望尽可能完整发表瓦当信息，全面公布栎阳瓦当资料，不管是精美瓦当，还是残碎瓦当，均一体对待。希望通过图录形式，更多体现瓦当的细节。

栎阳瓦当的收集和整理是考古队的集体成果，刘瑞、李毓芳、张翔宇共同完成了本书的总体设计，刘瑞编写、李毓芳审读了前言、刘瑞、李毓芳进行了瓦当编排，高博复核了相关资料。中国社会科学院考古研究所科技中心张亚斌老师和考古队工作人员拍摄了瓦当照片。

感谢中国社会科学院考古研究所、西安市文物保护考古研究院各级领导对栎阳城考古工作和本书编写工作的大力支持。

感谢刘庆柱先生多年以来对栎阳城考古的一贯支持。

感谢科学出版社孙莉、王琳玮女士的不懈努力，使该书克服新冠疫情影响及时出版。

刘　瑞

2020年10月28日